经济学通识课

冯兴元　朱海就　黄春兴 著

海南出版社
·海口·

版权所有　不得翻印

图书在版编目（CIP）数据

经济学通识课 / 冯兴元，朱海就，黄春兴著 . —— 海
口 : 海南出版社，2020.8
ISBN 978-7-5443-9363-8

Ⅰ.①经… Ⅱ.①冯… ②朱… ③黄… Ⅲ.①经济学
－基本知识 Ⅳ.① F0

中国版本图书馆 CIP 数据核字 (2020) 第 113235 号

经济学通识课
JINGJIXUE TONGSHIKE

作　　者:	冯兴元　朱海就　黄春兴
监　　制:	冉子健
责任编辑:	张　雪
执行编辑:	于同同
插图设计:	黄麒霏
责任印制:	杨　程
印刷装订:	北京天宇万达印刷有限公司
读者服务:	武　铠
出版发行:	海南出版社
总社地址:	海口市金盘开发区建设三横路 2 号　邮编：570216
北京地址:	北京市朝阳区黄厂路 3 号院 7 号楼 101
电　　话:	0898-66812392　010-87336670
投稿邮箱:	hnbook@263.net
经　　销:	全国新华书店经销
出版日期:	2020 年 8 月第 1 版　2020 年 8 月第 1 次印刷
开　　本:	880mm×1230mm　1/32
印　　张:	16.625
字　　数:	300 千
书　　号:	ISBN 978-7-5443-9363-8
定　　价:	68.00 元

推荐语

当今经济学界最缺少、最需要的不是主流经济学体系的追随者和套利者，而是颠覆者和创新者；不是改良式的微观创新，而是颠覆式的宏观创新。经济学界需要具有企业家精神的学者，他们做研究不是基于计算，而是基于判断；他们敢于对抗主流，具有企业家的冒险精神。唯其如此，经济学才能发展出一个好的市场理论。冯兴元、朱海就和黄春兴三位教授合作撰写的这本书，属于真实世界经济学通识，着重介绍奥地利学派经济学。他们的行动体现了我们所需要的学术企业家精神！就我所知，国内还没有一本如此容易阅读的奥派经济学通识读物。推广奥派经济学，就是推广正确的市场经济理论。我相信，这本通识著作一定会对提升中国人的市场理念做出重要贡献！

——张维迎，北京大学国家发展研究院教授

《经济学通识课》是一本好教材，本人以前读过其中的一些内容，颇受教益。相信经济学专业和非专业的读者，都会因此受益。这本书是奥地利学派经济学三位著名华人学者的倾心力作，其概念清晰严谨，论证简明扼要。如果比照主流经济学教

科书来读，就会发现主流经济学理论的偏颇和不足，也会理解
奥派经济学的精妙。作者也介绍了古典经济学、制度经济学理
论、公共选择理论、宪政经济学理论、自主治理理论和多中心
理论，以及弗莱堡学派等，在一定意义上，弥补了奥派理论的
不足，具有经济学综合性的特点。

——张曙光，中国社会科学院经济研究所研究员

经济学有写在黑板上适用于考试升级的教科书经济学，也有
生活中适用于理解经济、投身经济的真实世界的经济学。《经济
学通识课》就是真实世界的经济学，它不仅有助于我们理解经济
学的基本原理，而且还能够与我们的生活现实结合起来，指导我
们的经济行动。希望这本书能翻译成英文、德文，让世界人民也
学习一下。《经济学通识课》，不仅是中国的，也是世界的。

——毛寿龙，中国人民大学公共政策研究院执行院长、教授

推荐序　欢迎来到真实世界

早在这本书诞生之前，我就学习过这本书里的内容。2018 年 6 月，冯兴元、朱海就和黄春兴三位老师开始在正一君书院讲授"名师经济学通识课"，我是第一批购买课程的学员。

我大学读经济学的相关书籍基本上是为了考试过关。作为文科生，每当我翻到书里有曲线、图标和演算公式时，就会放弃。工作后，陆续拿起过萨缪尔森、曼昆、托马斯·索维尔，但翻阅没超过 20 页也放弃了。

挑战大部头的畏难情绪固然存在，而更真实的原因，还是我感觉这些书没法解释真实世界中的某些命题。比如在 2020 年年初不期而至的疫情面前，真实世界中违背主流经济学的行为比比皆是。以下这些看似不言而喻的正确道理其实都需要打个问号。

通货紧缩一定是衰退的前兆吗？

囤积居奇、天价口罩是否合理？

美团外卖平台垄断价格是否应该受到政府管制？

不捐款的企业家是否就是无良商家？

疫情过后，企业是否可以自主涨价？

多个城市发放消费券，是否真的有利于经济复苏？

所有这些疑惑，读读这本以奥地利学派经济学为核心的真实世界经济学读本，顿觉心思澄澈。那么，谁最应该读这本书？我的回答是：企业家、职业经理人……而最好的答案是所有人。本书第六部分专门讲企业家，这也是奥地利学派经济学的独特之处。

疫情后经济复苏的关键是什么？就是推崇企业家精神与创造性，打通政策堵塞点、切实降低企业税费负担以及尊重消费者主权。在奥地利学派经济学的框架下，市场的基本特征是不均衡和动态。企业家精神和商业创造性，是市场的原生驱动力。

疫情改变了市场的均衡状态，赢利机会点发生转移，企业家出于逐利之警觉和套利之本能，会立刻开始调整内部业务的战略和方向。蓬勃开展的社交电商、攻占微信群的私域流量运营、直播带货在争议声中愈演愈烈，朋友圈纷纷沦陷为全员营销的看不见硝烟的战场。尽管毁誉参半，却都是企业自救驱动下的自主行为。

创造性业务调整，还要看利润结果。利润与亏损取决于消费者主权，它使得生产资料的所有权从效率低的企业家转移到效率高的企业家。这期间员工、投资、机会都在不断重新配置。利润最高的企业家是最会迎合消费者的企业家——迎合是企业家最重要的能力。

我本人是职业经理人，所以会特别关注这个在主流经济学中被湮没的群体。职业经理人的终极进化路径是企业家精神，认识不到这一点，就无法走上管理和领导之路，而只能走专业路径或担任咨询师与顾问的角色。

因为职业经理人只在专业框架内思考，他所考虑的是能不能做，如何做到最好？但企业家精神的关注点是把所有的不可能变成可能，它强调打碎框架，重塑结构。企业家精神从来不考虑能不能和如何做，而是结果导向，使命必达。

如果职业经理人的思维逻辑来自新古典经济学，那他就是罗宾斯式的经纪人，就会在现有的目标-条件下做最优化的选择。他会假设一个理想的数据背景模型，从而采取最优化的行动，把决策和行动依托在数据当中。但如果接受过奥地利学派经济学和熊彼特经济学的熏陶，职业经理人就会理解企业家是富有想象力和判断力的决策者。他们不太关注已经发生的事情，而是着眼于未来的可能性。他们知道，所有的条件都不是给定的，而是有待于发现和创造的。

所以创造是核心和关键，而不是论证。同样的数据，企业家和职业经理人得出的结论可能截然不同。前者依据的是过往的经验、一线的体感以及对未来的想象和判断，而理性的计算未必奏效。

职业经理人追求的可能是利润和业绩指标的达成，而企业家追求的还有超越利润的目标。比如开上十万家店，建立千亿级商业王国的梦想；比如争第一，充满着征服欲和战斗的能量；比如对"创造"过程的享受；比如成就更多人的梦想。

不能深刻地理解企业家精神和创造性是做不好高管的，也无法在管理实践中践行真实世界的经济学理论。

最后讲一点，普通人为什么要看这本书？

学好经济学不会让你致富，但是经济学通识却会让每个普通人免于被蒙蔽，回归显而易见的常识。如果消费者分不清原料和财货的关系，就无法对价格有正确认知。去年夏天，一位记者问我，他们老家卖几毛钱的莜面，你们西贝莜面村怎么卖这么贵？暴利啊！

我说："那你以前在广州可以吃到老家的莜面吗？"

"以前没有。"

"那你现在吃到了，感觉幸福吗？"

"幸福。"

"好吃吗？"

"好吃，比我妈做的好吃。口味多了，更精致了。"

"如果我们店的业绩差，赔掉上千万，关门大吉，你会给我们一分钱来弥补我们开店的风险吗？"

"不会。"

"我们从源头产地严选优质原料，开发创新产品形态，优化提升传统工艺流程；配套十万以上的设备，保证出品稳定；安排专业导师把管理标准落实到全国 200 家门店；将原料运输到全国 40 个城市，最远穿越 4 千公里；所有门店的 1000 多位莜面员工每天都在展示非物质文化遗产，门店面点师傅精心制作，服务员端菜上桌，包括我坐在这里给你介绍西贝莜面村……了解这一切以后，你觉得这莜面卖得贵吗？"

"不贵，真不贵！"

经过这样的一问一答，这位记者居然就这么改变了看法！要知道，古典经济学研究的价格是从成本出发的，而市场中的真实价格是人们自愿交易产生的。企业家作为消费者的受托人，是在帮助消费者配置资源。我相信：看完这本书，会有更多人明白——你（消费者）的买或者不买，都在不断影响定价。

让我们跟随本书一起进入一个真实世界吧！

楚学友

内蒙古西贝餐饮集团有限公司 副总裁

代序　关于市场的两种不同范式^[1]

　　天文学是关于天体运行的理论，经济学是关于市场运行的理论。关于天体运行，曾有两种范式，一种是地心说，另一种是日心说。尽管早在公元前 200 多年，古希腊天文学家阿里斯塔克就提出了"日心说"，但在 1543 年哥白尼出版《天体运行论》之前，统治天文学的一直是托勒密的"地心说"。即使在哥白尼之后，"日心说"也经历了很长一段时间才被普遍接受，哥白尼、伽利略和布鲁诺——这些"日心说"的早期支持者都曾受到教会的迫害，布鲁诺甚至被烧死在罗马鲜花广场。

　　关于市场运行，也有两种范式，一种是新古典经济学的静态均衡说，另一种是奥地利学派和熊彼特的动态非均衡说。虽然新古典范式在解释市场运行时漏洞百出、顾此失彼，但时至今日，统治经济学的仍然是新古典范式。奥地利学派和熊彼特的动态非均衡范式仍然处于经济学的边缘地带，不受主流经济学家的待见。

---

[1]　本文主要内容发表于《经济观察报》，2018 年 4 月 2 日"观察家版"。

主流市场理论的八个悖论

尽管人们普遍认为，作为主流的新古典经济学具有一个逻辑严密的体系，但事实上，作为一种市场理论，这个体系存在严重的逻辑悖论。下面是我总结的关于新古典经济学的八个悖论。

悖论一：市场的有效性以市场的不存在为前提

根据福利经济学第一定理，完全竞争市场，并且只有完全竞争市场，才能达到帕累托最优。因而完全竞争市场是最有效率的市场，任何偏离完全竞争的市场都会导致资源配置的效率损失。完全竞争的前提是没有规模经济，没有收益递减，用技术术语来讲就是，生产集是凸的（convexity）。也就是说，完全竞争与规模报酬递增是不相容的。但市场存在的前提是分工和专业化，而分工和专业化的前提是规模报酬递增。因此，按照福利经济学第一定理的逻辑就变成了，最有效率的市场以市场不存在为前提，导致市场出现的因素反倒成了引起"市场失灵"的因素。这被称为"看不见的手"与"制针工厂"（分工定理）的矛盾，因为二者不能同时为真。

悖论二：市场的有效性与创新不相容

完全竞争是指无数家小企业用相同的技术、以相同的成本生产完全相同的产品，因而每个企业面临的都是具有无限弹性的水平需求曲线。但在现实中，创新是市场竞争的基本手段，创新意味着生产者要做与众不同的事情，用新的生产方式生产差异化的产品。因此，创新者的需求曲线一定是向下倾斜的，不可能是水平的，而且，越是颠覆性的创新，创新者的需求曲线就越陡。

因此，完全竞争与创新是不相容的。要实现完全竞争，就不能有创新；反之，只要有创新，就不可能有完全竞争。或者按照新古典经济学的逻辑，创新一定会导致垄断，带来资源配置的效率损失，所以市场的有效性和创新不可兼得。

悖论三：市场的有效性与市场的有序性不相容

按照新古典经济学理论，最有效的市场是"原子式"市场，每个生产者都是无名小卒，不能有自己的品牌，消费者无法对其进行区分。但在真实的市场中，品牌是生产者对消费者的承诺，是生产者吸引消费者以及消费者监督生产者的重要手段，是市场有序运行不可或缺的机制。如果没有品牌，坑蒙拐骗等欺诈行为不可能受到有效约束，生产者也不可能得到消费者的信任，市场交易活动便不可能超出熟人范围。因此，按照新古典经济学的逻辑，最有效率的市场一定是无序的市场；反之，有序运行的市场一定是没有效率的市场。

悖论四：外部性理论与技术进步的事实是矛盾的

按照新古典经济学的理论，外部性的存在会导致个人最优与社会最优的不一致，因而带来效率损失。由于创新和技术进步存在外溢效应，在竞争性的市场中，创新者（个人或企业）并不能获得创新带来的全部社会收益。因为他们缺乏足够的激励去从事创新，所以市场经济中的技术进步一定很慢，而只有当创新者得到政府补贴的时候，创新速度才会足够快。

但事实上，近现代市场经济中的技术进步是人类有史以来最快的。自工业革命以来，技术变化日新月异，新产品、新技术不断涌现。正是快速的技术进步把人类拉出了马尔萨斯陷阱，这一点马克思和恩格斯早在 1848 年就认识到了。在《共产党宣言》中，他们说："资产阶级在它不到 100 年的阶级统治中所创造的生产力，比过去一切世代所创造的全部生产力还要多，还要大。"

另外，按照新古典经济学理论，政府是解决外部性的有效手段。但事实上，那些经济由政府主导的国家，技术进步却是最慢的，甚至是停滞的。

悖论五：资源最优配置与经济增长不相容

前面四个悖论导致了第五个悖论——有效市场与经济增长是不相容的。这是因为，最优的资源配置要求市场是完全竞争的，也就是不能有规模报酬递增、不能有创新、不能有品牌，而经济增长的真正源泉来自分工和专业化，创新和技术进步以及市场规模的扩大。分工和专业化，创新和技术进步以及市场规模的扩大，都依赖于规模报酬递增和品牌。因此，按照新古典经济学理论，资源配置要有效，经济就不能有增长；反之，经济要增长，资源配置就不可能有效。

悖论六：市场的有效性与计划的有效性是等价的

在新古典经济学中，市场的有效性以一系列的假设（包括偏好、资源和技术给定，完全竞争和完全信息等）为前提。我们从两方面来考虑：一方面，如果这些假设在现实中一个也不成立，那么，现实中的市场一定是没有效率的、"失灵"的；另一方面，如果这些假设能够成立，那么，理论的导向就是计划经济和市场经济是同等有效率的——就如同奥斯卡·兰格在 20 世纪 30 年代的大争论中，证明的那样（当时的主流经济学家认为兰格的论点在逻辑上无懈可击）。因此，新古典经济学无法在计划与市场之间做出优劣之分。如果你真的认为新古典经济学是一个好的市场理论，那么在逻辑上，你就不可能是一个计划经济的反对者。

悖论七：外部性市场失灵理论与垄断市场失灵理论是矛盾的

新古典经济学以完全竞争为基准，证明外部性和垄断都会导致市场失灵，因而需要政府干预。但这两种市场失灵理论是相互矛盾的。按照外部性市场失灵理论，如果存在负的外部性（如生产时排污），私人利润最大化的决策将导致产量大于社会最优；但按照垄断市场失灵理论，如果企业有定价权，那么利润最大化的产量将小于社会最优的产量。这意味着，同一个行业，如果存在负的外部性，那么垄断倒是一件好事，因为它可以矫正外部性导致的效率损失（生产过度）；同样，如果存在垄断，那么负外部性也是一件好事，因为它可以矫正垄断导致的效率损失（生产不足）。至于矫正到何种程度，最终的产量究竟是生产过多、生产不足，还是刚好等于社会最优产量，这是个经验问题，至少在理论上，你不能同时既反对负外部性，又反对垄断！

悖论八：垄断理论与代理理论是矛盾的

如前文所述，根据新古典经济学理论，垄断者利润最大化的产量低于完全竞争情况下的均衡产量，因而会带来效率损失（生产不足）。但根据代理理论，由于信息不对称，股东没有办法完全监督经理人，而经理人的目标不可能是股东偏好的利润最大化，而是销售收入最大化（市场规模最大化），因为经理人的控制权收益与销售收入或市场规模的关系更密切。此时，经理人选择的最优产量会大于利润最大化的产量，因此导致生产过度。如此看来，如果垄断利润最大化的产量不是社会最优产量，那么经理人的道德风险反倒可以缓解垄断导致的效率损失；或者反过来，如果存在经理人的道德风险，那么垄断反倒可以缓解道德风险带来的效率损失。因此，在同一个行业，同时反垄断和反道德风险是矛盾的。

两种市场范式的差别

现在转向对两种范式进行比较。简单地说，新古典经济学范式是静态均衡范式、设计范式；奥地利学派和熊彼特经济学是动态非均衡范式、演化范式。二者的区别主要在于以下几点：

1. 如何理解市场参与人。参与人无所不知（具有完美信息），还是知识有限？所有人都同等聪明，还是聪明程度各有不同？

2. 如何理解经济决策。经济决策是在给定目标—手段的情况下做选择，还是判断目标和改变手段本身？

3. 什么是市场的基本功能。市场的基本功能是配置稀缺资源，还是发现信息、激发创新？

4. 如何理解竞争。市场竞争是一种状态，还是一个连续的过程？

5. 如何理解价格的功能。价格是唯一的协调机制，还是只是刺激企业家行动的信号？价格总是处于均衡状态，还是处于非均衡状态？

6. 如何理解变化。经济中的变化是外生的，还是内部的？

7. 如何理解企业家精神。市场中是否需要企业家精神？企业家的主要功能是什么？

新古典范式假定，所有人都同样的无所不知，具有同等的无限理性，决策能力没有差别。经济决策就是在给定目标—手段下的最优化计算。它把市场和竞争理解为一种状态，认为市场的基本功能是在给定资源、技术和偏好的情况下，有效配置资源。市场的基本特征是均衡和稳定，价格是唯一的协调机制，并总是处于均衡水平。它假定变化是外生的，一旦外生的变化发生，市场会自动达到新的均衡（比较静态分析）。在均衡体系中，企业家的存在既没有必要，也没有可能。

奥地利学派经济学假定所有人都是无知的，每个人只有有限的局部信息，不仅计算能力和判断能力是有限的，而且人与人是有差别的。它把市场理解为一个过程，认为市场的基本特征是持续不断的竞争，市场的基本功能是发现信息和知识，协调人的行动，推动合作。奥地利学派承认均衡分析的价值，但认为经济学的重点不是作为状态的均衡，而是作为过程的不均衡。引起不均衡的变化既有外生的，也有内生的。价格在解决资源配置中的作用，并不在于均衡价格能准确无误地传递有关信息，从而达到资源的有效配置，而在于非均衡价格能够提供纯粹的赢利机会，并诱发逐利企业家的警觉和套利行为。企业家是市场过程的基本力量，通过发现赢利机会使得市场从不均衡趋向均衡。没有企业家，市场就不可能趋向均衡。换言之，市场的优越性不在于它能随时随地实现资源的最优配置，而在于它提供了一种有效的激励，这种激励诱使企业家不断改进和优化资源配置。

熊彼特经济学的基本出发点是承认人与人之间是有差别的：有些人是领导者，有些人是追随者；有些人是行动人（man of action），有些人是静态人（static person）。他认为，市场的基本功能是推动技术进步，并创造出新的市场、新的产品、新的生产方式、新的资源；市场的基本特征是不均衡和变化，而不是均衡。对熊彼特而言，新古典的均衡模式（瓦尔拉斯循环流转经济）是理解资本主义现实的本质因素的有用的起点（starting point），因为它表明在没有创新的情况下，这个体系是如何运行的（均衡和稳定）；但它不是终点（terminus），因为市场经济的本质特征是变化（"静态的资本主义"本身是一个矛盾的说法），并且变化主要是内生的，是由企业家的创新导致的。企业家是打破均衡的力量，是创新者，没有企业家就没有进步，没有发展。在熊彼特看来，市场竞争主要不是价格竞争，而是产品、技术、服务等方面的竞争，因而竞争与企业家精神是不可分割的。

为什么新古典经济学不是一个好的市场理论

一个好的市场理论应该是一个有关真实市场的理论，它能告诉我们真实的市场是如何运行的。新古典经济学之所以存在那么多的悖论，是因为它所描述的市场是经济学家想象中的市场、假设的市场，不是真实的市场，因而它不能告诉我们真实的市场是如何运行的。为了证明市场的有效性，新古典经济学做了一些非常强但又非常不现实的假设，这些假设对证明它的结论至关重要，但结果是扭曲了我们对市场的理解。按照新古典经济学理论，市场在理论上的有效性同时就是市场在现实中的失灵，因为支持市场有效性的理想条件在现实中一个也无法满足。反市场的人认为，新古典经济学美化了市场，其实新古典经济学丑化了市场，因为市场的有效运行并不依赖于新古典经济学的假设。

与新古典经济学相比，奥地利学派经济学拥有一个好的市场理论。奥地利学派经济学和熊彼特经济学研究的是真实的市场，而不是想象中的市场。在真实的市场中，人是无知的，人们拥有的信息和知识是不完全的，而想象力和判断力在决策中是至关重要的。市场是一个发现和创造的过程，在这个过程中，知识、资源、偏好和技术都不是给定的，而是依赖于企业家精神的利用。由于人的无知，市场当然会出现失调和配置错误，但这种失调和配置错误与新古典经济学家讲的"市场失灵"完全不同。解决失调和配置错误靠的是自由竞争下的企业家精神，而不是政府干预。市场的优越性不在于它不出现失调，而在于它能通过企业家的套利和创新不断纠正失调，并推动经济持续增长。用新古典经济学的基准理论衡量市场是否失灵是错误的。

新古典经济学的市场失灵理论是错误的

新古典经济学以完全竞争市场为市场的理想模板，导出了三种市场失灵理论：垄断导致的市场失灵；外部性和公共产品导致的市场失灵；信息不对称导致的市场失灵。这三种市场失灵理论都是错误的。

为什么垄断导致的市场失灵理论是错误的

正如哈耶克曾经指出的，新古典经济学讲的完全竞争，实际上是没有竞争；新古典经济学讲的垄断，事实上是现实中的竞争手段。比如说，创新——用新的生产方式生产与别人不一样的产品，是市场竞争的主要手段，但按照新古典经济学的定义，创新就是垄断，因为它使得创新者面临的需求曲线向下倾斜，因而赋予其定价权。而且，按照新古典经济学的推论，创新越成功，垄断越严重，社会的效率损失越大。所以，毫不奇怪，凡受到政府反垄断指控的企业，都是最具创新能力的企业，如早年的标准石油公司、美国铝业公司，后来的 IBM（国际商用机器公司）、微软，现在的谷歌等。

新古典经济学把价格偏离边际成本当作市场失灵的表现，这是完全错误的。因为它假定产品都是给定的，事实上，每种产品的出现都是企业家创新的结果。创新的一个基本特征就是高固定成本和低边际成本。如果所有产品真的按照边际成本定价，我们现在消费的绝大部分产品根本就不会存在，人类恐怕仍然生活在新古典经济学的"循环流转经济"中，年复一年、日复一日地生产和消费少得可怜的几种产品，而不是现在的数十亿种产品。按照边际成本定价，我们不会有蒸汽机，不会有机械纺纱机，不会有电力，不会有内燃机，不会有电视机，也不会有计算机，当然更不会有微软的视窗软件和苹果手机。

为什么说外部性和公共产品导致市场失灵理论是错误的

新古典经济学讲的外部性，在本质上是产权界定问题。如果说外部性一定导致市场失灵，需要政府干预，那政府干预无处不在。因为每一种交易都有外部性，每一种成功的创新都会给竞争对手带来利益损失。在市场经济中，人们需要尊重的是每个人的平等权利，而不是每个人的利益。汽车的出现尽管损害了马车夫的利益，但并没有侵害他们的权利，因而并不构成政府干预的理由。外部性理论也为政府干预言论自由提供了依据，因为任何人发表自己的独立见解，总会有人喜欢，有人不喜欢。

说公共产品只能由政府提供，私人没有提供公共产品的积极性，也是不正确的。历史上，许多重要的公共产品都是私人提供服务的，包括运河、灯塔、公路、铁路等这些基础设施建设，以及广播、电视等。网络时代的私人企业创造出大量的免费品，如电子邮箱、微博、微信等。

让我以英国历史上运河的开凿为例说明这一点。1759 年之前，英国没有一条真正的运河，也就是没有一条人工水道。英国第一条真正的运河——沃尔斯利运河，是由布里奇沃特（Bridgewater）公爵倡导并开凿的，它于1759年开始建设，两年后完工。从这时起，运河工程便一个接一个地不断继续下去，在不到30年的时间里，整个大不列颠的土地上开辟了四通八达的航路，甚至有一个时期出现了"运河过剩"。

英国运河网的建设，完全归于私人企业家的倡导，也是由他们负责投资以及承担风险完成的，国王和议会的作用仅限于派人调查和予以批准。有两类人在领导运河建设、筹集经费、争取舆论支持方面发挥了重要作用：第一类人是像布里奇沃特公爵这样的大贵族，他们开采矿藏资源，需要成本较低的运输方式；第二类人是新兴的工业巨头，如陶瓷企业家乔赛亚·韦奇伍德、冶金企业家马修·博尔顿等人。韦奇伍德是达尔文的外祖父，博尔顿是瓦特蒸汽机的投资人。

为什么说信息不对称导致市场失灵的理论是错的

新古典经济学的有效市场以完全信息为前提。自然，如果信息不对称，市场就会失灵。但事实上，信息不对称是市场的基本特征，甚至可以说是市场产生的前提，因为市场以分工为基础，分工的优越性就来自每个人只需要知道局部的专业知识，不同产品之间的交换实际上是不同知识的交换。

尽管信息不对称无处不在，但市场不仅没有消失，还一直在不断扩张，从熟人之间的交易变成陌生人之间的交易，从区域市场变成全球市场。这里，新古典经济学的错误在于忽略了市场的声誉机制，忽略了产品价值链所包含的连带责任机制，忽略了品牌的价值，忽略了企业作为声誉载体的意义。市场不仅是一只看不见的手，还是一双隐形的眼睛——天网恢恢，疏而不漏。企业家知道，诚实守信是最好的经营策略，因为市场竞争奖励诚实守信之人，惩罚坑蒙拐骗之徒。作为经济学家，我们应该惊叹的是，在市场上，人们居然愿意购买陌生人生产的产品或提供的服务，这些陌生人与自己相距千山万水，人们对这些产品和服务的技术知识也知之甚少；而不应该像发现了新大陆一样，告诉人们信息不对称会导致市场失灵。如果说因为信息不对称会导致市场失灵，所以需要政府干预，那如果市场根本就不存在，政府还干预什么？

企业家在市场中的地位

或许，两种不同范式最重要的区别是如何理解企业家在市场中的地位和作用。

新古典经济学的市场是没有企业家的市场，因为它的假设已经排除了企业家存在的可能性。如果资源、技术和偏好都是给定的，每个人都无所不知，市场总是处于均衡状态，怎么还能有企业家的用武之地？但在奥地利学派经济学和熊彼特经济学的市场中，企业家居于中心地位。市场中大部分参与人是无知和循规蹈矩的，如果没有企业家，那么资源不可能得到有效利用，新技术、新产品不可能出现，经济也不可能增长。企业家不仅是市场趋向均衡的力量，还是打破旧均衡、创造新均衡的力量。正是通过企业家的套利行为，不均衡才被发现，资源才得到有效配置；正是通过企业家的创新活动，新产品、新技术才不断出现，经济才有可能持续增长。

新古典经济学中的决策者是罗宾斯式的经济人，他们在给定的目标-手段下，选择最优化行动。他们是价格的消极接受者，简单地针对一个假定的数据背景（偏好、技术和资源）采取最优化行动。对他们而言，决策就是计算，数据隐含了结论。

在奥地利学派经济学和熊彼特经济学中，最重要的决策者不是罗宾斯式的经济人，而是富有想象力和判断力的企业家。企业家要在至今未被注意的机会中发现机会。对他们来说，目标和手段不是已知的，而是需要被识别的；偏好、技术和资源不是给定的，而是有待发现和创造的。

在新古典经济学中，如果给定数据，所有理性人都会做出相同的选择。但在真实世界中，即使基于同样的数据、同样的硬知识，不同的企业家也会做出不同的选择。为什么？因为企业家决策不仅取决于数据、硬知识，更依赖于难以用数据表述的默性知识，也就是个人对市场前景、技术可行性和资源可获得性的想象、感知和判断。"在罗宾斯式市场参与者看来是错误信息的情形，对纯粹企业家寻利行为而言将是有利可图的机会"。"当每个人都认为错误的时候，企业家认为自己是正确的。因此，企业家精神的本质就在于他具有与他人不同的对未来形势的预期"。[1]

熊彼特认为，创新是企业家的基本功能。企业家创新是基于独特的判断，而不是理性计算。罗巴克和博尔顿资助瓦特研发蒸

---

[1] 分别出自柯兹纳和卡森。

汽机，斯蒂芬森父子发明火车，塞勒斯·菲尔德铺设第一条跨大西洋海底电缆，爱迪生发明电力照明系统，卡尔·本茨发明内燃机汽车，金·吉列发明安全剃须刀，莱特兄弟发明飞机，乔布斯和沃茨尼亚克创立苹果电脑公司，比尔·盖茨创建微软，布林和佩奇打造谷歌搜索引擎，马云建立淘宝交易平台，马化腾开发微信……如此不胜枚举的创新都是基于企业家独特的判断，而不是每个理性人都可以做的计算。

正因为如此，大数据和人工智能永远代替不了企业家。如果经济决策果真如新古典经济学假设的那样，是一个约束条件下最优化的计算问题，那么大数据和人工智能终将取代企业家！

新古典经济学家之所以无法理解企业家，另一个重要原因是，新古典经济学家假定生产者的唯一目标就是利润最大化。确实，追求利润是企业家的重要目标，但正如熊彼特所指出的，企业家追求的不仅是利润，还有超越利润的目标，包括：（1）建立自己的商业王国的梦想；（2）征服的欲望和战斗的冲动；（3）对创造过程的享受。正如熊彼特所说的，"取得这些成就的可能性发挥着一种更大的激励作用，比能够按照理性计算证明的成功概率与利润量之积来标志的那个激励要大。对于那些没有实现这种前景的企业家来说，这种前景也似乎是具有吸引力的'报酬'"。

正因为如此，现实市场中的企业家经常从事一些具有高度不确定性的商业活动，如开凿运河、修建铁路，甚至从事公益事业——创办医院和学校、热衷于大自然保护、救助贫困人口等。按照新古典经济学的"成本-收益分析法"，他们根本不可能有从事这些活动的积极性。

在产业政策的讨论中，林毅夫教授把创新者比喻为"第一个吃螃蟹的人"，他认为政府应该补贴第一个吃螃蟹的人，否则企业就没有创新的积极性。这是典型的新古典经济学思维。第一个吃螃蟹的人一定是因为自己有想品尝美味的冲动，而不是因为政府或其他什么人给他补贴。同样，我们不应该低估企业家的冒险精神在创新中的作用。没有政府的资助，布里奇沃特公爵开凿了英国第一条运河，阿克赖特办起了第一个现代工厂，斯蒂芬孙设计并制造了世界上第一台商用蒸汽机车，罗伯特·富尔顿开通了第一条商用蒸汽船航线，爱迪生建立了第一个电力照明系统，亚历山大·贝尔铺设了第一条电话线，古列尔莫·马可尼发送了第一个跨大西洋无线电报信号，弗雷德里克·史密斯创办了第一个空中-地面一体化的快递服务公司（联邦快递）；没有政府的资助，美国有了优步网约车，中国有了摩拜共享单车，诸多例子不胜枚举。

经济学范式的转变需要学术企业家

亚当·斯密在 1776 年发表的《国富论》的主题是：市场交换如何推动经济（国民财富）增长。斯密提出两个核心定理："看不见的手"和"分工定理"（制针工厂）。"看不见的手"说的是，市场竞争把个人追求私利的行为导向合作共赢的结果；"分工定理"说的是，劳动生产率的提高和技术进步依赖于分工和专业化，而分工和专业化受市场规模的制约。在亚当·斯密看来，这两个定理不仅不矛盾，而且相辅相成，它们共同构成人类通过市场进行大范围合作的基础。但新古典经济学家论证说，"看不见的手"和"分工定理"是矛盾的，因为"看不见的手"是关于报酬递减的，而分工是关于报酬递增的，二者不能同时为真。这意味着，市场和增长不可兼得，要市场就不能要发展，要发展就不能靠市场。由此，"分工定理"长期被淹没在经济学家的视野之外。

根据奥地利学派和熊彼特的经济学理论，亚当·斯密没有错，错的是新古典经济学范式。亚当·斯密的市场理论是动态发展理论，不是静态均衡理论。从新古典经济学的静态均衡范式转向奥地利学派和熊彼特的动态非均衡范式，实际上就是回归亚当·斯密的基本命题——市场是如何推动经济发展的。

当然，这一范式转轨的道路会非常漫长，因为经济学家已经被锁定在一个"坏"的演化稳定均衡中。尽管新古典经济学不是一个好的市场理论，但对每一个作为个体的经济学家而言，它仍然是生存能力最强的策略。一个读书人想成为经济学家，想在经济学界有点名气，想在好的期刊上发表文章，想在下一代中有追随者，最符合"适者生存"的策略是跟随主流。

但进化总归是变异的结果，经济学也不例外。主流经济学已经处于均衡状态，套利空间很小，唯有创新才能发展。当今经济学界最缺少、最需要的不是主流体系的追随者和套利者，而是颠覆者和创新者；不是改良式的微观创新，而是颠覆式的宏观创新。经济学界需要具有企业家精神的学者，他们做研究不是基于计算，而是基于判断；他们敢于对抗主流，具有企业家的冒险精神。唯有如此，经济学才能发展出一个好的市场理论。

冯兴元、朱海就和黄春兴三位教授合作撰写的这本书，属于真实世界经济学通识，着重介绍了奥地利学派经济学。这三位作者是海峡两岸研究奥地利学派经济学的杰出学者。值得一提的是，他们研究奥地利学派经济学，是因为他们相信奥地利学派经济学。虽然国内已经出版了不少奥地利学派经济学的译著，但就我所知，国内还没有一本如此容易阅读的奥地利学派经济学通识读物。推广奥地利学派经济学，就是推广正确的市场经济理论。我相信，这本通识著作一定会对提升中国人的市场理念做出重要贡献！

张维迎

北京，2018 年 12 月 18 日

前言

目前的自媒体时代是信息大爆炸时代，我们每天兴奋于接收看不完的信息，也烦心于看不完的信息。众多信息良莠不齐，真假难辨。这其中有很多网文，有些属于心灵鸡汤，有些则是经济社会时政评论。心灵鸡汤类网文倒是无关痛痒，但是经济社会时政评论五花八门，公说公有理，婆说婆有理。如果没有定力，读者就如同"墙头草，随风倒"，就只能拾人牙慧、人云亦云，或者随波逐流、浑浑噩噩。这绝对有违读者阅读经济社会时政评论的初心。

这就引出一个问题：一个人的定力来自何方？一种回答是来自多看经济社会时政评论。但是，这一回答是有问题的，因为经验不能简单用来检验理论的真伪。很多成功人士看低理论，殊不知他们的这一看法就是出自自己在不知不觉之间形成的一种"理论"或者观念。正如经济学家哈耶克所说，每个人实际上都在用一种"理论"观察世界。他还认为，"如果说从长远考虑，我们是自己命运的创造者，那么从短期着眼，我们就是自己所创造的观念的俘虏"，"是观念的转变和人类意志的力量使世界变成现在这个样"，而且"我们的观念将决定人类生活的目标"。凯恩斯也曾强调："经济学家以及政治哲学家之思想，无论是对是错，其力量之大，往往出乎常人的意料。事实上，统治世界的就只是这些思想而已。许多力求实用者自以为不受任何学理之影响，却往往当了某个已故经济学家之奴隶……我很确信，既得利益之势力未免被人过分夸大，它实在远不如思想之逐渐侵蚀力之大。"

显然，修炼和把握我们的定力至关重要。定力也意味着要锚定正确的理论和观念，而不能锚定错误的理论和观念。这就意味着首先要明辨正确的理论和错误的理论，正确的观念和错误的观念。对于所有人来说，这无疑是一个重大的考验。人无完人，既然是人，就不可能是完美的。可以说，没有一个人可以保证自己掌握的都是正确的理论，只用正确的观念武装自己。事实上，在人生的旅途中，每个人都经常被错误的感知缠绕。错误的感知导致错误的行动，只不过，这些错误行动不会致命而已。一旦导致致命的后果，则悔之晚矣。

我们往往已陷入错误的理论、观念或者感知陷阱而不自知，甚至继续"勇往直前"，结果往往是南辕北辙，事与愿违。中国有句古语"无知者无畏"，讲的就是这个道理。

无知自然不是好事。解决问题、获得较为保险的定力的要诀就在于要正确对待无知。苏格拉底说过："承认无知，乃是开智启慧之母。"承认无知，并不是要停留于无知，而是要从无知出发，开智启慧。

无知不值得称道，但有学问者也不可自大。有学问者感受到自己的无知程度要大于不自知的无知者。波普尔指出："我们对世界越是有更多的了解，我们的学问越是深入，我们有关自己不知道的知识、我们有关自己的无知的知识，也就越自觉、越具体和越细致。"美国科学家沃伦·韦弗（Warren Weaver）也认为："科学就像是在一片未知的大森林中工作，它开辟出一片使事情变得明明白白的更大的领地……但是，随着这片领域变得越来越大，它与未知领域的接触面也会越来越大。"

掌握某种较为正确的理论或者观念会带来很多收益，而能够对经济社会时政评论明辨是非，就是一种收益。心明眼亮，让人作为人而生存，这种感受也是一种收益。很多人把这类能力和感受视为收益，最终有益于增进幸福、减少不适感。

当然，掌握某种较为正确的理论或者观念也需要付出成本。如果最终掌握的是错误的理论或者观念，那么这意味着你得付出最大的成本，也许是整个人生的失败。

我们很多人并没有太多时间去学习很多理论或者接触很多观念，然后尝试去伪存真。这样，学点理论通识，尤其是经济学通识，接触点基本观念，尤其是以奥地利学派经济学为核心的真实世界经济学的基本观念，就是很必要的。这一点不仅对经济学的门外汉很重要，而且对接触过经济学专业训练的读者，尤其是经济学专业的师生更为重要。多数经济学专业训练者实际上在某种程度上已经中了一些新古典经济学理论的"毒"，而真实世界经济学通识读本可以在某种程度上提供"解药"。随着读者静心阅读这本真实世界经济学通识读本，我们坚信，读者会发现真实世界经济学的真、善、美、高、简，也可以借此培养我们在自媒体时代所需要的明辨是非的定力。

目前，国内学者自行编写的经济学通识读本在市面已有若干种，但并不令人满意。原因之一是现有经济学通识读本要么限于新古典经济学的研究范式；要么采取"拿来主义"的态度，无视完整的经济学逻辑，到处整合能让读者脑筋急转弯的段子，编纂成通识短文。其实，自成体系、逻辑严密、通俗易懂、深入浅出的经济学流派是存在的，那就是奥地利学派经济学，它属于关于真实的世界、真实的人和真实的行动的经济学。

新古典经济学对人的行为附加了"理性人"的假设，即个人自利最大化假设。整个新古典经济学的内核就是在这种假设前提下推导产生的。由于新古典经济学在数学化和模型化方面存在着优势，所以被称为"主流经济学"。我们并不是说基于"理性人"假设的新古典经济学或"主流经济学"就一无是处，它确实提供了很多有意义的分析结论，但也包含了很多明显欠缺论证甚至错误的内容——完全竞争模型的问题就非常严重。该模型除了假设人是"理性人"之外，还假设市场上存在大量的具有理性经济行为的卖者和买者，产品是同质的，生产要素完全自由流动，信息是完全的，不存在不确定性，所以它的结论是把这种"完全竞争"状态视为最优状态，把该状态之外的所有状态或者过程视为"不完全竞争"。这是萨缪尔森在其《经济学》一书里把买者或者卖者能够影响价格的各种情况均视为"不完全竞争"，又把"不完全竞争"归结为"市场失灵"的一大原因，然而这是对竞争的一大误解。我们可以以手机市场为例来分析萨缪尔森的"不完全竞争"或者"市场失灵"。按照他的观点，当前的手机市场已经偏离完全竞争均衡或者效率竞争状态，属于"不完全竞争"和"市场失灵"。根据奥地利学派的观点，当前的手机市场是一个由企业家驱动的竞争性市场过程，不同样式、质量和价位的产品充斥市场，竞争激烈。产品的多元化使得市场供求的匹配程度较高，市场取得协调的程度较高。即便某种手机的生产者对其细分市场的手机价格存在影响，像苹果手机的边际价格远远高于其边际成本，我们仍然认为手机市场是一个由企业家驱动的正常运作的、面向消费者需求的竞争性市场过程——是一种正常的竞争，我们所欢迎的竞争。很多中国人迄今为止购买了多部苹果手机，尽管他们知道价格贵，知道苹果公司从自己这里挣了不少钱，但是他们还是热烈感谢和欢迎苹果公司的"剥削"。这样的"市场不完全"或者"市场失灵"本来就是市场活力的体现。与此相反，我们设想一下一种存在众多供给者，但只存在同质手机、信息完全相同的手机市场。萨缪尔森会认为这种市场是"完全竞争"的，是"完美"的（完全竞争的英文"perfect competition"的直译是"完美竞争"），而这样的手机市场，消费者不喜欢，供给者自己也不喜欢。而且，这些供给者也不能被称为企业家，因为他们不必承担不确定性。

新古典经济学的完全竞争理论的问题还不止于此。完全竞争理论排除了作为过程的竞争，只有一个竞争均衡点，这其实就是排除了真正的竞争，也排除了企业家的作用。而根据奥地利学派经济学家柯兹纳的企业家理论，在真实世界中，企业家会基于自己对市场机会的警觉，发现市场机会，承担不确定性，组织资源，努力抓住市场机会。柯兹纳认为，竞争和企业家是市场过程一个硬币的两面，企业家驱动市场过程，使得市场供求的相配程度不断增加，也就使得市场不断从不协调走向更协调，这正符合上述当前手机市场的情况。奥地利学派反对均衡说，认为市场只存在均衡化的趋势，但并不能达到均衡——在市场达到均衡之前，市场条件往往会发生变化，从而又出现新的均衡化趋势。

新古典经济学"理性人"范式的局限性是很大的，毕竟人的种种行动的动机是多样的，存在自利、利他或者互利等动机。正如奥地利学派经济学家米塞斯所言，人的行动的最终目的是增进幸福、减少不适感，不同动机的行动与这种最终目标不矛盾。奥地利学派经济学不受新古典经济学这类作茧自缚式假设的拖累。奥地利学派认为，并不需要预设人是自利的，经济学只需要聚焦于人的行动，并容纳各种动机，无论人是自利的、互利的还是利他的。行动的人就是正常的人，是"理性人"，但这里的"理性人"不同于主流经济学的定义，只要一个人能够根据其主观价值确定其行动的目的，并能借助一定的手段采取行动即可。人是有目的的人，人为了实现其目的而行动。根据米塞斯的观点，每个人（正常的人、行动的人）都能够对自己的目标和手段做出主观价值评判和排序，由此选定其自身行动的目标，并能够为实现这些目标找到与之相匹配的手段。只要能够做到这一点，人就是理性的，这与他采取行动是否出于自利、互利或者利他的动机无关。人的行动可以出于其中任何一种动机，其最终目的就是增进其个人的幸福。正因为如此，米塞斯认为，人的行动必然总是理性的，"'理性的行动'这个词属于同义反复，我们必须拒绝使用它"。而且，由于人不是神，不能排除其犯错的可能。也就是说，行动的人是理性的，但是可能犯错。也就是说，奥地利学派意义上的"理性"的人，并非不犯错的人。

上述分析表明，奥地利学派经济学是有关真实的人、真实的行为、真实的理性和真实的世界的经济学。奥地利学派经济学主要建立在少数公理的基础上，并形成了一个庞大的、自成一体的经济学体系，这些公理包括：人的行动是有目的的行动，只有个人才能行动，不同的人有不同的偏好和能力，行动经由时间发生，人从经验中学习等。其相关概念、方法和理论相互配合、逻辑一致，能够形成强大的洞察力和解释力。奥地利学派的第四代代表人物哈耶克就是因为自己在货币和周期理论上的研究贡献获得了 1974 年诺贝尔经济学奖。

我们在此呈献给读者一本以奥地利学派经济学为核心内容的真实世界经济学通识读本。这本通识读本与真实的人、真实的行动、真实的理性以及真实的世界的经济学基础分析有关，在分析过程中，我们力求观点明确、逻辑清晰、简单易懂、深入浅出。整个读本还兼顾其他经济学派的一些著名的理论，包括亚当·斯密所代表的古典经济学里的部分内容，科斯和诺思所代表的制度经济学，布坎南所代表的公共选择理论和宪则经济学，奥斯特罗姆所代表的自主治理与多中心理论，以及德国弗莱堡学派经济学。奥地利学派经济学与这些经济学理论基本上共同构成了经济学发展脉络中的主线，反映了美国乔治·梅森大学彼得·勃特克（Peter Boettke）教授所提倡的"主线经济学"（mainline economics）[1]，以此与所谓"主流经济学"对阵。

这本经济学通识读本包括了 100 节正一君书院线上名师经济

---

[1] 勃特克教授所提倡的"主线经济学"没有被纳入德国弗莱堡学派，但被纳入了弗农·史密斯的实验经济学。弗莱堡学派也称"秩序自由主义学派"，对应于布坎南的宪则经济学。前者强调市场运作的规则秩序，后者强调政府运作的规则秩序。

学通识课的内容。全书分为 11 个部分，包括：基础，行动与效率，生产、价值与财富，劳动与分工，市场与竞争，企业家与经济发展，货币、资本与利息，财政与税收，新经济、新货币与新金融，教育与研究，以及法律与道德。每节课配了本课要点、插图、思考题与参考资料。作者分别为中国社会科学院冯兴元教授、浙江工商大学朱海就教授以及新竹清华大学黄春兴教授，三位教授均长期从事奥地利学派经济学研究。青年学者杨华对各课时内容的编辑和网上发布提供了很大的帮助。每一节课的漫画插图由黄麒霏制作。海南出版社的一些同仁，尤其是本书的策划编辑谌紫灵对本书的最终编辑和出版提供了最大的支持。更为有幸的是，当今中国的奥地利学派经济学领军人物、北京大学张维迎教授在百忙之中为本书撰写了一篇序言，从奥地利学派经济学的视角系统深刻地批判了新古典经济学范式，强调"推广奥地利学派经济学，就是推广正确的市场经济理论"，以此肯定本书作者为编写此通识读本而付出的努力。对于上述老师、朋友和同仁，我们一并表示由衷的感谢。我们也欢迎读者对这本通识读本提出宝贵的反馈意见，以便我们继续改进其内容。

冯兴元

北京颐源居，2019 年 3 月 30 日

目 录

Contents

Section 1 基 础

Section 2 行动与效率

Section 3　生产、价值与财富

Section 4　劳动与分工

Section 5　市场与竞争

Section 6　企业家与经济发展

Section 7　货币、资本与利息

Section 8　财政与税收

Section 9　新经济、新货币与新金融

Section 10 教育与研究

Section 11 法律与道德

基　础

人人需要学点真实世界经济学

冯兴元

本课要点

---

1. 经济学通识涉及最基本的经济学思维。

2. 我们提倡的真实世界经济学的核心是什么?

3. 不管是不是经济学专业者都需要真实世界经济学通识。

什么是经济学

经济学通识涉及最基本的经济学思维。所谓"经济学"，就是指用成本收益分析的方法，去观察和分析个人的行动、个人与个人之间的互动以及与此相关的社会现象。经济学思维不仅适用于观察和分析经济领域内的个人的行动、个人与个人之间的互动以及与此相关的社会现象，也适用于观察和分析经济领域之外的一些情况。经济学思维既可以针对经济，也可以针对社会，还可以针对政府行为。一种法律或制度，一种伦理或文化，也均有其成本和收益，均可以借助经济学思维加以分析。这样，除了一般经济学之外，又有了法律经济学、制度经济学、伦理经济学与文化经济学。经济学思维下的成本既可以是货币成本，也可以是非货币成本；经济学思维下的收益既可以是货币收益，也可以是非货币收益。从这个意义上说，经济学思维可以无处不在，属于一种"帝国主义"思维。说经济学乃是"经济学帝国主义"，也不为过。虽然其他学科的学者会批评"经济学帝国主义"，但是这种批评恰恰说明经济学的强大和广泛适用。

经济学其实只有一种，但是各种经济学学派或者经济学分支令人眼花缭乱，而基于这些学派和分支所提出的经济政策也往往良莠不齐。各种教科书对于非经济学专业者来说，难易程度各不相同，而且有些经济学理论还可能有争议，例如：奥地利学派经济学家就认为宏观经济理论是错误的，他们反对推行宏观经济政策，因为他们认为这会破坏个人产权。因而只有经过专门训练的经济学专业者才能甄别经济理论的前后一致性和正确性。这就要求我们提出真实世界经济学，向爱好经济学的非经济学专业者提供一种真实世界经济学的通识教育。其实经济学专业者也需要这种通识教育。所以，无论是经济学专业者还是非经济学专业者，都应该保持一种"理性的卑微"的态度，否则就容易坐井观天、自高自大。

提倡真实世界经济学

我们需要提倡一种真实世界经济学，根据这种经济学，人的每一个行动均属于一种选择。人是有目的的人，采取的行动都是有目的的。人属于行动人，也就是有目的的、行动着的人。人对各种可选择的目的和可采取的行动均有自己的主观价值评估，从而赋予一些目标更大的价值，也赋予另外一些目标更小的价值。这些价值的赋予就是人主观价值评估的结果，因而属于主观价值。人会根据其价值的相对大小对这些目标进行排序，也就是做出序数意义上的排序，但人并不需要（也不会）确定这些目标价值各自的明确基数。人能够为自己的目的选取一些手段，并利用这些手段去达到自己的目的。人选择这些手段是基于自己主观的成本收益分析。从这个意义上讲，人是理性的。这并不是说人不会犯错，而是说人会倾向于根据自己的经济计算寻找一些手段，从而达到自己的目的。人当然不是神，不可能全知全能，因而可能犯错，但这并不影响他去做自己的经济计算，从而找到一些手段去达到自己的目的。这种经济学思维属于著名奥地利学派经济学家米塞斯的经济学思想，可以说是米塞斯经济学的主要内容，它们构成我们在此提倡的真实世界经济学的核心范式。

理解和解释世界需要真实世界经济学通识

我们每个人都应该学点真实世界经济学通识。在生活中，一些经济学思维接近于条件反射，似乎是无师自通的。例如：父母要求孩子好好读书，以及孩子在父母的教育下收敛自己的玩性，去完成家庭作业，事实上都利用了经济学思维。这种经济学思维看上去似乎无师自通，但事实上它仍然来自家庭的传承和个人在生活中的经验积累。

但是，更多的经济学思维并非无师自通的，而是需要经济学专业老师们的"传道、授业、解惑"。经济学思维既要靠他们的言传身教，也要靠书本知识的学习。多数经济学思维更为复杂，这就要求我们至少在最开始就接受经济学通识教育，尤其是真实世界经济学通识教育。非经济学专业者只需要理解和掌握一些真实世界经济学通识即可，这些通识实际上是经济学的精要。非经济学专业者掌握经济学精要，并不需要依托对高深的数学模型和公式的理解与掌握。一些专业经济学家的论著里充斥着数学模型，把数学等同于经济学，对他们来说，"经济学＋数学＝数学"。但是，我们看"经济学之父"亚当·斯密的《国富论》或者奥地利学派创新人士米塞斯《人的行为》，就见不到什么数学模型或者公式。对于他们来说，"经济学＋数学＝经济学"。

思　考

1. 请简述经济学的定义和研究范围。

2. 什么才是真实世界经济学？其主要内涵是什么？

3. 为什么人人都应该学点经济学？

4. 如何看待人的行动、选择和资源稀缺性的关系？

资　料

1. 张维迎. 经济学原理. 西安：西北大学出版社，2015.

2. 路德维希·冯·米塞斯. 人的行为. 夏道平，译. 上海：上海社会科学院出版社，2015.

课时 2

真实世界经济学
如何进行成本收益计算

冯兴元

本课要点

1. 日常生活中的"失"和"得"是指什么？

2. 成本收益比较分析并不简单，需要从主观视角看成本和收益。

3. 成本收益比较分析是什么？如何进行成本收益比较分析？

　　在日常生活中，所谓成本就是指"失"，收益就是指"得"。成本收益比较分析并不像我们想象的那么简单。比如古代有一个谚语叫"塞翁失马，焉知非福"。该谚语出自《淮南子·人间训》。在边塞，有一位精通术数的老人，他家的马跑到胡人那里去了，大家都来安慰他。老人说："我们怎么知道这不是一件好事呢？"过了几个月，他家的马带领着胡人的骏马回来了。大家都来祝贺他，这位老人说："我们怎么知道这不是一个祸患呢？"他的儿子喜欢骑马，有一次他的儿子从骏马上摔了下来，摔断了大腿。大家都来安慰他，这位老人又说："我们怎么知道这不是一件好事呢？"过了一年，胡人大举侵入边塞，当地的青壮年男子都拿起弓箭参战，但绝大部分人都在战争中死去。唯独他的儿子因为摔断了腿而免于出征作战，他们父子得以保全性命。"塞翁失马"这个谚语比喻一个人虽然一时遭受损失，反而可能因此得到好处，它也指坏事在一定条件下可变为好事，反之亦然，一时得到好处，反而可能因此遭受损失。这一谚语也说明，一个人需要摆正心态，乐观向上，看得开眼前的得失；认识到任何事情都有其两面性，不好的一面有可能向好的一面转化，好的一面也有可能向坏的一面转化。这就是"乾坤易转，阴阳相生"的道理。

　　"塞翁失马"这个谚语也可以解读为采取不同的时间长度来思考一件事，所看到的结果（得失）就不一样。经济学区分短期和长期就是这个道理，短期内的得失，从长期来看可能正好相反。至于短期到底是多短，长期到底是多长，并没有统一的说法。一般来说，短期是指一年以内的时间，但是，若做更精确的界定，那么短期是指经济主体对新的情势还来不及做出相应调整的较短时段。长期是指经济主体对新的情势能够做出相应调整的较长时段。

"塞翁失马"这个谚语也说明了人的每个行动都是一次选择，一个人为了采取一个行动，他就必须放弃另外一个行动。在生活中的其他场合也是一样：当他选择工作的时候，他就放弃了闲暇；当他选择无糖咖啡的时候，他就放弃了含糖咖啡；当他选择坐高铁从北京出发去上海的时候，他就放弃了使用飞机等其他交通工具。因此，经济学思维强调研究人的行动，因为这些行动都属于选择，即便一个人选择了"不选择"或者"不作为"，仍然是一种选择。所有的个人行动都有其代价，那就是以放弃其他选择为代价，尤其是个人认定的放弃其他次优选择。这种代价被称为"机会成本"，是个人主观评价的结果，因此他心目中的成本事实上是主观的成本。可以说，一个人的每一个行动都是有成本和收益的，这些成本和收益都是其主观评价的结果，是主观的评价和收益。

人之所以会考虑相应的成本和收益而采取行动，是因为资源是稀缺的。塞翁的马是稀缺的，胡人的骏马是稀缺的，儿子是稀缺的，儿子的腿也是稀缺的，儿子的命更是稀缺的。如果资源是不稀缺的，那么每个人都可以无限支配这些资源，资源的价值就是零。这时，一个人采取行动就不需要考虑资源的成本和收益。在这种情况下，这个社会就不需要经济学和经济学家，也不需要我们利用经济学思维来思考问题。因此，在现实社会中，一个人采取行动、做出选择的过程也是配置稀缺资源的过程。

此外，一个人是在边际上采取行动的。所谓"边际"，存在两种情况，一种"边际"是指对现有需求或者供给的数量进行微小调整。与此相应，边际成本和边际收益是指对现有需求或者供给的数量进行微小调整所导致的成本或者收益的变化量。假设其他条件不变，对一亩稻田施化肥，最初每增加一单位化肥的投放，新增产量或新增收益是递增的（这里假设稻米价格也不变）。到一定时点之后，每增加一单位化肥，其新增产量或新增收益是递减的，这种"新增"指的就是"边际"。另外一种"边际"是指，每次都是在新的约束条件下，对备选行动的重要性通过新的主观价值判断进行排序，从而选择采取一项行动。比如张三拿到亲戚送的 3 个大馒头之后，先决定自己吃掉 1 个；在吃掉了 1 个之后，他决定把剩下的 2 个之中的 1 个放到冰箱里，明天再吃；之后，他决定把剩下的最后 1 个送给邻居。真实世界经济学强调个人根据其主观价值评估来看边际成本和收益。也就是说，这里的成本和收益概念都是主观的成本和收益，边际成本和边际收益也一样。比如塞翁失马之后，塞翁需要在失马的前提下重新进行价值评估，他需要在失马的前提下对自己的行动进行成本收益分析，做出选择和取舍。塞翁的儿子骑马摔断一条腿属于一种成本，但与其儿子出征作战而战死沙场这一可能的成本相比，则属于小巫见大巫。值得注意的是，这里的成本收益评估均是塞翁个人的主观评价。

💰 思　考

1. 真实世界经济学如何看成本和收益？
2. 在整个"塞翁失马"的故事里，塞翁的成本和收益计算的主观性体现在哪里？

💰 资　料

1. 张维迎. 经济学原理. 西安：西北大学出版社，2015.
2. 路德维希·冯·米塞斯. 人的行为. 夏道平，译. 上海：上海社会科学院出版社，2015.

课时 3

个体主义方法论

冯兴元

本课要点

---

1. 只有个人才能行动，集体无法行动。

2. 一切行动都是某些个人的所作所为。

真实世界经济学范式可以用来理解和解释个人的行动、个人与个人之间的互动、由此产生的社会现象以及与此相关的后果。它的分析对象可以是个人，也可以是集体，也就是个体的集合。其中，个人包括孤岛上的鲁滨孙、社会中的个人以及你、我、他；集体包括社会，包括你们、我们与他们，也包括团体、组织、政党、国家、国家联合体、超国家组织、国际组织等，还包括所谓"集体"本身。

在这里，我们需要将集体概念和个人概念区分开来。真实世界经济学范式强调在所有这些集体概念之后都有一定数量的具体的个人在发挥作用。只有个人才能行动，集体无法行动。个人有自己的头脑、嘴巴和手脚。集体不是一个人，没有单一的头脑、嘴巴和手脚。讲"集体在采取行动"是将集体作为一个拟人化的概念；或者为了便于交流，而用这个概念来指代其中那部分"行动着的个人"。但是，这种"拟人化"或者"指代"均有其局限性。如果把这种"拟人化"或者"指代"理解为集体会真正地行动，那么这就是一种可能会造成严重后果的错误理解。例如：一个阶层的单个人或者部分人的行为可能被错误地理解为整个阶层的"行为"，并导致各阶层之间的斗争。

举例而言，根据一则新闻报道，美国指责朝鲜试射导弹，并不是美国在指责，而是美国的一些领导人代表美国这样一个由特定数量和结构的人口组成的特定国家在指责。美国自身不是一个具体的人，不能说话，说美国在指责，只是一种简便的指代说法。

日本首相安倍晋三发表的一些右翼言论，与日本发表的一些言论是两回事。安倍晋三作为一个人，能发表言论；日本不是一个人，它作为"全体日本人民"则不能发表言论。日本政府也不能发言，只有其中的一些政府领导或者官员能够发言。与此相应，中国的一些网民如果要抵制日货，所抵制的往往只是对中国比较了解和友善的日本商家。如果这些网民宣称仇恨日本，那么他们仇恨全体日本人民是没有道理的。这是因为多数日本人民并不是极右分子，他们都是各行各业的普通百姓。

在这里，真实世界经济学预设了一种"个体主义方法论"或者"方法论个体主义"。根据这种方法论，对社会现象的理解和解释，应该回到个人的行动以及个人与个人之间的互动层面，应该通过分析个人的行动和个人与个人之间的互动去理解社会现象。无论我们试图解释什么社会现象，都应当表明，它们无论如何都是产生自个人的行为和个人与个人之间的相互作用。这些个人无论是单独行动还是共同行事，都只是基于他们对周围世界的理解去追求他们眼中的利益或目标。

一切行动都是一些个人的所作所为。所谓一个集体有所作为，总是通过集体中的一个人或多个人做出一些与这个集体有关的行动而表现出来的。一个行动的性质由行动的个人和受此行动影响的他人对于这一行动所赋予的意义决定的。我们说某一行动是个人行动，另一行动是国家行动或城市行动，正是靠这个意义来区别的。在这里，集体、国家或者城市的行动仍然属于一种拟人化或者指代说法。死刑的执行者是做刽子手的那个人，不是国家。

至于把刽子手的行为认为是国家的行为，那是一些相关人士所赋予的意义，而实际上是刽子手根据一个国家的法律来代表这个国家行刑。第二次世界大战时，某个国家的部队占领了波兰，我们不能说这是当时的那些官兵干的，而应归咎于他们背后的国家，确切地说是该国家的一些负责人，这也是一些相关人士所赋予的意义。

在个人的行动之外，绝不存在集体行动。所谓集体生活，依存于组成这个集体的一些个人的行动。现实中只存在个人生活，集体生活是个人对这一集体所赋予的某种意义。我们想象不出不靠某些个人行动而有所作为的集体，要认识整个集体，就得从对个人行动的分析着手。

💰 思　考

1. 什么是个体主义方法论？
2. 请分析个体主义方法论对于理解个人行为和社会现象的重要性。

💰 资　料

1. 维克多·范伯格. 经济学中的规则和选择. 史世伟，钟诚，译. 西安：陕西人民出版社，2011.
2. 路德维希·冯·米塞斯. 人的行为. 夏道平，译. 上海：上海社会科学院出版社，2015.
3. 布里安·辛普森. 市场没有失败. 北京：中央编译出版社，2012.

课时 4

个体主义方法论的蕴意

冯兴元

本课要点

1. 如何看待集体概念？为什么？

2. 政府和企业均是具体的人的组合，具体的人均有自利取向的一面。

3. 什么是涌现现象？我们要如何看待这种现象？

上一课，我们讲述了个体主义方法论的具体内容。个体主义方法论有着多种蕴意。掌握这种分析视角，对于我们理解真实世界经济学的种种社会现象以及洞察这些社会现象背后的实质非常重要。

个体主义方法论的蕴意之一是，对任何集体概念均应该采取解构和祛魅的态度，因为原则上说不存在高于个体的集体，也不存在个人利益之外的公共利益或者集体利益。按照"诺贝尔经济学奖"得主布坎南的话说，如果涉及利益分析，那么可以说只存在个人利益，不存在任何个人利益之外的利益，包括公共利益。换句话说，所谓公共利益，也只不过是一些个人利益的叠加。与此相应，权利也一样，只有个人拥有权利，而集体没有权利。无论个人属于哪个集体或者群体，任何权利保护最终都会落实到对个人的权利保护上。

个体主义方法论的蕴意之二是，无论我们把一个地方的政府看作是追求自利目标的"自利性政府"，还是追求利他目标的"仁慈政府"，无论这个地方的政府治理属于"仁政"还是"非仁政"，都不应该把政府视为铁板一块，而是应该将其视为设定了特定运作目标的一群官员的组合；同时也要认识到这些官员跟社会中的其他成员一样，都有着人性的自利一面。这样我们就会看到，这个地方的政府不仅可能做善事，也可能做恶事，因为是这个地方的一些具体的官员在做事情，即这个地方的政府作为一个集体其实是做不了事情的。说"政府做事"是一种出于便利的表达，是用来指代那些具体做事的政府官员。也就是说，一个地方的政府既可能因为其部分官员的好心做好事，也可能因为其好心做坏事；既可能因为部分官员的坏心做坏事，也可能因为其坏心却"歪打正着"做好事。

个体主义方法论的蕴意之三是，我们也需要以同样的逻辑看待企业。企业是制定了共同经营目标的一群利益相关者的集合，企业自身不会行动，能够采取行动的是其中的具体的人，尤其是其中的企业家。企业家通过企业追求自我利益。在公平、公开、公正的竞争环境中，企业家在"以诚立本"的基础上实现的利润越大，其对整个社会的贡献就越大。这是因为他需要通过为客户（消费者）创造价值，而达到为自己创造价值的目的。为客户创造最大价值的最佳证明就是客户（消费者）用货币作为经济市场上的"选票"来选择购买企业家的产品。

新古典经济学中的微观经济学部分采取了个体主义方法论的视角，但是其宏观经济学部分则采取了集体主义方法论的视角。后者强调个人行动和社会现象的社会性质，从观察总体、整体或者集体的视角来解释个人行动和社会现象，忽视不同个人的行为、价值与利益的差异性及其重要性。集体主义方法论的视角往往与一些国家的威权政府行为合拍。这种视角运用不当，又不结合个体主义方法论的分析方法，就容易成为侵犯私人产权的帮凶。宏观经济政策决策者的做法可以与赶车人的做法相比较：赶车人的目标是让马车跑得快，所以他不断挥鞭子，至于车上掉下多少人，车前撞死多少人，对他来说都是小事。宏观经济政策的目的是保持经济增长和实现充分就业，其做法是无视对无数个体产权的平等保护，这与赶车故事的道理一样。

有一些学者从系统论角度出发认为，群体演化过程中会出现一种性质不同于个人行动的"涌现"现象，因而坚持对这方面采取集体主义方法论的视角。"涌现"现象包括演化而来的特定的文化、习俗、传统甚至制度，也包括市场秩序。诚然，市场秩序作为涌现秩序的性质不同于个人行动。市场秩序本身没有目的，但个人行动存在目的性。市场秩序中存在很多的正式制度和规则（如法律）以及非正式制度和规则（如涉及市场的习惯、惯例、伦理及文化等），很多个人在市场秩序中往往不了解这些具体的制度和规则，但他们会通过接受现行市场秩序及其价格信号来遵循这些制度和规则。市场秩序不是单个人的理性所能及的，也不是由单个人人为设计而成的。但是，这并不影响我们采用个体主义方法论视角，通过分析个人的行动和个人与个人之间的互动去理解社会现象，解释"涌现"现象是如何产生的。据此我们可以预测，如果维持一些特定的个人行为方式，确立一些特定的制度与规则，就能够出现某种涌现秩序；反过来，如果不维持一些特定的个人行为方式，不确立特定的制度与规则，就不能够出现某种涌现秩序。而且很显然，个体主义方法论是亚当·斯密"看不见的手"的理论的基础。市场作为"看不见的手"这种"涌现"现象，也需要从个人与个人之间的互动视角去省察和理解。

🛍 思　考

1. 什么是集体主义方法论？
2. 集体主义方法论有哪些缺点？

🛍 资　料

1. 范伯格. 经济学中的规则和选择. 史世伟，钟诚，译. 西安：陕西人民出版社，2011.
2. 路德维希·冯·米塞斯. 人的行为. 夏道平，译. 上海：上海社会科学院出版社，2015.
3. 布里安·辛普森. 市场没有失败. 北京：中央编译出版社，2012.

课时 5

经济学中的主观主义方法论

朱海就

本课要点

---

1. 门格尔提出的"财货概念"对经济学有什么意义？

2. 为什么说经济学的每一项重大进步，都是向着不断采用主观主义的方向前进了一步？

　　19 世纪 70 年代，经济学出现了一次重要的革命，这场革命通常被称为边际革命。边际革命提供了一种认识经济现象的全新方法，也就是主观主义方法。在边际革命的三剑客（奥地利的门格尔、英国的杰文斯、法国的瓦尔拉斯）中，门格尔把这种主观主义思想表现得最为充分。

　　在门格尔看来，"财货"是一个"主观"概念。他认为一件物品要成为财货，第一个条件是，此物对应着人类的欲望，或者说人们对此物有需求；第二个条件是，就此物本身的物理属性而言，它存在满足该欲望的客观的因果关系链；第三个条件是，人类对此因果关系的认识；第四个条件是，人类对此物的支配，即人类事实上能够获得此物以满足其欲望。这意味着什么能成为财货，什么不能成为财货，即财货与个体的需求、认识等主观因素有着直接的关系。例如：面包对饥饿的人来说是财货，但对已经吃饱的人来说不是财货；同样，水对住在河边的人来说不是财货，但对沙漠中的人来说是财货。

　　人们通常用"第一个吃螃蟹的人"来形容那些敢于尝试新事物的人。确实，螃蟹成为人们的美食，与人们"认识"到吃螃蟹不仅安全，而且螃蟹味道也很好有很大关系。尽管如此，对于那些本身就不喜欢吃螃蟹的人来说，因为螃蟹成为财货的第一个条件不满足，所以螃蟹就不能构成他们的财货。可见，财货不仅是一个主观概念，也是一个个体概念。

　　从商品到财货，这是经济学说史上颠覆性的思想转变，因为古典经济学关心的商品是一类商品概念，与个体的需求和选择无关，例如：他们关心的面包和水的价值不是某个个体在特定情境下选择的面包和水的价值。所以"财货"概念意味着活生生的"人"第一次进入了经济学理论，而经济学也真正成为与人的行为相关的科学。

在门格尔的理论体系中，价值是由边际效用决定的。所谓边际效用，就是某人放弃一单位某种财货时，他所放弃的欲望对他而言的重要性；或增加一单位某种财货时，该单位商品满足他的欲望对他而言的重要性。边际效用与价值的关系可以用这个例子说明：某人可获得的水从一小瓶增加到一大桶时，水除了可以满足他的饮用之外，还可以用来洗脸；但洗脸对他而言不如饮用重要，所以洗脸对他而言的重要性就决定了这一桶水的价值。由于重要性的判断完全是主观的、个体的，所以价值也是主观的、个体的。价值的主观性决定了价值不能度量，只能进行排序。

价格是在主观价值的基础上形成的，人们通过交换形成价格，而交换是建立在不同个体有不同的价值排序基础上的。例如：老王有5个苹果、3个梨，假设他对第四个苹果的评价要低于第三个梨，他愿意拿出第四个苹果和第五个苹果去换别人一个梨，这时一个梨的价格就是两个苹果。在直接交换时，一种商品的价格用另一种商品表示；如果是间接交换，那么价格就是用货币表示的，这时的货币相当于另外一种商品。我们从中也可以看出，尽管某种财货的物理属性相同，比如都是苹果，但由于它们的价值排序不同，所以从价值的角度来看它们属于不同的财货。

　　与价值相关的是成本概念，在经济学中，成本是放弃的效用。人做出任何一个选择都意味着他必须放弃另外的选择所带来的效用。例如：一个人为了看一场精彩的电影而放弃了看书，这时看书就是他看电影的成本，即看电影的成本并不是他买电影票的支出，而是看书能带给他的效用。人们总是要放弃自己所拥有的去交换自己想要的，所有的交易与选择都是"机会成本"的平衡。

　　供求本质上也是一个与主观主义相关的现象，因为需求与供给在本质上都是需求者与供给者"放弃什么以获得什么"的问题。在门格尔之前，古典经济学家虽然也使用供求分析法，但由于缺乏微观基础，因此他们的供求分析法也是不完整的，直到主观主义思想的引入，才解决了这一问题。

　　在奥地利学派经济学中，不仅财货、效用、价值、成本、供给与需求等最基本的经济学概念是主观概念，而且利润、机会与资本等也是主观概念。在某种程度上，正如哈耶克所说，"过去100年里经济学的每一项重大进步，都是向着不断采用主观主义的方向前进了一步"。

思　考

1. 说明成为"财货"需要满足哪几个条件。

2. 说明边际效用的含义。

💰 资　料

1. 路德维希·冯·米塞斯. 人的行为. 夏道平，译. 上海：上海社会科
学院出版社，2015.

2. 卡尔·门格尔. 国民经济学原理. 刘絜敖，译. 上海：上海人民出版
社，2001.

主观主义价值论

黄春兴

本课要点

---

1. 什么是劳动价值理论？

2. 水与钻石的悖论为何会困扰经济学家？

3. 为什么边际效用学说能解释水与钻石的悖论？

上一课，朱海就老师大概地讨论了主观主义方法论，并指出：主观主义最初体现在价值理论中，然后才铺陈到整个经济学理论中，"不仅财货、效用、价值、成本、供给与需求等最基本的经济学概念是主观概念，而且利润、机会与资本等也是主观概念"。米塞斯和哈耶克更是将主观主义分别扩展到企业家精神和知识理论中。现在，我们接着来讨论价值理论率先出现在主观主义方面的问题。

价值理论早于经济学出现，是人类思辨传统的一部分，其中的议题包括：什么是内在价值和外在价值？它们是否真的存在？存在于哪里？要如何衡量？当这些哲学问题碰触到经济活动，尤其是消费后，目标立即对准财货，并转化成我们熟悉的经济学术语：财货自身是否存在使用价值（内在价值如何呈现）？这些使用价值如何衡量？不同财货的交换比例（被称为交换价值，即外在价值的比较）是否应该反映它们所对应的使用价值？对此，有不少哲学家给出过不同的答案，但我们关心的仅是亚当·斯密在《国富论》中所引用的劳动价值理论及其相关问题。

布坎南说："亚当·斯密观察到，人类普遍具有以物易物、交换、交易等行为倾向，因而他较关心不同财货之间的交换价值，而不是财货的使用价值。"的确，对亚当·斯密来说，一个人自己捕了一头鹿或一只海狸，就煮来吃，还谈什么交换价值？当然这也可能会涉及使用价值。但是如果我只会捕海狸而不会捕鹿，却又想吃鹿时，交换问题就出现了。那么，我捕到的一只海狸能交换多少头鹿？这个交换比例就是交换价值。对此，亚当·斯密举了一个例子：如果一位渔夫两天才能捕获一只海狸，而一位猎人一天只能猎杀一头鹿，那么，海狸和鹿的等价交换比例就是 1：2，也就是一只海狸应该能够交换两头鹿。

这个例子说明了三件事：第一，人类投入的劳动力总量构成了产出品的内在价值，如一只海狸的内在价值是两天的劳动力；第二，不同产出品的相对内在价值形成它们的交换价值，如海狸和鹿的相对内在价值是 2：1；第三，从内在价值到交换价值的衡量单位是一致的，也就是都用劳动力。亚当·斯密虽然只想讨论交换价值，但仍避不开内在价值，他依旧要用内在价值去讨论交换价值。其实，他也有自己的苦衷，属于不得已而为之，因为劳动价值理论在那时已扩展到产权界定领域，成为被普遍接受的完整理论体系。

不仅是亚当·斯密，当时的古典经济学家，如李嘉图和马尔萨斯等也都同样接受劳动价值理论。因此，第二代奥地利学派代表人物之一的维塞尔在《自然价值》中有感而发地说道："我想谁也不会否认价值理论需要从根本上加以革新。"在这里，他所称的价值理论是劳动价值理论，而其对话方则是德国历史学派。亚当·斯密虽然是在这样的大环境下采用劳动价值理论的，但他不是没有质疑过。最有名的例子就是他提出的"水与钻石的悖论"。他说："没有什么东西比水更有用，然而水能交换到的东西很少；相反，钻石几乎没有任何使用价值，但是通过交换钻石可以换取大量的其他物品。"

在海狸与鹿的例子中，亚当·斯密谈的是规范的交换比例，考虑的是"应该怎么样"的问题，而不是存在于现实社会中的真实的相对价格；相反，在水与钻石的悖论中，他谈的不是规范的交换比例，而是现实社会中存在的真实的相对价格。因此，我不认为水与钻石的悖论乃是逻辑上的悖论，而是劳动价值理论的一项缺陷：它在规范上可以达到逻辑一致，但却无法解释真实社会中的实际运作；或者可以这样说，劳动价值理论无法解释交换条件会随时空而发生变化的真实现象。它是一种以客观生产成本（劳动力）去建构的财货价值理论，而消费者却偏偏要从主观效用的角度去评价财货的价值。

门格尔显然看出了这个问题，于是他说道："一种财货可以对某一个人有价值，而对情况不同的其他人却没有价值，这一点也不矛盾。现在，价值尺度也完全是主观性的，因而随着需求量与支出量的不同，一种财货对某一经济人有较大的价值，而对第二人则只有较小的价值，对第三人甚至完全没有一点价值。"于是，他将价值的衡量尺度，由过去的劳动力投入量改为当事人所感受到的边际效用。边际效用的意思是：增加一单位的消费能带给我多少的新增满足感（效用）。如果我已经吃了好几块巧克力，那么我再多吃一块巧克力的边际效用是无法和吃第一块巧克力的边际效用相提并论的。

如果门格尔拿这个主观价值论来分析亚当·斯密的"水与钻石的悖论"，他会说："当事人从所获得的钻石中实现的边际满足是否会大于其从所获得的水中实现的边际满足，要看当时他的需要情况才能决定。如果他极度需要水，水的价值自然要高过钻石；反之，如果他已嫌水太多，水自然就没什么价值了。"

　　效用是主观的，边际效用更是当事人在某种情境中才会有的主观感受。这是划时代的新概念——比劳动价值论具有更高的解释能力。果然，边际效用的出场震撼了整个经济学界，甚至传出了"边际革命"的说法。

　　诚如上一课说到的，边际概念的指向是主观效用，因此，边际革命应正名为主观革命。然而，它的起因则是"水与钻石的悖论"凸现出劳动价值理论的内在缺陷。

💰 思　考

1. 有能力捕海狸的猎人和有能力捕鹿的猎人，其体力和拥有的技术都不一样。劳动价值理论若要考虑这类劳动质量的差异，得如何去调整？
2. 在劳动价值理论下，价格是不可以调整的。那么，该理论在实行的时候，如何克服供给与需求不一致的问题？

💰 资　料

1. 卡尔·门格尔. 国民经济学原理. 刘絜敖，译. 上海：上海人民出版社，2001.
2. 弗里德里希·冯·维塞尔. 自然价值. 北京：商务出版社，1982.

边际效用分析

黄春兴

本课要点

1. 个人的边际效用如何决定商品的价值？

2. 如何将边际效用分析运用到休闲时间的配置上？

3. 边际效用分析也可以运用到刑事处罚中。

上一课提到"水与钻石的悖论",也就是说,当一个人极度需要水而水又极度缺乏时,譬如在沙漠中,人把水喝光了又见太阳高挂,他会愿意以手指上的钻戒去交换一杯水。这个时候,他觉得拥有水的价值远胜过拥有钻石。当他正准备交易时,突然天降甘霖,他会立即把交易叫停,因为这时水已经没什么价值了。别忘了,他还是一样的渴;也别忘了,钻戒始终是他手上的那颗。

由于钻戒和他对钻戒的喜爱都没有发生变化,发生变化的只是他对于水的需要。所以,这个悖论谈到的需要,只是他那时起心动念的需要。只有在沙漠中,人把水喝光又太阳高挂的情境下,他才愿意以钻戒交换一杯水。假若他还有完全一样的第二颗钻戒,在喝完第一杯水的当下,他是不会愿意再以第二颗钻戒去交换第二杯水的。

想喝第一杯水时的边际效用是没水喝时的边际效用,想喝第二杯水时的边际效用是已喝完第一杯水时的边际效用。同样一杯水,在不同情境下的边际效用是不同的。

我们在悖论中说明了:商品的价值取决于个人当时的边际效用;边际效用不同了,价值也就不同了;钻戒的价值没有改变,但前后两杯水的价值不同了。这个悖论不只是说,边际效用决定了价值,它也告诉我们:边际效用也决定了选择。在面对第一杯水时,他选择了水;在面对第二杯水时,他选择了钻戒。不论是选择水,还是选择钻戒,他都是在选择的当下比较了两种商品的边际效用。

所以，如上一课谈到的，最先应用主观主义方法论的是价值理论。在诠释了水与钻石的悖论之后，我们明白了选择是伴随着价值的出现而发生的。我们愿意选择的，自然是具有最高价值的东西。如果边际效用代表着价值，同时不同商品之间的相对价值也能呈现时，我们没有理由否定追求最大满足的个人会选择最高价值的东西。于是，主观主义也就延伸到了选择，即选择边际效用较高的商品。这一准则就是大家耳熟能详的边际效用分析。

边际效用分析可应用于探讨个人在运动后会选择喝几杯水的问题。答案很简单，就是喝到预期边际效用为负时，立即停止。理由是，如果预期边际效用为正，不论多少，多喝总是让人愉悦的；反之，如果预期边际效用是负值，为何还要虐待自己？

边际效用分析也可以应用到休闲时间的分配中。譬如，我每天晚上只有4小时的休闲时间，我可以玩手机，也可以看电视。假设两种行为都会出现边际效用递减，那么最好的时间分配就是让玩手机的边际效用等于看电视的边际效用。因为此时对时间分配的任何微调，都会得不偿失。譬如，如果你想增加一点玩手机的时间而减少一点看电视的时间，因调整前双方的边际效用相等，而边际效用又会递减，于是，增加时间所能增加的效用就会低于减少时间所减少的效用，所以会得不偿失。

同样，边际效用分析也可以用于个人的金钱分配。假设我有一笔钱可以用于买橘子和巧克力，那么最好的分配就是让每一块钱能买到的巧克力和橘子的边际效用都相等。这个例子和上面的例子是类似的，只不过分配的是金钱，不是时间。

也许最令人惊讶的是，边际效用分析可以用来设定刑事案件的处罚轻重。过去，我们常听到"乱世用重典"的说法，但这不符合边际效用分析。任何刑事案件的发生都是因为犯罪嫌疑人想以犯罪的方式去实现某种期待。如果刑法要达到震慑的效果，就必须采取轻罪轻罚、重罪重罚的边际罚则。譬如偷窃、抢劫、合伙抢劫、抢劫杀人这四类刑事案件，其罚则必须由轻到重，否则嫌犯在计算犯罪预期利得的边际效用下，若是轻罪重判，则会让其选择较严重的犯罪方式。

思　考

1. 边际效用分析也可用于个人的金钱分配。文中讲的买巧克力、橘子的例子与玩手机、看电视的例子是类似的，只不过分配的是金钱而不是时间。读者能否以玩手机、看电视的简单推理，说明买巧克力、橘子的结论？
2. 你能否试着将边际效用分析应用到个人对生活态度的抉择上？说明我们应该多点时间赚钱还是多点时间休闲？

资　料

1. 张维迎. 经济学原理. 西安：西北大学出版社，2015.
2. 路德维希·冯·米塞斯. 人的行为. 夏道平，译. 上海：上海社会科学院出版社，2015.

行动学范式

朱海就

本课要点

---

1. 为什么说经济学也是"交换学"？

2. 新古典经济学的主观思想忽视了什么？

　　行动学范式是奥地利学派最具特色的研究范式，它使奥地利学派区别于新古典经济学派。行动学范式在门格尔的《国民经济学原理》中已经萌芽，在这本书中，门格尔已经把"人具有调整能力"作为经济学成为"确切科学"的两个前提条件之一，另外一个条件是"逻辑性"。人具有调整能力就意味着人的目标和手段都不是给定的，相比之下，新古典经济学假设目标和手段是给定的，人是在约束条件下追求利益最大化的。约束条件是经济学家可以用函数来表示的，这也就是"经济人"假设，它对应于行动学范式中"行动的人"公设（大家都难以否定的立基点）。在门格尔的理论基础上，米塞斯1949年出版的《人的行为》正式确立了奥地利学派的行动学范式。在这本书中，米塞斯以"行动的人"作为出发点，构建起了完整的理论体系大厦。

　　新古典经济学吸收了边际革命所产生的一些主观主义思想，如机会成本思想，很多人认为奥地利学派的思想都已经被吸收了，但行动学范式的建立又再次使人看到奥地利学派的独特性。新古典经济学把主观思想用于服务均衡，这也就把人最为重要的主观性（人的创造性）忽略掉了，而奥地利学派则认为"主观"是"行动的人"本身的特征，也是最重要的特征，经济学应该是"主观主义"的科学，而不是研究虚构的"均衡"状态下会发生什么的科学。坚守主观主义，才能使经济学具有"现实性"。

　　由于"行动的人"这一公设的现实性，在这一公设之上严密推演出来的行动学公理也是非常可靠的。这些公理，比如私有产权与分工合作就构成了社会得以存在的基本原则。理性的人会认识到通过交换才能增进自己的利益，行动学范式也是"交换范式"，经济学也是"交换学"。

"行动的人"是行动学最基本的公设，也是最具一般性的"理性"定义。这个公设的内容为：人是有目的的，总是想"尽可能地减少自己的不适"，而人的行动总是在不确定性的条件下发生的，同时这也是一个花费时间的过程。显然，这一公设是非常"现实的"。

行动学强调人的目标不是由外部环境给定的，而是自发的。比如原本是房地产老板的特朗普，自发选择参加竞选并成为美国总统。同样，里根从电影演员变成了美国总统，施瓦辛格从电影演员变成了加州州长。人们受内在动力的驱使，去做他们认为重要的事，类似这样的"华丽转身"在很多人身上都可以看到，这正是人所具有的"行动"特征的充分体现。

行动学暗含或预示了主观主义、个体主义方法论与企业家精神，以及一套包括价值、价格和利润等概念在内的体系，在这个概念体系上可以"导出一切逻辑推理的结论"。行动学最基本的出发点是人的"共同的心智结构"公设，这个公设意味着人拥有通过内省与理解来获得确切法则的能力。

行动学是在确切公设的基础上，依靠逻辑推演一步一步建立起来的。使用逻辑是人的基本特征，也是经济学家使用的主要方法。行动的成功有赖于对因果关系的理解，人所了解的因果关系当然也有可能是错的，但人具有纠正错误的能力。除此之外，生活在真实世界中的人，要想知道怎么做才能将他的资源配置到最能减少他的不适的环节中去，还必须借助经济计算。但只有利用货币价格，经济计算才有可能，没有价格，也就没有"经济"可言。经济学本质上就是关于"可以计算"的这部分行为的一套理论。计划体制由于无法进行经济计算，也就意味着其资源不能得到优化配置。

行动学公理是先验有效的，但"先验"并不意味着排斥经验；相反，由于行动学是建立在现实的公设之上的，这种现实是每个人据其经验都可以接受的，所以行动学也是非常有"经验"的。另外，行动学公理本身的先验性与人获知行动学知识的某种经验性是两个不同的问题。人不是天生就知道所有的行动学公理，经验的积累、内省和后天学习对于认识行动学公理是非常重要的。

💰 思　考

1. "行动的人"这一公设包含哪些内容？
2. 人的行动需要借助什么？

💰 资　料

1. 卡尔·门格尔. 国民经济学原理. 刘絜敖，译. 上海：上海人民出版社，2001.
2. 路德维希·冯·米塞斯. 人的行为. 夏道平，译. 上海：上海社会科学院出版社，2015.

课时 9

规范的个体主义方法论

冯兴元

本课要点

---

1. 什么是规范的个体主义方法论？

2. 成员们对集体行动的一致同意本身就已经体现为一种效率，同时也是一种内在效率标准。

真实世界经济学采取规范的个体主义（normative individualism）方法论，它属于一种判断效率的方式和标准。按照规范的个体主义方法论，一项集体决策是否有效率，其评价标准是参与其中的当事人的主观判断这一内在标准，而不是外在标准。规范的个体主义方法论承认，个人可以作为其自身目标的最终评判者，这实际上体现了个人主权的最大化。在评价集体行动时，不需要客观标准，只需要参与者对其中的活动表示一致同意。只有个人才知道自己的利益为何，其他任何人都无法"越俎代庖"。对个人而言，只要他是按个人意愿做出选择，就是增进了个人的效用。对集体而言，只要其中所有的个人都没有被强制，都能按自己的意愿做出选择，都能对整个集体行动一致同意，这个集体就是有效率的。

如，几个人自愿出资开设一家贸易公司，这一集体行动本身就是有效率的；在这里，他们"基于自己的意愿一致同意"，这本身就是效率的标准。如果其中有人属于被强迫参与出资，那就不是所有人"基于自己的意愿一致同意"；按照规范的个体主义效率标准，这一集体行动是无效率的，即便这家贸易公司开业之后很赚钱，那也不符合规范的个体主义的效率标准。但这可能符合其他的效率标准，比如财务上的收益标准：如果利润较高，成本收益率高的话，至少收可抵支，即没有人在财务上受损，所有人在财务上都会受益。在市场中，卖方出价，买方接受，在自愿基础上达成市场交易，这也是规范的个体主义方法论意义上的效率。

在一场纠纷调解案当中，如果原告和被告都自愿接受调解，而且这种调解结果也被两位当事人自愿接受，那么这场调解就告成功结束，而且是有效率的。这种"一致同意"所蕴含的内在效率与具体调解的内容无关。

普通法属于"法官立法"，是法官在裁决中"发现"法律，确立判例，这些判例也是以后法官参照的基准。如果其他法官在以后的判案中参照了这些判例，那就说明法官们一致同意参照此判例。法官也可以根据新的情势对判例加以修正甚至推翻，形成修正后的或者全新的判例，这种修正后的或者全新的判例又成为法官们在今后做出审判所依据的判例基础。在这里，法官们对采取这种判决方式、参照各种判例是"一致同意"的。当然，诉讼当事人接受审判是带有法律强制性的。至少被告是不得不参加诉讼、接受审判的，他往往不是自愿的。所以，两者最终对这种审判结果的接受，不能简单地归为原告和被告在自愿基础上的一致同意。

规范的个体主义由于强调个人是自身目标的最好评判者，并且认定集体行动中成员们的"一致同意"本身就是一个内在效率标准，因而对于保护每个人的产权有着重大的意义。如果遵循这样一种效率标准，那么一个组织需要在取得自愿的、一致同意的基础上采取集体行动，比如政府征地。

规范的个体主义这一内在效率标准与一些外在的衡量标准有可能会相互冲突。例如：达成一致同意的集体行动可能是一种集体犯罪行为。这个时候，这一集体犯罪行为虽然经由所有参与者的自愿一致同意，符合集体行动的内在效率标准，但为法律所不容，不符合法律这一外在合法性的衡量标准。

"一致同意"也意味着"一票否决制"。人数越多，集体行动取得一致同意的难度也就越大。但这个时候，对有关集体行动的抽象的、一般的基本规则（称为"宪则"）取得一致同意的可能性仍然存在。例如：法律规定社会中的每个成年人均有服兵役的义务。如果投票者不知道自己处在社会中的什么地位，在"无知之幕"下，对这一"初始状态"的抽象层面的规则加以表决，那么往往能够取得一致意见。在现实生活中，即便不能对某种基本规则取得一致同意，也可以通过某种理论构建和假设，顺着契约主义——宪则主义的进路，推演出哪些是应该一致同意的基本规则，并通过某种法定程序将这些规则平等适用于社会中的每个人。这就是法治的要义。

思　考

简述规范的个体主义方法论的内容及其重要性。

资　料

1. 詹姆斯·M. 布坎南，戈登·塔洛克. 同意的计算：立宪民主的逻辑基础. 陈光金，译. 北京：中国社会科学出版社，2000.
2. 弗里德利希·冯·哈耶克. 法律、立法与自由. 邓正来，张守东，李静冰，译. 北京：中国大百科全书出版社，2000.

课时 10

主观主义的财货定义

黄春兴

本课要点

---

1. 什么东西才能叫作财货？

2. 个人追求财货时需要哪些行动？

3. 为何新的需求会不断出现？

之前，我们简述了一些奥地利学派的核心概念，如主观主义、边际效用、个人主义方法论等，也介绍了该学派的基本范式。我们不妨暂时停下脚步，返回学派山门，了解一下创始人门格尔当时是如何"开悟"的。

门格尔在他的开山大作《经济学原理》中提出的第一个概念是"财货"。这不是很普通的名词或概念吗？顾名思义，财货不就是那些被摆放在超级市场货物架上的东西吗？当然，这些东西都必须具有稀缺性，否则就不能称为财货。这是教科书上常见的说明，但也仅止于此。

没学好马步，怎可能打出威力强大的如来神掌？每座摩天大楼都有足够深和足够扎实的地基工程，主观经济学亦当如此。的确，没有扎实的地基是无法支撑宏伟的建筑的，但只看地基仍无法预知建筑物的外观和全貌。这是建筑和思想体系的不同之处。如果主观主义经济学是一门严谨的逻辑体系，那么我们是可以从它的第一个概念预推整个思想体系的架构的，即使无法预知全貌。

踏入山门，我们看到了手拿苹果的门格尔，他并没摸摸自己的头，也没想到客观的地心引力。他带着些许神秘气息说道："这是苹果没错，但它可以吃吗？是我爱吃的吗？"接着，我们又听到他自言自语地说："对于某个人来说，一个东西若要成为财货，就必须具备以下四个条件：第一，他存在某些需求；第二，该东西具有某种性质，而这种性质可以用来满足他的需求；第三，他知道这种性质可以用来满足他的需求；第四，他对于该东西的控制权足够让他利用这个东西及其性质去满足他的需求。"

门格尔把一个简单的财货说得好复杂，不是吗？但想想，也真有道理。一个人若没有需求（或称欲望），就什么都不想要，若如此，那还有财货存在的必要吗？一个人若有了需求（自然要先知道自己要的是什么），然后才会去寻找可以满足自己需求的东西；找到了，总要再问问自己是否有足够的能力去得到它，我们不能总是空想着月亮上的玉桂或邻居院子里的大萝卜。

再想想，门格尔所说的也只是常识，有谁不知道呢？不过，他说得非常清楚，一个东西要成为某人的财货，就存在四项值得我们探讨的内容：一是这种东西的客观性质，另外三项是某个个人主观的需求意志、因果知识和获取能力。举例来说，当我受困于荒岛时，椰树上的椰果对我而言并非财货，除非我渴得要死，并且知道椰子汁可以止渴，也有爬上树摘下椰果的能力。

那么，门格尔会吃掉这个苹果吗？我不知道，只有他自己知道。不，其实我也不知道他是否真的知道，虽然苹果在他手中，他也有点儿馋，但是他难道不怕这个苹果含有过高的钾或磷？如果他确定这个苹果不能吃，那就说明这个苹果不是他从水果摊买回来的。如果他确定苹果对他无害，这个苹果就会是他的财货，能带给他效用或满足。当财货越多时，一般而言，满足也就越大。经济学家一向不否认个人的经济行为在于追求更大的满足。那么，根据上述的财货的四个条件，个人的经济行为就可以分解为：（1）追寻新出现的需求；（2）认识能够满足新需求的财货性质及其财货所在；（3）将可选择的相关财货加以排序；（4）选择并拥有排序较前的财货。

　　当门格尔写到这里时，突然自问："新的需求难道不会不断出现吗？我对自己的需求和对某种东西性质的认识难道不会不断增加吗？如果这些都是确定的，我的满足又岂能受到现有条件的限制？"即使某种东西的性质是固定的，个人的满足还是会不断变化，其中的关键就在那三项主观因素：需求意志、因果知识和获取能力。

　　亚当·斯密说分工是当代幸福之源，他没错，只是稍狭隘了一些。只要个人追求需求意志，追寻因果知识，获取财货的能力得到保障，则个人可以实现的幸福会远高过亚当·斯密所允诺的。

💰 **思　考**

1. 民间传说中有能治百病的灵芝，请以门格尔的财货四条件分析它是否为财货？
2. 为何个人在实现幸福时，文中提到的是"获取财货的能力得到保障"，而不是"强化获取财货的能力"？

💰 **资　料**

卡尔·门格尔. 国民经济学原理. 刘絜敖，译. 上海：上海人民出版社，2001.

课时 11

如何看自利与理性

冯兴元

本课要点

---

1. 为什么真实世界经济学不需要预设人是自利的?

2. 行动的人如何选择其行动的目标和相应的手段?

3. 行动的人是理性的,他可能犯错,但不影响他是理性的这一逻辑判断。

真实世界经济学并不需要预设人是自利的。无论人是自利的、互利的还是利他的，真实世界经济学均可以将其涵盖其中。这是因为，行动的人对自己的自利、互利和利他目标均会做出自己的主观价值评估，赋予其特定的主观价值排序，并对其行动选择进行自己的经济计算。

很多互利的甚至利他的目标或者行为就其本质而言仍然是自利的。例如，在水果市场上，自主的买卖双方讨价还价的结果既是自利的，也是互利的；又如，一些人出于信仰为了某种公共利益而牺牲自己，这些人的行为被视为"利他"的行为，但是这种信仰的教义一方面规定了牺牲的义务，另一方面也规定了牺牲的奖赏（比如上天堂），在这种情况下，"利他"的行为也是自利的行为。

真实世界经济学中行动的人，就是正常的人，是"理性人"，但这里的"理性人"不同于主流经济学的定义。真实世界经济学接受米塞斯的行动学公理：人是有目的的人；人为了实现其目的而行动；人的每个行动均是一次选择取舍；行动的人的最终目的总是在于满足某些愿望，也是为了减少不适、增进幸福；只要一个人能够对自己的目标做出主观价值评判和排序，由此选定其自身行动的目标，并能够为实现这些目标匹配和确定其手段，他就是理性的，也就是行动的人。从以上的视角来看，"人的行动必然总是理性的"，而且"'理性的行为'这个词属于同义反复，我们必须拒绝使用它"（米塞斯语）。而且不可忽略的一点是，由于人不是神，因而不能不犯错，也就是说，行动的人是理性的，但是有可能会犯错。

主流新古典经济学假设的"理性人"，指的是"自利最大化者"，或者自身"效用最大化者"。虽然我们可以这么理解，但这种定义过于狭窄；虽然这种假设有利于分析人性的一个方面，即自利取向的一面，但却背离了真实世界，也背离了真实的人。这是因为，个人在现实世界中采取行动，往往会把各种动机驱动的行动目的考虑在内，它们都在一个由个人自己做出主观评价的目标序列中被排序，无论它是自利的目标、互利的目标还是利他的目标。按照真实世界经济学的逻辑，自主的经济主体就是行动的人，他们就是正常的人，就是真实世界中真实存在的人，就是带着各种自利、互利和利他动机的人，因而根本不需要假设人是"自利最大化"意义上的"理性人"。正因为如此，我们在这里提倡的经济学，是真实世界经济学。

在真实世界经济学中，行动的人的最后目的总是其自身某些愿望的满足。米塞斯认为，他人不能以他自身的价值判断来代替一位行动的人自身的价值判断。任何人对别人的目的和意图的判断都是白费力气，是吃力不讨好的表现。谁也没有资格断言，什么事情会使另一个人更快乐或不太满意。这是因为后者对什么事情可以减少其自身的不适、增进自己的幸福有着自己的主观判断。例如：男女青年在谈恋爱时，他人无法评判两者是否合适；一个人选择买苹果手机，而非三星手机，他人也难以断言其不合理或者不理性。从这个意义上讲，任何人很难从外部去断言一位行动的人的行为不合理或者不理性。充其量，一个人可以假设，如果他处在某人的地位，他会以什么为目的行事。但是，如果一个人以专横的态度抹杀某人的意志和抱负，而宣称这个人要如何如何才更合适，这在自主平等的主体之间就不合适。

💰 思 考

1. 经济学是否必然需要假定人是自利取向的？为什么？

2. 真实世界经济学的理性概念和主流经济学的理性概念有什么区别和联系？

💰 资 料

路德维希·冯·米塞斯. 人的行为. 夏道平，译. 上海：上海社会科学院出版社，2015.

课时 12

市场过程的方法

朱海就

本课要点

---

1. 奥地利学派的"过程"思想与新古典经济学的什么思想对应？

2. 为什么说没有"市场失灵"这回事？

市场过程首先可以被视为对现实的描述，例如：我们看到原来的荒野变成了高楼林立的城市，义乌原先的"鸡毛换糖"变成了规模宏大的"国际商贸城"，电子商务、网络支付的普及以及物流业的快速发展等，都可以视为"市场过程"。中国过去四十年发生的翻天覆地的变化更是"市场过程"的典型写照。对于这样一种"市场过程"现象，奥地利学派经济学发展出了一种"市场过程"方法，它已经成为奥地利学派经济学的一大理论特色。

奥地利学派强调企业家精神，因而其重视市场过程也是自然而然的，因为企业家精神指向的正是市场过程。对应于奥地利学派的"过程"，新古典经济学则以"均衡"为特征。"均衡"与新古典经济学的"经济人"假设有直接的关系，这一假设在一开始就把企业家精神排除在外了。

虽然新古典经济学也吸收了一些主观主义思想，例如：英国经济学家罗宾斯受米塞斯的影响，把"目标-手段"分析法引入新古典经济学当中。但这种主观主义是静态主观主义，它强调的是给定目标、手段和偏好下的选择，人们也通常把给定的目标、手段和偏好称为"约束条件"。新古典经济学家用各种函数来表示"约束条件"，其所谓均衡就是通过求解函数的最优值来确定消费者或厂商的最优行为。

与静态主观主义对应的是动态主观主义，它是"过程"思想的基础。动态主观主义强调的是发现、警觉与判断等行为，它认为个体的目的与手段都不是给定的，个体的选择具有创造性、自发性。在门格尔的著作中，甚至在米塞斯和哈耶克早期的著作中，动态主观主义的思想都还不那么明显。早期，米塞斯和哈耶克都认为经济学的问题就是资源最优配置的问题，也就是资源使用模式的选择问题，这和新古典经济学思想没有根本区别。正是在社会主义经济计算大辩论中，米塞斯和哈耶克分别发展了他们的动态主观主义，也就是"过程"的思想。现在，"市场过程"理论的代表人物是柯兹纳，在这方面，他有专著《市场过程的含义》。

我们以价格为例来说明"过程"与"均衡"的区别。在新古典经济学中，价格是指均衡价格，它的功能是通过传达准确的信息以指导人们做出最优的选择，它能自动地调整人们的行为，实现资源配置最优。均衡价格认为，人们的行为是协调一致的，例如：在高价格时都卖出，在低价格时都买进。而在"过程"理论看来，价格不是"均衡的"，因为价格本身并不包含有关最优的信息，也就是说，价格并不会告诉人们怎么做才是对的。对于同样的价格，人们会有不同的理解，例如：善于捕捉机会的企业家会发现其中的机会，从而获得利润，而其他人则可能会因此而亏损。所以，价格并不是按照均衡模式自动地变化的，或者说自动地趋向均衡的；相反，价格的变化是企业家对利润机会做出反应的结果。企业家自发地对信号做出反应，价格也会随着企业家的行动而改变，市场过程也是价格变动的过程。

企业家是市场过程的主角，没有企业家，就没有市场过程，企业家与竞争是市场过程"同一硬币的两面"。在柯兹纳眼中，企业家是警觉利润机会的人，只要企业家对利润机会保持警觉，并能够"积极行动"，那么市场过程将会继续进行。企业家的活动促进了市场参与者之间的交流，买卖各方都能从企业家的行动中学习，并使他们自己的行动得到更好的调整。

人的"无知性"也决定了市场必然是一个"过程"。奥地利学派经济学充分认识到每个人都是无知的，个体的知识都是有限的，因此，必须充分发挥个体的创造性来生产新的知识，同时通过分工与合作来利用他人的知识。只有通过这样的"过程"，人的"无知性"所产生的问题才能不断地被克服。当然，人的无知性是永远不可能彻底根除的，假如有一天真的根除了，那么市场也就不存在了，一切都由某个无所不知的人或组织（如政府）去计划就可以了。

市场作为"过程"，本身就是不完美的，所以没有"市场失灵"这回事。"市场失灵"是均衡思想的产物，是拿某个子虚乌有的理想状态去对比真实的世界。"市场失灵论"为政府干预提供了借口，假如我们知道市场是一个过程，并没有"市场失灵"这回事，那么政府干预也就失去了依据。

从"过程"的角度看经济问题非常重要。那些缺乏"过程"思维的经济学家往往只会进行静态的成本收益计算，而看不到制度变革带来的巨大收益。"国有资产流失论"就是一个典型的例子，这样的思维会阻碍中国改革的进程。

💰 思　考

1. "市场过程"方法与"均衡"方法各自的理论基础是什么？

2. 谈谈"市场过程"方法对价格的认识。

💰 资　料

1. 伊斯雷尔·柯兹纳. 市场过程的含义. 冯兴元，朱海就，等译. 北京：中国社会科学出版社，2012.

2. 路德维希·冯·米塞斯. 人的行为. 夏道平，译. 上海：上海社会科学院出版社，2015.

课时 13

万事要看机会成本

朱海就

本课要点

1. 为什么说没有选择就没有成本？

2. 成本决定价格吗？

人只要有行动，就意味着有成本，而成本已经包含在行动中。在存在稀缺性的前提下，人的每个行动都可以被视为"选择"，人通过选择实现自己的欲望，所以成本总是与选择联系在一起。选择了一些，也就意味着放弃了一些。在经济学上，成本指的正是决策者在做出选择时所放弃的效用，因而成本也被称为机会成本。在机会成本概念中，成本总是主观的，它不同于已经发生了的费用。

对于成本的主观性，我们可以举两个例子来说明。其一是大学生读大学的成本不是他交的学费、住宿费及他在大学期间的其他支出，而是他因为读大学而放弃的可能获得的利益，比如工作经验和收入。其二是假如一位求职者可以找到月薪 8 000 元的工作，那么对那位只给他 6 000 元工资的雇主，他很可能会说"假如我到你这里上班，我每个月将损失 2 000 元"，这说明普通人在日常生活中也会从机会成本的角度使用成本概念。

成本总是与选择联系在一起，因此，没有选择也就没有成本。例如：奴隶没有选择机会和选择权，也就没有选择行动，所以奴隶是没有成本的。企业家才能也没有成本，因为企业家才能是一个人内在的能力，不能成为选择的对象，但是，企业家才能是进行选择的必要前提，一个人要做出更为有利的选择就必须发挥企业家才能。

一旦脱离个体的选择来谈成本，那么成本就不再是主观的，正如布坎南所说的，在预测理论中，成本是客观的。在这里我们不难理解，预测必然要用到过去已经发生的成本，这种成本也称为费用。下面，我们在讨论"成本与价格"的关系时，所使用的成本概念就是指费用。实证经济学家使用的就是客观成本概念，原因就在于实证经济学家强调的正是"预测"，例如：弗里德曼就认为，只有当一个假说或理论能被用来预测未来时，我们对这样的理论才有信心。

有一种流行的观点认为，成本决定价格，即货币支出越多，产品的价格就越高。这一观点显然有问题，比如画一幅画，货币支出很少，但画的价格可能很高，古董也是这种情况。同样，花费大量金钱生产出来的产品，却未必能够卖出高价。以李嘉图为代表的古典经济学家所面临的一个困境就在于他们所持的劳动价值论解决不了上述问题。边际革命之后，这一问题就迎刃而解了，边际革命的代表人物门格尔指出，价值是由边际效用决定的，这意味着价值与生产该产品的货币支出没有关系。同样，价格是人们根据自己的价值排序，在交换中产生的，与生产该产品的货币支出也没有关系。

成本不决定价格，成本与价格一般来说也不相等，两者相等的状况只存在于"均匀流转的经济"中，而这是一种虚构的均衡状态。在这种状态中，没有不确定性，没有人的行动，所以也没有利润和亏损，但显然现实无法满足这样的条件。古典经济学家的劳动价值论在这样一个虚构的世界中是成立的。在把这种虚构的世界变成现实的计划经济体制时，用已经发生的成本来计算价格的做法也是常见的。

遗憾的是，边际革命之后的马歇尔并没有一以贯之地贯彻主观价值的思想。马歇尔采取了一种折中的办法来处理成本与价格的关系，他认为效用与货币成本都决定价格，价格是由供求曲线决定的，供求曲线就像一把剪刀的两片刀刃。对于需求曲线来说，效用决定价格；但对于供给曲线来说，货币成本决定价格。古典经济学家错误的"成本决定价格"的思想在马歇尔经济学中复活了。对此，哈耶克的评价是"马歇尔将经济学拉回了古典时代"。边际革命的主要贡献被马歇尔学说的巨大影响所遮蔽，马歇尔所开创的经济学，也就是新古典经济学成了主流，这是经济学发展史上的巨大不幸。

💰 思　考

1. 成本的含义是什么？
2. 成本与价格是什么关系？
3. 马歇尔的成本学说有什么问题？

💰 资　料

1. 詹姆斯·布坎南. 成本与选择. 刘志铭，李芳，译. 杭州：浙江大学出版社，2009.
2. 穆雷·N. 罗斯巴德. 人、经济与国家. 董子云，李松，杨震，译. 杭州：浙江大学出版社，2015.

个人偏好和"社会偏好"

冯兴元

本课要点

---

1. 个人偏好是主观的，也是相对的。

2. 个人对不同的价值、目标和手段有着自己的主观评价，体现了其不同程度的主观偏好。

3. 只有个人偏好，没有"社会偏好"或者"集体偏好"。

个人偏好是微观经济学价值理论中的一个基础概念。个人偏好是多种多样的，不同的个人有不同的消费偏好、投资偏好、储蓄偏好、休闲偏好。

个人偏好是主观的，也是相对的概念。个人偏好实际上是非直观的，是个人内心的一种潜在的情感或倾向。形成某种个人偏好的感性因素往往多于理性因素。

个人偏好是人的个性中能够表现出来的比较稳定的特征。个人偏好的自发性和随意性、自我中心的潜在价值取向以及偏离"常规"的行为方式等，可能导致对社会秩序的侵蚀。

个人的消费偏好是指消费者个人按照自己的意愿对可供选择的商品或服务组合进行排序。个人的消费偏好受文化因素、经济因素、社会因素等多种因素的影响。消费者对于商品或服务组合的个人消费偏好程度是有顺序的。个人的消费偏好涉及消费者个人对所购买或消费的商品或服务的爱好胜过其他商品或服务，又称"消费者嗜好"。个人的消费偏好也是个人对商品或服务的优劣性所产生的感觉或作出的评价。相对于商品组合乙（比如书和笔），一个人如果对商品组合甲（比如梨和苹果）更有偏好，那么这两种偏好可以区分为强偏好和弱偏好。一个人对商品（服务）组合甲与商品（服务）组合乙的偏好程度也可能没有差别，即对两者具有相同的偏好。

个人对不同的价值、目标和手段有着自己的主观评价，体现了个人对它们的不同程度的主观偏好。人的每个行动都是一个选择，米塞斯认为，选择涉及对人的一切决定的决定。在做选择的时候，他不只是在一些商品和服务之间选择。所有的人类价值，都在供他选择。一切目的与一切手段，无论是现实的还是理想的，无论是崇高的还是低下的，无论是光荣的还是卑鄙的，都在一个排列中供他选择（获取）。人们想获得的或想避免的，没有一样落在这个排列以外。这个排列，即包容一切事物的、独一无二的等级偏好表，其基础就是对所有这些价值、目标和手段的主观评价。

　　每个人对种种价值、目标和手段的主观评价是不一样的，对这些价值、目标和手段的偏好排序也不一样，个人不需要对种种价值、目标和手段进行区分或设定（或限定）其为自利的、互利的或利他的。个人与个人之间，对种种价值、目标和手段的主观评价和偏好排序不可比较，这个人的偏好不能取代那个人的偏好。一位计划者或者政府官员的个人偏好也不能代替或者代表每个社会成员的个人偏好。计划者或者政府官员也无法因加总个人偏好而宣称掌握了有关"社会偏好"或者"集体偏好"的信息。所谓"社会偏好"或者"集体偏好"，大致是指国家、社会或者集体的"个人加总偏好"或者"整体偏好"，它体现了互惠性、利他性、不平等厌恶和公平性。但是，从上面的分析来看，实际上根本不存在"社会偏好"或者"集体偏好"。即便我们在现实生活中使用了"社会偏好"或者"集体偏好"的词语，它们也只是指涉社会中一部分人对某一具体事物的大致类同的主观评价或者偏好。如果是在市场经济国家，多数表决通过也无法表露所有社会成员的共同的"社会偏好"或者"集体偏好"。在这样一个大社会中，社会成员存在不同偏好是正常现象，对同一公共事务存在

不同的意见也是正常现象。正因为如此，即便是多数人表决通过
一项工程或者计划，对多数人的决定权仍要有限制，对少数人的
权利仍要保护。最好的保护原则之一是哈耶克提出的建议：对于
议会中多数代表通过的决议，该多数代表所代表的多数国民应该
承担多数的成本。在非市场经济国家，所谓"集体选择"不一定
是由多数人或者多数的代表作出的，其结果更难体现所谓"社会
偏好"或者"集体偏好"。

　　因此，不能被"社会偏好"或者"集体偏好"这些词语迷
惑，仍然要回到个体主义方法论的视角：要在法治框架内平等尊
重和保护每个人的基本权利；尽量减少政府的职能范围，使政府
只承担有限政府的职能。只有这样，才能减少所谓"社会偏好"
或者"集体偏好"对个人偏好的偏离。

💰 思　考

1. 什么是个人偏好？
2. 什么是"社会偏好"或者"集体偏好"？
3. 存在"社会偏好"或者"集体偏好"吗？为什么？

💰 资　料

1. 保罗·萨缪尔森. 经济学. 萧琛，译. 北京：商务印书馆，2012.
2. 路德维希·冯·米塞斯. 人的行为. 夏道平，译. 上海：上海社会科
　　学院出版社，2015.

财货理论

黄春兴

本课要点

1. 什么叫作生产?

2. 为什么生产过程存在着生产结构?

3. 较高级财货为何也会有价值?

此前，我们提到过门格尔对财货的定义。他列出了四个条件，再复习一下，它们是：第一，认为某个东西是财货的人，事先就存在某些需求；第二，该东西具有某种可以用来满足他的需求的性质；第三，他知道"这种性质可以用来满足他的需求"；第四，他对于该东西的控制权足够让他利用该东西及其性质去满足他的需求。今天，我集中讨论第四个条件。

第四个条件强调的是能够利用该东西的控制权。就如同我在此前举的椰子的例子，当我受困于荒岛时，渴得要死，我也知道椰子汁可以止渴，也有爬上树摘下椰子的能力；但是，如果我敲不破坚硬的椰子壳，这椰子还能算是我的财货吗？当然不能，因为我对它的控制力还没达到满足我的需要的程度。假若我手边正好有把菜刀或电钻，椰子就是我的财货，否则就不是。

如果把椰子改为橘子，而且是伸手就能摘下来的，那么，橘子就是我的财货，即使我手边没有菜刀或电钻。这时的问题不在椰子或橘子的摘取，而在于取得之后是否能够立即享用？橘子可以立即享用，我们称之为"最终消费品"，而门格尔则称之为"第一级财货"。椰子因为无法立即享用，必须破壳取得椰子汁才行，所以椰子汁属于第一级财货，而椰子不属于第一级财货。门格尔称椰子为"第二级财货"，因为它是椰子汁的来源，也就是说我们必须将椰子转换成椰子汁。"转换"是一般用词，"生产"是经济名词。我们将某种东西经过物理性、化学性、生物性、时间或空间的转换过程都叫作生产。

　　所以，将椰子转换成椰子汁的过程是生产。用门格尔的话说，我们是在利用第二级财货去生产第一级财货。那么，能用以生产第二级财货的东西，就被称为第三级财货。如此向上溯源，能用以生产第 n 级财货的东西，就被称为第 $n+1$ 级财货。直到无法继续向上溯源为止，而那通常都属于自然资源。这种向上溯源的结构，主观经济学称之为"生产结构"，并将从最高一级财货到第一级财货的连续生产过程称为"产业链"。

　　在这里有一点必须澄清，如果我不知道椰子内有椰子汁，我就不能称椰子为财货，更不会有第二级财货的概念。当然，不知道椰子内有椰子汁是我的知识问题，并不是他人的知识问题。所以，此时椰子是某个获得它、了解它的第三者的第二级财货，却不是我的第二级财货。生产结构受限于个人的主观知识，也具有主观的意涵。

　　既然椰子是不是第二级财货取决于我的主观知识，米塞斯便说道："人……在外在现象的世界中，只是一个转换者。他所能完成的，不过是把可用的手段，用适当的方法组合起来……只有那指挥行为和生产的人心，才是创造性的。"简单地说，个人在内心中先有了生产结构的知识蓝图，才会循着该生产结构去进行一连串的生产。他若事先没有这些知识，生产就不会发生。或者，他若只具有从第二级财货到第一级财货的生产知识，就必须先去购买第二级财货，然后才能进行第一级财货的生产。

　　让我们再以一个简单的故事来进行说明。我很喜欢"老郭饭店"的豆瓣鱼，这是我的第一级财货，但我未必知道生产它所需要的第二级财货（和生产技术）。若我知道，我可能会开一家

"老黄饭店"，专卖豆瓣鱼与之竞争。如果"老郭饭店"只知道去邻近市场买黄鱼，而我知道最先进的黄鱼养殖技术，那我可能会自己养殖更优质的黄鱼，也就是利用第三级财货去生产黄鱼。当然，我也可以将养殖黄鱼改为肉质更为鲜香的新育种成功的台湾鲷，这样，我将改变豆瓣鱼的生产结构和产业链。

最后，我们可以看到：第一，财货理论是建立在生产结构上的，而生产结构的每一个结点都是一个潜在的市场；第二，由于较高级财货是为了生产较低级财货而存在的，故其价值也就决定于人们对较低级财货的需要。我们在以后还要探讨如下问题：第一，生产结构可以不断地向上溯源，是什么样的动机推动了这种迂回生产？第二，现行的产业链是否会因新科技的出现而被淘汰？

思　考

1. 生产者必须具备生产结构的知识才能生产，那么，消费者是否也需要熟悉第二级财货的性质？
2. 请你解析手中智能型手机的生产结构，至少描绘到第四级财货。

资　料

1. 卡尔·门格尔. 国民经济学原理. 刘絜敖，译. 上海：上海人民出版社，2001.
2. 路德维希·冯·米塞斯. 人的行为. 夏道平，译. 上海：上海社会科学院出版社，2015.

稀缺性与价格的决定

朱海就

本课要点

---

1. 价格与稀缺性有什么关系?

2. 门格尔用什么来解释价格的决定?

　　价格是市场经济中最常见的现象，人们只要买东西，就要与价格打交道。购买意味着付出代价，价格最为直接地体现了人们为满足欲望所付出的代价，但有些欲望的满足不需要付出代价，如呼吸，这是因为空气不具有稀缺性。价格是因为稀缺性的存在而产生的，价格是稀缺程度的体现。稀缺性是指相对于社会对物品和服务的无限需求，可用的经济资源是有限的。只有在存在稀缺性的情况下，才存在如何把有限的资源分配到最能满足人的欲望的领域中去的问题，即经济学问题。

　　需要注意的是，稀缺虽然和"数量少"有关，但数量少不等于稀缺。某一种财货，即便人们可以支配的数量很少，但假如人们不需要它，那它也不是稀缺的。因此，稀缺其实是一个主观主义的概念，例如：个体对某财货没有需求，那么这一财货即便再少，对他来说也不是稀缺的。相反，假如某财货对该个体来说有着很强的边际效用，那么该财货对他来说就是稀缺的，他会愿意付出代价去获得它。财货的市场价格体现的是该财货的稀缺程度。

　　具有稀缺性的财货也被称为经济财货。在一个社会中，经济财货通常分布在不同的人和企业手中，这些财货对他们的拥有者来说具有不同的意义，他们会根据财货的重要性对其进行价值排序。这种排序在不同的人之间是不同的。例如：面包店主人拥有的面包很多，但衣服不多，他对超出一定数量的面包的评价就低于他对他所拥有的最后一件衣服的评价。但对于生产服装的老板来说，刚好相反，他对超出一定数量的衣服的评价小于他对他所拥有的最后一个面包的评价。当面包店店主和服装厂老板意识到，通过交换能够更好地满足自己的欲望时，面包和衣服之间的交换就发生了，这样就产生了价格。在直接交换的情况下，一种财货的价格就是与之交换的另一种财货的数量。在货币参与的间接交换中，价格用货币表示，我们通常说的价格就是货币价格。

交换产生价格，也决定价格。我们可以举一个例子说明价格是如何被决定的。假如服装厂老板拥有 10 件衣服，同时面包店主拥有 200 个面包。基于对两个商品相对边际效用的估计，为了购买一件衣服，面包店店主最多愿意支付 50 个面包；服装厂老板也从边际效用考虑，当面包店店主支付给他的面包不少于 30 个时，他愿意卖掉自己的一件衣服，这时一件衣服的价格将位于 30～50 个面包之间的某个价位，而最终的价格是两人讨价还价的结果。

对于价格决定的范围，门格尔指出，在只有一个卖家的情况下，价格取决于交换者中交换能力最低、交换欲望最弱的人所愿意提供的"相对财货"的数量与被排除于交换之外的，交换能力最大、交换欲望最强的人所愿意提供的"相对财货"数量之间。在卖家数量比较多的情况下，这一价格决定原理同样适用。供给数量增加，将压低价格；相反，需求增加将抬高价格。消费者的购买能力、需求的迫切程度和供给数量共同决定了某财货的价格。例如：在大城市，由于有钱人比较多，他们的支付能力比较强，这样就抬高了当地的房价，而低收入者则被排除在购房者之外。

门格尔用边际效用来解释价格的决定，这也是行动学的解释。门格尔首创了分析真实价格过程的行动学方法，这是古典经济学价格理论的革命。古典经济学虽然也有供求思想，但那是没有个体行为的供求分析。古典经济学也没有主观价值的思想，他们是用平均成本来解释价格决定的，这种价格理论对很多现象无法解释。例如：为什么一些商品，如古玩，没耗费什么生产成本，但价格却很贵；还有"水和钻石的悖论"也困扰着古典经济学家。但根据门格尔基于边际效用的价格理论，这些问题都能迎刃而解。例如：钻石比水贵，是因为正常情况下，消费者从增加一单位钻石中所获得的边际效用比从增加一单位水中所获得的边际效用更高。

另外，古典经济学认为，消费品价格是由成本，即要素的价格决定的。与这一价格决定理论相反，边际理论认为，是消费品的边际效用决定了生产该消费品的要素的价格，生产要素的价格最终由对消费品价格的主观评价所决定。换句话说，生产要素的价格是从消费品的估价中产生的，决定生产要素价格的行为最终由消费品价格的变化所决定，例如：土地的价格最终由房子的价格所决定等。

由于边际效用是人们的主观评价，带有偶然性，所以门格尔也认为价格具有偶然性，他认为价格是在偶然的交换中产生的。这意味着价格没有必然性，局外人不能根据某个因素，例如：用成本去判断某个价格是否公平。在市场中，价格是人们行动的产物，在自愿交易基础上产生的价格都是公平的价格。例如：我们不能说高房价不公平或不合理，只能说与高房价相关的某些制度可能是不合理的。

思　考

1. 为什么说价格体现了稀缺性?

2. 价格的决定机制是怎样的? 为什么说门格尔开创了一种"行动学"的价格解释方法?

资　料

1. 卡尔·门格尔. 国民经济学原理. 刘絜敖, 译. 上海: 上海人民出版社, 2001.

2. 霍尔库姆. 奥地利学派的大师们. 李杨, 王敬敬, 董子云, 译. 北京: 清华大学出版社, 2014.

课时 17

价格产生于市场过程

朱海就

本课要点

1. 价格可以由专家计算出来吗？

2. 市场价格以什么制度为基础？

　　在上一节课中，我们说价格是稀缺性的指示器，现在我们要进一步说明为什么只有借助于市场价格才能实现稀缺资源的优化配置。我们从消费者和企业家两个方面进行说明。

　　对于消费者来说，没有价格，交易便很难进行，他不知道某个商品究竟是否值得购买。例如：他去买手机，但没有手机的价格，在这种情况下，相关的信息成本很高，他要在了解它的使用价值、各种性能之后才能做出决定；更为重要的是，他不知道他为换得手机而付出的商品，比如两双鞋子，在其他地方是否可以换得比这个手机更有价值的商品。当有了货币这一共同的交换媒介，所有这些信息都会通过价格体现出来，他可以快速地进行价值比较，他会很清楚地知道他买手机支付的代价是什么，从而确定手机是否值得购买，这样，交易就方便多了。

　　同样，对于企业家来说，有了价格，他就可以进行利润计算，确定某个项目是否值得投资，从而把资源配置到他认为最有利可图的领域中去。这些领域也是消费者需求最为迫切的领域，因为只有更能满足消费者需求，企业家才能获得利润。因此，企业家实际上是消费者的代理人，是在替消费者配置资源。假如没有货币价格信号，企业家将会陷入黑暗中。有位学界前辈曾经举过一个例子，他说，上海陆家嘴能不能种水稻？水稻也有使用价值，种水稻似乎也能创造财富。但是，有了货币价格之后，企业家可以很容易地计算出在那里种水稻是得不偿失的，也就是说这种投资会造成资源错配，这也意味着这种投资不是创造财富而是毁灭财富。但在计划经济下，由于没有货币价格信号，做类似的"傻事"变成了一种常态。如，我们过去曾经大炼钢铁，把资源都配置到炼钢上去，结果导致炼出的钢大部分都是废钢。

取消价格机制也会导致"短缺"。短缺和稀缺不是一回事，短缺是人为制造的供给不足，稀缺是指相对于社会产品和服务的有限性，需求存在无限性这样一个客观事实。在短缺时代，政府用各种票证，如粮票、布票和油票的方式实现供给，假如没有这些票证，即便有钱也买不到货物，年纪稍大一点的人对此应该都还有印象。现在虽然已经不是计划经济时代，但不少组织仍然用人为分配的办法取代价格机制，这些组织往往也是低效率部门。

计划者没能真正理解价格，他们误认为可以在不让市场发挥作用的情况下，借用专家计算出来的价格，或大数据产生的价格，或发达国家既有的"影子价格"来配置资源，而这只不过是一个神话。在没有市场的情况下，计划者制定计划所需的信息都不会产生，他们只能拍脑袋作决策。哈耶克早就一针见血地指出，计划者的这种做法是一种"致命的自负"。

真实的价格是在市场过程中产生的，是无数个体行动的产物。每个个体的行为，无论他是买还是不买，都会对价格产生影响。在没有哪家厂商占据大部分市场份额的市场中，厂商对价格的影响小到难以觉察；而在少数厂商占据大部分市场份额的市场中，这些厂商对价格的影响比较大，例如：可口可乐公司对饮料市场的价格影响就比较大。新古典经济学教科书假设，在完全竞争市场中，个体行为对价格没有影响，这是不现实的。在市场过程中产生的价格不仅体现了消费者对商品的喜好，也体现了企业家对未来的预期、判断等。价格把重要的信息凝结成容易传递的数据，并内嵌其中，这正是价格的奇妙之处。

相比之下，计划者没有考虑市场过程，他们认为自己可以计算出某个合理的价格，来实现对市场的调整，如上所述，这是"理性的狂妄"。新古典经济学的价格理论恰恰为这样一种错误思想提供了理论支持，这种价格理论强调的是：给定价格下生产者与消费者的反应。新古典经济学的价格理论预设了一位拍卖者，这位拍卖者能够根据市场的供求调节价格，实现市场出清。例如：苹果供过于求，那么他就把苹果价格压低一点；反之，就把价格抬高一点。在这种学说中，真实的价格调节过程被抹去了。在这种学说中，没有个体的行动，没有企业家的反应，主要的经济问题变成是否能够找到一个均衡价格的问题。

市场价格的产生，需要一定的制度条件，其中最为根本的是私有产权。在私有产权基础上，企业家的行动才是朝着满足消费者需求的方向去的。这时，有关消费者的需求，也就是有关稀缺性的信息才可能被内嵌在价格中。当正当性的制度被破坏，如法币[1]替代足额准备货币，使得政府可以制造通货膨胀时，那么价格也会被扭曲。货币制度不应该被扭曲，政府也不应该人为地干预价格，比如出台各种限价令以及其他以稳定价格为目标的政策。价格是无辜的，扭曲价格或不让价格发挥作

---

[1] 本文所说的法币即法偿币，是指由国家法律赋予强制通行力的货币。

用只会产生更糟的结果。

💰 思　考

1. 稀缺与短缺有什么不同？

2. 为什么说新古典经济学的价格理论为计划经济提供了理论支持？

💰 资　料

伊斯雷尔·柯兹纳. 市场过程的含义. 冯兴元，朱海就，等译. 北京：中国社会科学出版社，2012.

需要与需求

冯兴元

本课要点

1. 了解需要和需求。

2. 在经济学中，需求这个概念的重要性体现在哪里？

经济学思维往往需要依托一整套的概念术语才能发挥作用。最简单的一个例子就是需要（need）和需求（demand）的区别。需要是一般性概念，不是经济学的专有概念，它是指一个人在生存和发展的过程中，认为其生理和心理上对某种事物的缺乏以及对消除这种缺乏的诉求。著名的心理学家马斯洛的需要层次理论把人的需要从低到高分为五种，分别是：生理需要、安全需要、社交需要、尊重需要和自我实现需要。很多人把这个理论翻译为"需求层次理论"。这种译法从经济学角度看并不准确，经济学里的"需求"有其精准的定义，不同于"需要"。

需要，基本上都是无止境的。古代成语"欲壑难填"就指出了个人欲求无度、现有可支配资源难以使之满足的一般情况，这里的"欲"就是需要。不过，虽然马斯洛从低到高对人的需要做出排序，但是一个人并不一定会按照从低到高的需要顺序去行事，以求按部就班地满足这些需要。例如：一个人可能出于一种信仰牺牲自己的生命，这里的信仰既可能是错误的，也可能是正确的。坚守信仰往往与满足自己的"较高级次"的尊重需要和自我实现需要相关，而牺牲自己的生命则与"最低级次"的生理需要相关。

此外，如果一个人为了"较高级次"的需要而放弃"较低级次"的生理需要，他人既不能断定其采取了更为合理的行为，也不能断定其采取了更为不合理的行为。这是因为，每个人对自己的价值、自己的目标和手段，均有着自己的主观评价和相应排序。他人的主观评价和相应排序不能替代这个人的评价和排序。
米塞斯指出："在经济学领域内，没有异乎价值级次的需要级
次。"而这些价值是反映在人的实际行动当中的，这些价值的级
次和需要的级次一样，都是个人对各种价值和需要进行主观评价
的结果。从米塞斯的视角来看，马斯洛的需要层次理论把人的需
要从低到高加以排列，只是工具性的，并不能从实际上反映每个
人对其自身各种需要的排序或者分级。实际上，一个人可能会在
很多场合同时追求五个层次的需要。比如一位贫困的大学生往往
会这么做：即便他在饥寒交迫时，也仍然不会忘记追求满足自己
的尊重需要和自我实现需要。

在经济学里，"需求"不同于需要，它属于经济学的专有概
念。需求尤其是指在一定价格下对某种产品愿意支付和能够支付
的消费数量，这种需求也叫作"有效需求"。需要不一定与成本收
益分析和经济计算观念相联系，但是需求这个概念则必然与之相
联系。具体而言，需求与一个人对消费一种产品的支付意愿和支
付能力相关联。例如：一个人对苹果的需求涉及在一定价格之下
（比如价格为 500 克 5 元）其愿意支付和能够支付 5 元钱购买 500
克苹果，以供全家消费，这反映了需求的概念。如果不论价格水
平、支付愿望和支付能力，这个人可能希望全家每天消费 2000 克
苹果，最好每天能无限量免费供应，这就反映了需要这一概念。

由于一个人作为需求者的可支配预算有限，他所愿意支付、
能够支付的产品组合数量也是有限的。这种有限性反映了产品和
资源的稀缺性。这种稀缺性意味着一个人的需求行为即消费行为，
必然也是一种权衡的取舍行为：当你选择消费一种产品组合，你

就放弃了另外一种产品组合，因此，需求者必须考虑其需求行为的机会成本。

💰 思　考

1. 简要分析"需求"和"需要"的不同含义。

2. 米塞斯指出："在经济学领域内，没有异乎价值级次的需要级次。"如何理解米塞斯的这句话？

💰 资　料

1. 路德维希·冯·米塞斯. 人的行为. 夏道平，译. 上海：上海社会科学院出版社，2015.

2. 亚伯拉罕·马斯洛. 人类动机论 [J]. 心理学评论. 1943.

经济计算的基础

朱海就

本课要点

1. 为什么说没有经济计算，资源就无法得到有效配置？

2. 计算机能进行经济计算吗？

现在，人们都很重视健康，比如习惯于用手机看看自己今天走了多少步。一天走了多少步，这是手机可以告诉人们的，但是，一个人在思考下一步要做什么时，手机能不能告诉他答案呢？显然不能。这时，他就需要借助经济计算，去考虑把资源配置到哪个环节才是最划算的。对企业家来说，经济计算是利润的计算；对工人来说，经济计算是工资的计算；对消费者来说，他们要计算该不该买某种产品。可见，每个人都离不开经济计算。

经济计算具有十分重要的意义。为什么社会能够井井有条、无缝连接地组合在一起？为什么分工合作能够顺利进行？都在于经济计算。市场经济是建立在经济计算之上的经济，缺少经济计算，任何分工合作都无法进行。米塞斯提出的经济计算可以视为亚当·斯密"看不见的手"的思想的深化。

为什么需要经济计算呢？这是因为大多数的生产手段都有多种用途，而且相互之间不能完全替代。这时，对个体来说，就存在选择何种生产手段才能实现成本最低或收益最高的问题。这种计算需要借助于货币才能实现，因为只有货币价格能体现不同的人对某种商品或要素的需求程度，并使这些商品或要素为那些对它们的需求最为迫切、支付能力最强的人所获得——这样才能实现资源的优化配置。

价值的主观性也决定了经济计算一定要借助于货币。例如：在一个工厂中，你说那里面有几台设备是没有意义的，要说有多少资产才有意义，因为只有"资产"的概念才能反映这些设备的潜在价值。假如市场对产品的需求下降，那么资产就要减值。只有存在货币的情况下，这种面向未来的价值计算才有可能实现，而对实物的数量统计无法反映这种价值。米塞斯举过一个建造桥梁的例子，他说，工艺学只能告诉你建造桥梁可以用什么材料，但不能告诉你那样做"在经济上是不是最划算的"。

经济计算是包含判断的计算。对企业家来说，他要判断某个项目是否值得投资，就要计算成本与收益。作为经济学概念，成本与收益都是主观的，不是已经发生的。要计算成本与收益，就要判断产品未来的价格与销量，这时必须借助于货币单位。正是以货币为单位的价格为经济计算提供了可能，为企业家的行动提供了指南。但也要指出的是，"经济计算"不同于"成本概算"和"编织预算"，后两者是会计意义上的计算，它们对企业家的经济计算有帮助，但不是经济计算本身。

计划经济下，没有基于货币的经济计算，取而代之的是"工分的计算"。由于"工分"无法体现消费者的评价，也排除了"货币"这一共同的媒介，因此"工分"不能作为价值计算的单位。计划体制后来在世界范围内的瓦解也说明了这种"工分制"行不通。但现在，在多数的事业单位中还是采用类似的工分制，比如在高校中，考核老师的办法是统计老师上了几节课，写了几篇文章，发表在什么级别的刊物上等。一些国有部门内部也是采用类似的办法，这种计算虽然具有可操作性，但却背离了经济学常识，因为价值不是"实物"概念，我们无法通过统计实物的数量来说明价值的大小。在市场部门中也有与实物相关的计算，比如企业内部的计件工资，但这种计算是有意义的，因为被计件的产品是与市场价格，也就是与货币联系在一起的。

经济学上有"计算机乌托邦"一词，它的含义是：只要计算机足够先进，那么就可以实行计划经济。马云前段时间说了一段话，饱受争议，他说在大数据时代，"计划经济将会越来越大，原因就在于数据的获取，市场这只无形的手有可能被我们发现"。这一说法是"计算机乌托邦"的翻版。假如计划者掌握足够多的数据，有足够先进的计算机，那么他们能不能进行"计划经济"呢？对于这一问题，在20世纪二三十年代，奥地利学派经济学家米塞斯和哈耶克与兰格、勒纳和迪金森等人进行了著名的经济计算大辩论，后三位认为计划经济中计划者可以通过拍卖的方式模拟市场。

那些认为只要计算机足够先进就可以实行计划经济的人没有想到，根本性的问题不是能不能解方程（也就是计算机是否先进），而是能否获得主观的、分散的信息。这种信息是由企业家创造出来的，如果计划经济禁止了企业家的活动，那么这种信息将不能被创造出来，这样，计划者将不能获得计划经济所需要的信息。所以，计划经济实际上是使计划不可能实现的经济。

人们根据价格才能进行计划（即经济计算），换句话说，在没有价格的情况下，计算机不能代替个人进行计划，而价格的基础是私有产权，市场经济正是建立在私有产权之上的。市场如同一台超级计算机，无时无刻不在处理大量的信息，它使每个个体的计划具有成为现实的可能性，使不同人的计划得以协调，因而任何先进的计算机也代替不了它。

💰 思　考

1. 为什么不能根据实物单位进行经济计算？

2. 为什么市场不能被模拟出来？

💰 资　料

1. 苏斯·韦尔塔·德索托. 社会主义：经济计算与企业家才能. 朱海就，译. 长春：吉林出版集团有限公司，2010.

2. 路德维希·冯·米塞斯. 人的行为. 夏道平，译. 上海：上海社会科学院出版社，2015.

行动与效率

课时 20

经济学中的选择与行动

黄春兴

本课要点

---

1. 选择和行动有何关联?

2. 为何时间落差会带来不确定性?

3. 环境改变后,为何需要重新选择?

我们常听到人们说，人生就是一连串的选择。从懵懂年纪开始，我们就得选择玩什么玩具，跟谁一起玩；上高中时，要选择未来的专业科目和学校；上大学时，则在男女感情之间犹豫不决；接着，又是就业、婚姻、生子、买房、储蓄等的选择。

仔细想想，每一项选择都不只是单纯的选择，因为每一项选择都给接下来的行动确立了一定的方向。因此，在日常活动中，行动不仅伴随着选择，而其本身也是一种选择。譬如，你莫名其妙被人打了一拳，你是要立即反击还是"打落牙齿和血吞"，这不也是一种选择吗？是的，我们把日常活动都看成一项项的选择，也自然把选择之后的行动看作选择的一部分。

然而，前辈们也经常会对我们说："想好再选！"不是吗？另外，我们也常听到："既然选择了，就努力去做吧！"这时，我们的脑海中也许会突然蹦出托尔斯泰那句名言："先好好地选择你的爱，然后好好地去爱你的选择。"这的确是名言，遗憾的是托尔斯泰自己也没法做到。爱是一种行动，但有多少爱是永恒的？

当我们把行动视为选择之后的责任时，我们就把行动方向和选择策略区分出了允许和不允许的范围，于是，我们在执行时便会遇到是否要跨越界线的问题。这是因为行动时所遇到的环境和问题，都不是选择时能考虑到的。时间落差给行动带来了不确定性，即使选择与行动之间没有时间落差，也还会有空间差异，所以，好好地选择才是行动的成功保障。

时间落差在真实世界是普遍存在的，用经济学的话说就是，时间因素会带来不确定性，而空间因素会要求我们在执行时必须具备局部知识。当时间或空间发生变化后，我们在行动时是否还要遵循之前选择时所给定的约束条件呢？

最简单的答案是：假设我们在选择时已完全预知行动时会遭遇的可能情势，那么就要认真地听从托尔斯泰的话。在经济学中，新古典经济学派和凯恩斯学派的基本态度分别是：前者假设个人在选择时已能完全预知未来的情势，而后者假设政府在决策时也能完全把握其政策效果。

就以新古典经济学派来举例。祝员外希望女儿祝英台能嫁到有钱有势的家庭，以确保她拥有幸福的一生，于是，他便找来三位富家公子让她挑选。这是选择，因为所有的条件都完全摆在祝员外和祝英台面前。然而，具有坚强的独立意志的祝英台却一个也不选，并以读书为借口，女扮男装逃到私塾，去和梁山伯谈恋爱。当然，这个故事应该被改写，让他俩日后建立一个像阿里巴巴那样的商业帝国。

现在的年轻人很少愿意由父母来决定自己的婚事，他们要自己的选择而不是父母的选择。同样都使用"选择"这个词，但意义却不同。年轻人看重的不是摆在他们面前的条件，而是他们相互间的允诺：如何携手开创属于两人的未来。虽说这是他们的"选择"，但其实也是"行动"。其行动就是，在未来创造出一系列有利于自己选择的环境和条件。相对的，其父母的选择是，将未来的行动局限在事先给定的范围之中。

经济学术语时常也出现在生活语言中，所以时常出现混淆的用法。譬如在公司里，企业家所做的"选择"和职员所做的"选择"，字虽相同，但意义却不同。前者会在选择之后付诸行动，而后者只是辅助主管的计划而已。这点，以后我们会再进行讨论。

再回到遵守选择范围的问题。既然行动时的条件已不再相同，因此，重新调整和见机行事才是比较恰当的手段。是的，这是企业家的态度：不断接受新形势的挑战，并创造有利于自己的新形势。但这只是假设这些选择与行动都是他个人的事，而不涉及与他人的合作或约定。譬如两个人相约在某地见面，若有一个人因天气变化而擅自更改约会地点，约会必然会失败。

我们的社会也有一些类似的共同选择，它们都是个人不能违背的约束，比如"红灯停，绿灯行"的交通信号、市场交易的诚信原则、政治事务的宪法条文等。个人行动若违背了这些约束，将影响到他人的计划，从而使自己失去获取合作计划的利益，而合作利益远远超过个人独自行动的利益。

💰 思　考

1. 请以定义的方式来明确地区分选择与行动的差异。

2. 请根据本讲关于交通信号的例子，说明遵守交通信号不仅事关交通安全，更有助于增加社会的总产出。

💰 资　料

1. 路德维希·冯·米塞斯. 人的行为. 夏道平, 译. 上海：上海社会科学院出版社, 2015.

2. 布坎南, 布伦南. 规则的理由. 冯克利, 秋风, 等译. 北京：中国社会科学出版社, 2004.

个人在生产过程中的参与

黄春兴

本课要点

1. 如何区分个人的劳动力和企业家精神？

2. 为何企业家精神不会被机器人取代？

3. 讨论经济学和经济史的差异。

门格尔称最终消费品为第一级财货，称生产第一级财货的财货为第二级财货，并以此往更高级推进。这会让我们认为，越往高级走，生产所需要的科技就越高深。这种理解大致是对的，譬如手机，芯片应该是它的最高级财货，不是吗？的确，制造芯片的技术远高于组装手机的第一级财货，但芯片依然只是一项产出品，手机中还存在着更高一级的财货。最高级财货绝不能是产出品，只能是自然资源。

自然资源就是在人类还没出现之前就已经存在于地球上的东西，如可雕琢玉白菜的玉石、可制成颜料的彩色矿石以及动植物和硅砂等。自然资源既然是每一条产业链的最高级财货，那么这条产业链是如何被启动的呢？譬如，作为自然资源的牛是如何被制成可以披在早期人类身上的皮衣的？或者，一块玉石是如何被雕琢成玉手环的？

门格尔称自然资源在被利用之前是一种"东西"，直到被人们计划利用时才成为"财货"。知识、需要、权利这三个条件让自然资源从"东西"变成"财货"。然而，就像"芝麻开门"的寓言故事，你不知道口诀是开不了门的。除了要知道口诀，还要有人想开门，以及有人实际去开门。口诀是知识，想开门是企图心，而实际去开门是活动。米塞斯将知识、企图心、活动统合成"行动"，因为他认为门格尔的财货定义只确立了满足需要的可能，并未确保满足需要之财货能够被生产出来。

现在就以煎煮中药为例。如果一碗汤药必须具备六种成分，则投入煎药壶的各种草药都必须具备这六种成分中的部分成分，而全部草药组合起来又不能少于这六种成分。我们可以从上山采药、冶制炼炉、点燃炉火、关注煎煮等转换过程中定义出各级财货。但若欠缺行动，草药还依然在深山中，汤药会连影子也没有。米塞斯认为，有助于将汤药生产出来的经济学才是真实世界经济学。但要如何以门格尔的知识、需要、权利等三个条件，或以米塞斯的知识、企图心、活动等行动的内容，将煎煮中药的经济学阐述出来呢？

米塞斯认为经济学的起点在于人的本质——人心。他认为，人心是创造之源，指挥着身体去活动。他称人心的创造力为"企业家精神"，而称身体活动所发挥的力量为"劳动力"。只要是个人参与的场合，他的企业家精神与劳动力都会参与。因此，从上山采药、冶制炼炉、点燃炉火到关注煎煮的每一个步骤，个人都投入了他的企业家精神与劳动力。企业家精神包括获取知识、选择目标、规划流程等，而劳动力则只是奉令执行。

每个人都具有逻辑结构一样的企业家精神与劳动力，但个人拥有的素质与强度会有差别，其发挥程度也会随着环境的不同而不同。这一认识让我们可以顺利地将"真实世界的经济活动"解析成逻辑推演和该逻辑在环境设定下的运作两种范畴，前一种范畴被称为"经济学"，而后一种范畴则被称为"经济史"。经济学里的个人拥有企业家精神与劳动力，经济史中的个人也同样拥有企业家精神与劳动力，二者的差异在于，经济学探讨"人性"的运作的逻辑，而经济史关注特定环境对"人性"的运作的制约。

企业家精神与劳动力之间存在一种本质的差异：人的劳动力是可以被兽力或机械力所取代的。既然存在可替代性，人在劳动力方面就未必比机器人更具有优势。但迄今为止，企业家精神则只有人才有。当个人同时拥有劳动力与企业家精神，又必须在生产过程中同时投入时，便立即受制于时间和精力上的有限性。就个人而言，如何配置这两项生产要素是所有经济学派的共同问题。例如：当机械力更具优势时，个人可以利用机械力去节省劳动力的使用，而把更多的时间和精力留给运作企业家精神。

传统经济学关注生产要素的最适配置及劳动力的分工，哈耶克提出了知识分工的新问题，即"社会中个人知识的利用问题"。当知识、企图心、活动统合成行动与企业家精神后，分工问题得到进一步的发展，成了"社会中的个人之企业家精神的利用问题"。随着经济学知识的发展，我们认识到，个人在生产过程中的参与从劳动力推进到知识，再推进到企业家精神。

💰 思　考

1. 当兽力或机械力完全替代个人的劳动力时，你会担心失业吗？
2. 请你观察个人知识和个人的企业家精神在实际社会中的分工与利用的状况。

💰 资　料

1. 路德维希·冯·米塞斯. 人的行为. 夏道平，译. 上海：上海社会科学院出版社，2015.
2. 弗里德里希·冯·哈耶克. 个人主义与经济秩序. 贾湛，译. 北京：北京经济学院出版社，1991.

课时 22

经济学中的效率

冯兴元

本课要点

1. 如何衡量经济效率?

2. 什么叫"静态效率"或者"配置效率"?

3. 创新所带来的效率提升,体现为动态效率。

　　假如有一家大型钢铁企业，其铁矿石的投入数量巨大、冗员数量巨大、资产负债率高，而且，其产品为粗钢，产出数量也巨大。不过从总体上来说，其投入与产出比还是比较让人满意的。但是，该钢铁企业的投入成本非常高，尤其是用机会成本进行衡量时。同时，该钢铁企业厂的粗钢产品滞销，只能作为库存积压，其供给不能面向市场需求。也就是说，这些滞销的粗钢不是门格尔意义上的财货。门格尔意义上的财货必须是消费者所需要的财货。

　　上述例子是典型的企业有技术效率但没有经济效率的例子。技术效率是指投入与产出之间的关系，体现的是给定现有技术水平，以及生产部门在既定投入水平下实现最大或者较大产出的能力，或者是在既定产出数量下实现最少或者较少投入数量的能力。有技术效率，可能会有经济效率，也可能没有经济效率；但没有技术效率，必然没有经济效率。我国目前正在推行去产能、去库存、去杠杆、降成本、补短板的政策。为什么要这么做呢？这是因为经济体中有大量的企业（尤其是国企）既没有技术效率，也没有经济效率；或者即使有技术效率，也没有经济效率。

　　经济学中的效率是指经济效率，这种效率不同于技术效率，不能单纯用投入品和产出品的数量的比例来衡量。技术效率不属于经济学中的效率标准，经济学可以不考虑技术效率标准，因为对于经济学家来说，技术效率是无意义的。

　　经济效率体现在付出一定经济成本后所能实现的经济收益

的大小，经济收益越大，经济效率越高；或者体现为实现一定的经济收益所付出的经济成本的大小，经济成本越小，经济效率越高。

经济学中的经济效率反映了个人主观评价的目的和手段在货币价值量上的关系。经济学中所讲到的无效率是指一个人若要达到一个目的，本来可以使用投入更少的手段；或者是指一个人若使用一定的手段，本来可以达到更高的目的。反过来，经济学中所讲的有效率是指一个人若要达到一个目的，本来需要使用投入更多的手段，而实际投入更少；或者是指一个人若使用一定的手段，本来只能达到较低的目的，实际上却达到了较高的目的。在这里，每个人对目的和手段均有基于自己的主观评价的货币价值量。上述"多"或"少"，实际上都与我们每个人的主观评价的货币价值量的大小有关。个人的主观评价虽然不一定与货币有关，但是在经济效率的衡量过程中，主观评价要尽量以货币价值来反映。

经济学中的经济效率需要结合货币和市场价格来衡量，其方法就是经济主体借助于货币和市场价格进行经济计算，即进行成本和收益计算。在鲁滨孙的个人世界中，不存在货币和市场价格，因而就无法衡量经济效率。计划经济不需要货币，也不存在市场价格，就不能进行经济计算，也不能衡量经济效率。只有在市场体制中，既存在货币，又存在市场价格，才能衡量经济效率。如果经济中既存在市场部门，又存在非市场部门，即非完全市场化的部门，那么非市场部门可以参照市场部门的货币和市场价格做经济计算，并衡量其经济效率。

如何才能取得最高经济效率呢？一般而言，在技术约束不变的情况下，在竞争性市场中，如果土地、资本和劳动力资源作为生产要素，朝着能够支付其最高回报的方向配置，那么经济效率也会达到最高。在这种市场中，企业之间在产品市场上相互竞争，并倾向于在同样的条件下降价出售自己的产品。同时，企业之间也在要素市场上相互竞争，并倾向于在必要时尽量以接受支付更高要素回报的方式保证要素的配置。当然，这种经济效率属于静态效率，也叫配置效率。我们以后还要专门引入和解释另外一种经济效率——动态效率，也就是适应性效率，例如：创新所带来的效率提升就是动态效率。

💰 思　考

1. 什么是技术效率？

2. 什么是经济效率？

3. 技术效率和经济效率有何差别和联系？

💰 资　料

1. 保罗·萨缪尔森. 经济学. 萧琛，译. 北京：商务印书馆，2012.

2. Paul Heyne. Efficiency. The Concise Encyclopedia of Economics. http://www.econlib.org/library/Enc/Efficiency.html.

课时 23

技术效率、管理效率与生产效率

黄春兴

本课要点

1. 讨论技术效率和管理效率的不同。

2. 为何生产效率必须包括技术效率和管理效率？

在前面的课程中，冯兴元教授介绍了经济学的技术效率、经济效率和动态效率等概念。对这几个概念有了初步的认识以后，我们就可以进一步讨论这几种效率。这里先从技术效率谈起。

效率的英文是 efficiency，原本是物理学用以比较不同能源转换成"功"，或不同技术将相同能源转换成"功"之成效的术语。由于经济学的生产也是一种转换，因此，这个术语也就被引入了经济学，用以比较不同生产要素组合转换成产出品，或以不同技术将相同生产要素组合转换成产出品的成效。

技术效率的定义原封不动地采用了物理学的定义。由于物理学研究可以观察和衡量自然界，而 efficiency 的定义内容也是强调比较，所以实际上它很自然地便采用了计量指标的比较方式。譬如，以"一单位能源能让汽车跑多少距离"去比较能源的转换效率，或在经济学中，以"一单位生产要素组合可以生产出多少单位的产出品"去比较生产效率。efficiency 被翻译成效率，是因为中文的"率"就是单位投入的产出量。在此，"效率"是很不错的翻译。

生产过程中投入的生产要素，除了土地和机器（资本）以外，还有劳动力和企业家精神。劳动力和企业家精神都附着在个人身上，并受个人意志的主宰，于是，当个人情绪不佳时，他投入的劳动力质量常常也不太理想。同样，企业家有太多的政治顾虑时，其决策就很容易出错。当经济学借用能源的转换效率去谈生产时，就不能只在技术上好好利用土地和机器，也要在管理上好好利用拥有劳动力的劳动者和拥有企业家精神的企业家。我们不仅要关心技术效率，还要关心与人的行为相关的"管理效率"。可以这样说，技术效率的问题是如何在生产过程中好好利用"非人"的资源，而管理效率的问题是如何在生产过程中好好利用人的资源。

　　但怎样才算"好好利用"？直觉上，"好好利用"就是在给定资源的前提下，设法去提高每一单位投入的产出量。如果我们再问：要如何提高？答案不是改用质量更好的原材料，因为那已经不是原先给定的资源了。同样，改聘能力更高的劳动者、使用更好的机器或采用更好的生产技术，都不能说是"好好利用"。也就是说，效率要表达的不应该是"好好利用"。

　　技术效率要表达的是如何比较不同质量的原材料、不同的机器和不同的技术，然后再挑选最好的。选择员工也算是技术效率的内容，但为了提高员工对生产的贡献，决策者除了要注重技术效率外，还要注重薪资结构、职务分配、层级与授权以及绩效考核与升迁等管理策略的选择。尤其是较大规模的员工改聘，常需要决策者调整整个组织的薪资结构去加以配合。类似的，引进突破性的机器时也需要重新组织生产部门的结构。可以这样说，技术效率衍生出管理效率，并共同构成经济学所说的"生产效率"。

　　所以，技术效率的问题在于挑选出有利于实现最高产出量的技术，而管理效率的问题在于挑选出有利于实现最高产出量的管理策略。如果挑选出来的技术或管理策略有利于实现最高产出量，那么这样的选择就可以称为"有效率"（efficient），否则就称为"无效率"（inefficient）。同样，生产效率的问题就在于挑选出一套有利于实现最高产出量的技术–管理策略的套装组合。

至此，我们发现效率问题就是选择问题，也就是要从许多可选择的技术、管理策略或技术–管理的套装组合中进行挑选。但是，决策者用于挑选的目标（评估标准）是什么？在讨论技术效率和管理效率时，这个目标明显就是最高产出量。在讨论生产效率时，目标也同样是最高产出量。当然，这个目标在本讲中是一开始就给定了的，这并不意味着决策者就必须接受。决策者是有他的主观意志和主观目标的，而不同的目标也意味着将有不同的生产效率。于是，我们就得进入下一个讲题——目标的选择和生产效率之间的关系，我们将其称之为"企业家的静态效率"。

💰 思 考

1. 什么是技术效率？什么是管理效率？什么是生产效率？

2. 技术效率和管理效率是如何相互需要的？

💰 资 料

1. 保罗·萨缪尔森. 经济学. 萧琛，译. 北京：商务印书馆，2012.

2. Paul Heyne. Efficiency. The Concise Encyclopedia of Economics. http://www.econlib.org/library/Enc/Efficiency.html.

课时 24

卡尔多改进与帕累托改进

冯兴元

本课要点

1. 了解卡尔多改进和帕累托改进。

2. 改革就是要实现各种改进，但对拥有正当权利的受损者要根据正当程序提供补偿。

　　所谓卡尔多改进（也称卡尔多-希克斯改进），是指在集体行动（比如一场改革）中，如果一个群体或者社会中的部分成员受损，其他成员受益，但是受损者所遭受的损失小于受益者的收益，也就是说这个群体或者社会总体上存在净受益，那就存在卡尔多改进。其背后的逻辑是整个社会的受益大于部分人的受损，且能够对受损者提供补偿，但是，补偿并不一定真正被考虑或者实施。"卡尔多改进"既可能符合宪则效率，也可能不符合。宪则效率涉及遵循基本规则所体现的效率，它要求每个受损者所遭受的损失至少应根据正当程序得到补偿，而且首先要征得受损者的自愿同意。例如：政府对农民进行征地就是如此。单凭整个地区的总体收益大于农民的损失是不行的，还需要农民的自愿同意。当存在纠纷时，人们仍然需要正当程序来解决纠纷，这种正当程序能够保证征地时人们获得充分的补偿，否则政府所组织的征地行为就是不正义的。如果征地这一集体行动可以实现卡尔多改进，而且政府按照正当程序并依据充分补偿原则来进行征地，那么征地就符合宪则效率的要求，因而征地作为集体行动才是可接受的，否则就是不可接受的。

　　帕累托改进是指在没有任何人处境变坏的情况下，整个群体或者社会中的部分成员或者全部成员的处境变得更好，这是一桩只赚不赔的买卖！大家何乐而不为呢？但是，也不一定。改革开放之初，很多人想从原来的机关事业单位调到一个更合适的机关事业单位或者企业，人事部门可能卡着你不放行。虽然机关事业单位冗员严重，离开了你，单位照常运行，但是要它放行就是没商量。这就是一个存在帕累托改进的空间而不去实践的例子。中国改革开放之初，推行农村家庭联产承包责任制，无论对农民群体，还是对其他社会群体，均是好事，没有一方是损失者，应该属于帕累托改进的情况。不过，最初，安徽省凤阳县小岗村那18位农民签下"生死状"，将村内土地分户承包，所面临的可是轻则被取消协议，重则坐牢的危险。20世纪80年代，价格双轨制属于市场自发秩序，国企将过剩的计划内平价物资以更高的市场价转卖给集体企业或者个体私营企业，由此形成价格双轨制，使得国企和其他企业各取所需，实现双赢。很多企事业单位对员工的工作时间规定得太死，在转向弹性工作时间并能更好落实员工责任制之后，企事业单位的工作效率提高了，产出增加了，无论是领导还是员工，都比过去工作得更快乐自在，没有一个人受损。

　　总之，在工作、生活和政府行为中，需要群策群力，不断寻找和利用卡尔多改进和帕累托改进的机会，让每一个人比过去有更多的选择机会，比过去生活得更好，减少不适，增进幸福。

💰 思　考

1. 什么是卡尔多改进？卡尔多改进是否意味着没有人受损？

2. 举例说明卡尔多改进可能给社会成员带来的收益和损害。如何避免不正当损害？

3. 举例说明什么叫帕累托改进。简述卡尔多改进与帕累托改进有何区别和联系。

资　料

1. 保罗·萨缪尔森. 经济学. 萧琛, 译. 北京: 商务印书馆, 2012.

2. 格里高利·N. 曼昆. 经济学原理. 梁小民, 译. 北京: 机械工业出版社, 2003.

一人世界的静态效率

黄春兴

本课要点

---

1. 描述个人在一人世界里的决策方式。

2. 企业家如何实现自己的期待?

上一课我们在讨论生产效率时，假设了决策者以追求最高产出量为目标，如果他更换目标，那么他也会跟着改变技术和管理策略。经济学家无法知道决策者偏爱的目标：可能是最高产出量，也可能是最低总成本，或是最低的环境负担。但不论其目标是什么，内容与方向都要很明确，因为决策者要将它作为技术与管理策略的评估标准。

让我们想象自己是承包了铺设柏油马路的小型工程公司的企业家。我们在选择目标后，接着就要选择最能实现该目标的技术与管理策略。请注意，这里总共需要两次有先后次序的选择。第一次是目标选择，在确定目标之后，才是第二次的技术与管理策略的选择。企业家拥有决策的自主权，他会以他的自主意志去选择。经济学家无法预知企业家的选择，只能假设他在选择时必然期待这个选择能带给他最大的满足。

因此，对企业家而言，选择之后就是行动。假若这个选择是企业家委托其职员所作出的，那么这个选择只是一项等待同意的草案或建议案。所以，我们看到了两种类型的选择：一种是"企业家的选择"，他会在选择之后自己付诸行动；另一种是"代理人的选择"，得在选择之后交付他人去执行。企业家在选择时会考虑行动过程中的种种酸甜苦辣，而代理人不会在选择时考虑他自己的酸甜苦辣。

接下来的问题是，企业家的期待能实现吗？没人知道，因为企业家实现其期待的时间发生在选择之后；另一个理由是，选择之后必须有行动才有实现的机会。对代理人来说，选择和行动是两件事，或者说，他只是负责选择而已；但是，企业家一定会有行动，否则他就不必作选择。

企业家都相信自己的期待能实现，否则他就不会作出选择。他凭什么如此自信呢？当然，自信也是主观的。如果自信是出于不实的自我欺骗，那么它就不在经济学的分析范畴之内。经济学的分析范畴必须假设行动人不会欺骗自己，虽然他的自信未必可靠。

在这里，我们可以考虑一种可以形成十足自信的环境，也就是让决策者完全控制技术与管理策略的核心要领、运作和结果。更简单地说，就是假设他在生产的相关范围内是一位"专权者"，有能力操控范围内的一切事务。这样的情境，我们称之为"一人世界"，因为只有他拥有独立的自主意志和权利，而该范围内的各类事务都听其任意支配。我们可以想象这家工程公司只是一人公司，企业家自己开着一辆工程车，到处去包揽小型工程。毫无疑问，只要所有原材料的价格稳定，他对自己的选择必然是十足自信的，因为一切都在他的控制之下。

由于生意蒸蒸日上，他扩大了经营，买了几台新的工程车，也雇用了几位工人。这时，同样假设所有原材料的价格稳定，他对自己的选择是否依然信心十足呢？他依然控制原材料和工程车，但他是否也能控制工人的行为呢？工人也具有自主意志，也会有独立的行动选择。所以，现在的问题是，工人是否会完全依照企业家的计划去实现预期目标？这是经济学上的激励问题和代理人问题，也常被视为管理问题。管理学者相信，只要管理得好，企业家就能控制工人的工作表现，从而实现预期目标。

当企业家有能力完全控制工人的工作表现时，在他看来，工人和原材料的差别就不大。虽然除了他之外还有其他的工人，但这依然是一人世界，因为工人的工作表现完全听命于他。在一人世界里，决策者的目标也就是所有工人的目标。既然工人能够以决策者的目标为目标，自然会顺从地接受给定的技术与管理。

在我们设想的例子里，企业家有权利解雇员工，所以他在生产的相关范围内是一人世界的专权者。在一般的行政管理中，只要在计划的相关范围内，决策者有权利和能力完全控制所有人的行为表现，那么他就是一人世界的专权者。一人世界的专权者对目标的实现，包括技术与管理策略的顺利运作，具有十足的信心，并期待能获得最大的满足。正如我在上一节课中所讲的，效率问题就是选择问题。因此，"一人世界里的两层次选择"也可以视为一个效率问题，可称为"一人世界的静态效率"。

总之，一人世界的决策者先选择目标，然后依目标选择技术与管理策略，以期待能获得最大的满足。这里之所以称为"静态"，是因为在一人世界中并不存在第二位拥有自由意志的个人，也就是不存在任何的人际互动和事态的动态发展。

思　考

1. 文中提到效率问题就是选择问题，那么在一人世界的静态效率中的人所面对的选择是哪种类型的选择?

2. 为何说"一人世界里的两层次选择"是一种静态的效率?

💰 资　料

1. 保罗·萨缪尔森. 经济学. 萧琛, 译. 北京: 商务印书馆, 2012.

2. 黄春兴. 当代政治经济学. 杭州: 浙江大学出版社, 2015.

课时 26

经济教科书中的经济效率

黄春兴

本课要点

1. 自由市场需要具备哪些条件?

2. 如何在自由市场中实现经济效率?

在这一节课，我们继续讨论那家承包铺设柏油马路的小型工程公司，并把焦点放到劳工身上。这家工程公司只是市场上许多相似企业中的一家，而且规模不大，所以它没有能力影响各种资源的市场价格。假设工程公司公开聘请劳工，并公开劳动合同，若劳工接受该合同，就表明他愿意遵守该企业的规则和管理。

如上一节课我们讨论的，在生产的相关范围内，该企业家就俨如一位专权者。我们常听说，私人企业的雇员对老板常是卑躬屈膝，和官场景象相差不大。的确，雇员只要没有勇气离开雇主，到哪里都会如此。雇员越没有勇气选择离职，雇主对他的要求就会越过分。但是，当市场提供的就业机会增加后，雇员选择离职的勇气就会提高。雇员之所以会忍气吞声，其症结在于整体市场的开放度不够，从而使得劳动力市场也灵活不起来。

如果整体市场足够开放，新企业便会不断涌现。新企业带来新的老板作风、新的工作伙伴、新的合同内容等，并提供给劳工新的就业选择。虽然有些经济学者认为这些差异若换算成金钱也是差不多的，但对于个别劳工而言，他们会选择一个与自身偏好较接近的工作合同。市场提供的合同种类越多，劳工就越容易找到较适合自己的合同。譬如，有人愿意在深夜工作以赚取较高的薪资。

我们都期待劳工能选择自己偏爱的合同，但劳工能挑选的合同受限于市场的范围，因为企业家只愿意提供符合他自己的偏好的合同，因为企业家也有自己的偏好，这和劳工一样。企业家根据所选择的目标，经过利润和效用的计算后，提出最适合企业需要的用工条件。企业家若能够招募到合同所要求的劳工，而这些劳工也愿意依约工作，便能实现他的目标。

在上面的陈述中，工程公司在劳动力市场中招募劳工，而劳工也在劳动力市场中接受工程公司的合同，我们称此劳动力市场为"自由市场"。自由市场得具备三项要件：第一项是自由进出，企业家和劳工自己决定要不要进入该市场交易；第二项是自由交易，企业家可以自己草拟劳动合同以供劳工选择；第三项是私人产权，企业家的利润和劳工的薪资受到完全的保障。经由自由市场的交易，企业家雇用自己期待的劳工，劳工也选择了自己偏好的工作合同。

企业家在自己的企业里是一位专权者，劳工从拥有劳动力这个角度来说也是专权者。每一位专权者虽有自己可以完全控制的部分，但也必须仰赖他人的协助才能创造较高的效用。在自由市场中，这些专权者经由合同的自由选择，创出双赢或多赢的结果，新古典经济学家称此结果为经济效率。

正如我们之前讨论生产效率时提到的，效率问题乃是选择问题。在这里，效率问题是指企业家与劳工对于工作合同的选择问题，而"效率"是指他们找到的最满意的选择。但不同于生产效率只是企业家自己的选择问题，这里的合同选择涉及企业家与劳工双方，而效率也是指各方都找到了最满意的选择。因此，"经济效率"冠以"经济"一词就是指涉这种整体现象，而非个人的行为。

然而，这种由生产效率的个人选择而得以延伸的经济效率很容易产生一种仿佛集体选择的错误幻觉，但是别忘了，选择只能由真实的个人作出，技术效率、管理效率或生产效率都是出于真实个人的选择。经济效率包括许多个人的选择，我们无法确定他们彼此之间的选择是否能兼容，在许多情况下，这些个人的选择甚至互相排斥。因此，当我们讨论经济效率时，我们发现个人的选择若是在自由市场下进行，其结果是各方都会找到最满意的选择。这是因为自由市场具有协调机制，而不是因为经济社会有一个超越个人的真实存在指挥每个人的选择。

为了避免经济学继续深陷在这种错误的幻觉里，我们期待经济学界能以"市场协调"一词取代"经济效率"一词。也就是说，我们希望将"效率"一词保留在个人的选择层次上，而在经济社会的层次上使用"协调"一词。

思　考

1. 文中提到效率问题就是选择问题，那么在"经济效率"中，人们所面对的选择是哪种类型的选择？

2. 为何"经济效率"一词容易产生误导？

资　料

1. 彼得·勃特克. 计算与协调. 伦敦：劳特利奇出版社，2001.

2. 黄春兴. 当代政治经济学. 杭州：浙江大学出版社，2015.

课时 27

动态效率

朱海就

本课要点

---

1. 动态效率与新古典经济学的最大化效率有什么区别？

2. 为什么说资源配置问题的本质不是"最优地"分配给定的资源，
   而是促进创造性才能的发挥？

目前，主流经济学所讲的效率是最大化效率。简而言之，最大化效率就是给定资源和技术条件下的最优配置。在过去的一百多年里，主流经济学，尤其是福利经济学在效率理论上有了长足发展，经济学家们确立了各种经济效率标准和判据，如庇古的功利主义效率、帕累托最优、卡尔多-希克斯效率以及柏格森-萨缪尔森的社会福利函数等。但它们在本质上是一致的，都是追求给定资源和技术条件下成本-收益意义上的最大化，也就是最大化效率。

最大化效率无法作为衡量动态的真实社会经济效率的标准。最大化效率其实是给定手段-目的框架下的静态效率。它基于一般均衡状态的假设，一旦离开一般均衡状态，最大化效率将变得毫无价值，因为它无法对不同的手段-目的框架下的经济效率进行比较。由于成本和效用等概念都是主观的，最大化效率只适用于说明个人达到其特定目标的效率，而无法用来比较不同的人之间的效率。

人的行为是一个学习的过程，人在行为过程中发现和创造出的新信息、新知识会使人的目的和手段发生改变，进而使整个手段-目的框架发生改变。不同的人有不同的手段-目的框架，最大化效率也无法比较哪种行为更有效率。要保证行为的效率，人必须全知全能，即完美地掌握最好的技术知识、未来的行为与其他人的反应以及未来的自然事件。但我们的世界充斥着变化和不确定性，没有人可以完全知晓未来，这也意味着最大化效率的"虚构性"。

"最大化"效率之所以不可行，还因为知识具有分散性、实践性、主观性和隐含性等特征。政府或任何组织都不可能获得改善社会经济效率所必需的全部知识和信息，因此用静态的"理想状态"作为效率的参考依据没有多少价值，而基于这一标准的"市场失灵"概念也不成立。

在动态的真实社会中，最大化效率无法为我们提供一个有效的、可操作的标准，但另一方面，经济学却不能没有"效率"的概念。因此，我们必须寻找一个更为动态的、现实的和更具有可操作性的效率标准。相比最大化效率，奥地利学派经济学提出的"动态效率"更有优势，它基于企业家才能理论，强调人的创造性和协调性。

市场中的竞争是一个发现事实和发现知识的过程，只有通过竞争过程才能解决资源的配置、分散知识的利用和行为的协调等问题。人们不难发现，真正重要的不是如何实现给定条件下静态的"最大化"，而是如何发挥人的创造性，如何实现行动的协调。在现实社会中，由于有"企业家错误"的存在和企业家发现过程中失调现象的出现，一定数量的浪费不可避免，"最大化"是不可能实现的，也不应该作为追求的目标。发现和创造新的目的和手段，从而推动社会的创造性和协调性才是关键，这一标准就是奥地利学派所说的动态效率。动态效率也被理解为"促进人的创造性和协调性的能力"，从动态效率的角度看，无论是单个的人、企业还是整个经济系统，越是能够充分发挥人的创造性和协调性，社会成员之间的行为就越协调，经济社会的发展也越具有可持续性。

　　动态效率不是强调给定资源下如何减少资源的浪费，而是强调如何创造新的资源。相应的，动态效率不是把资源的节约，而是把资源的创造能力视为效率的标准。动态效率的理论基础是企业家才能，企业家使得新的目的和新的手段连续出现，而"这些目的和手段在被企业家发现之前，是无法想象的东西"。因此，动态效率并不给定一个效率（效用）最大的标准。根据动态效率的观点，各种失调、浪费和所谓外部性等现象的存在是完全正常的。动态效率的主要内容有两个方面，一是创造，二是协调，或者说，创造和协调是动态效率的体现，而这两个方面也恰好是企业家的两个基本功能。企业家的创造性容易理解，而企业家的协调性却容易被忽视。企业家在创造中协调，在协调中创造，创造与协调是不可分的。在这里，动态效率的实现基于产权保护和开放市场，它在认同这两大价值方面体现了规范的个体主义的内在效率。

💰 思　考

1. 什么叫动态效率?
2. 动态效率与静态效率有何差别和联系?

💰 资　料

1. 保罗·萨缪尔森. 经济学. 萧琛，译. 北京：商务印书馆，2012.
2. 张维迎. 经济学原理. 西安：西北大学出版社，2015.

协调视角下的效率

朱海就

本课要点

1. 为什么市场能够"奇妙地"使无数个体的行动实现协调？

2. 为什么说促进协调是一种增加社会福祉的低成本的方式？

　　现在，人们需要什么东西，上购物网搜一搜，然后下单，其所购买的商品就会被送上门。厂家、购物网站与物流之间的"协调"使消费者的需求轻松地得到满足。

　　又例如：组织一场一百多人的活动，让每个人独特的饮食需求都得到满足不是件容易的事，但市场却让成千上万的人以他们自己喜欢的方式解决他们各自的需求。市场让每个人都感觉到他们需要的商品和服务都已经在"等着"他们，而这一切都是在没有人或机构指挥的情况下实现的。

　　市场就是这样一种神奇的协调机制，把不同人的才能利用起来，去满足不同人的需求。里德的名作《铅笔的故事》就解释了这种神奇的协调机制。无数人参与铅笔的生产，但可能多数人并不知道他们的产品构成了铅笔的一部分，而如此众多、相互独立的不同部分却能够被紧密地结合在一起，使一支支的铅笔"诞生"。

　　经济学家早已注意到市场协调的神奇，并把"协调如何实现"视为经济学的根本性问题之一。确实，只有在一个人的世界中，才不存在协调问题，在两个人或两个人以上的世界中，只要有分工，就必然存在协调问题，而且协调的程度与效率的高低是必然相关的。

　　经济学主要关注多人世界的协调，其研究角度可以归为两类，一是从"均衡"角度考察协调；二是从"个体行为-规则"角度考察协调。

均衡方法也是一种从"数量"角度考察协调问题的方法，它把协调问题变成了一个寻找最优价格变量与供求量的问题，认为市场出清时，就实现了协调。这一方法的最大问题是不现实，它并不能增进人们对协调的理解。例如：某个时刻的供给与需求都是主观数据，不是给定的；厂商和消费者都会根据他们对市场的判断调整自己的供给和需求，这意味着经济学家永远不可能知道厂商和消费者真正的供给与需求是多少，所以供求曲线也只能是黑板上的图画。

另外，即便真的存在供求均衡的价格和数量，也不意味着在这个价格与数量水平上，个体的效用能达到最大化。实际上，个体的效用与经济学家计算出来的均衡价格和数量没有什么关系。在某种程度上，这种均衡方法预设协调问题事先就已经解决了，换句话说，在这种数量分析法中没有真正的协调问题。可见，从均衡角度来研究协调是有问题的。某些新古典经济学家认为市场协调存在不同程度的缺陷，但他们的结论是从本身就有问题的均衡方法中得出的。

相比之下，立足于"个体行为-规则"的研究方法认为协调是个体计划之间的相互兼容，是不同个体的目的的实现。这种方法虽然也强调价格与供求量，但却把它们视为个体行动的产物，而非经济学家最优计算的结果。自发产生的价格时时刻刻都在调整个体的行为，同时个体的行为也会对价格产生影响。协调会不断地产生"非意图"的结果，而市场也能自动地对这种结果进行处理。此外，协调不仅是一个价格与数量的问题，也是一个规则问题，例如：人们想安全地过马路就要接受规则的协调，而均衡方法在很大程度上却没有考虑规则因素。

　　多人世界的"协调"可以分为组织内部的协调与市场的协调。如科斯所意识到的，组织内部的协调是通过企业家的命令实现的，企业家把土地、劳动力和资本等要素组合起来变成产品的过程，也是一种协调的过程；市场的协调是指个体或组织之间主要利用价格机制实现的协调，在市场这种协调模式中，没有指挥者，每个个体根据价格信号作出他们自己的反应。

　　现在也越来越多地出现一种介于组织与市场之间的协调模式，如网约车滴滴公司，他们把司机、车和网络平台组合起来，提供打车服务，这种模式利用了市场，但也是通过企业实现的。随着互联网的普及，这种以共享为特征的新型协调模式也将越来越常见。广义上，组织（企业）的协调也是市场协调的一部分，或者说，组织的协调是服从于市场协调的，没有市场价格信号，组织内部的协调也就无法实现。

　　协调的产生和运行依托企业家的作用，无论是组织的协调还是市场的协调，其主角都是企业家。企业家的创新与协调是一个硬币的两面，企业家的每一次创新都是实现一种新的协调。协调意味着企业家纠正了过去的错误，使消费者过去没有被满足的需求得到满足，因此，协调是一个动态改善的过程，不是给定资源的最优分配问题。例如：我们可以说用支付宝比用现金更协调了，乘坐网约车比打出租车更协调了等。协调具有扩展性，一种新的协调也会促进其他协调的出现，例如：智能手机促进了支付宝、微信等应用的出现。

　　协调提供了理解效率的新视角：增进协调就是增进社会福

祉，而且促进协调是一种增进社会福祉的低成本方式。换句话说，只要把那些阻碍协调的人为因素去除掉，社会福祉就可以在不增加财富消耗的情况下得以增进。这意味着政府要尽可能地减少管制，促进竞争，把促进协调作为优先的政策选项；而那些意在增进社会福祉的经济刺激政策不仅会耗费大量财富，也会扭曲社会的协调，从而减少社会福祉。同样，协调也可以作为评价经济政策优劣的标准：促进协调的政策才是好的政策。

思　考

1. 组织协调与市场协调有什么区别，它们之间有什么联系？
2. 怎么从协调的角度去理解效率问题？

资　料

彼得·勃特克. 计算与协调. 伦敦：劳特利奇出版社，2001.

从规则依循的角度看效率

冯兴元

本课要点

1. 如何理解宪则？

2. 现实中哪些事件可以体现为宪则效率？

　　一个运作良好的社会，需要依循一些基本规则。《国语》曰"顺其宪则"，《旧唐书》言"永垂宪则"，道理就在于此。这里的"顺其宪则"是指依循宪则，"永垂宪则"则是指让宪则代代相传。这里的"宪则"，从其抽象层面来看，就是指"基本规则""规则的规则"，或者"统率性的规则"。

　　人本来就属于一种依循规则的社会动物。规则是分层次的。最高层面的规则被称为"元规则"，"元规则"下面是次级规则，次级规则下面还有次次级规则，以此类推。

　　诺贝尔经济学奖得主布坎南是宪则经济学（constitutional-economics）的创始人。他提出了"宪的效率"（宪则效率，constitutional efficiency）的概念，试图从基本规则的确立和依循的角度看效率，这反映了人们能够从基本规则的确立和依循当中受益。布坎南所言"宪"或"宪则"（constitution），是指"基本规则""规则的规则""统率性的规则"。

　　宪则效率涉及一个二人世界、一个群体、一个国家或者一个社会通过确立和依循基本规则而实现的效率。例如：大家都选择靠右边走路，从而各行其道，不相互妨碍；两支足球队按照同一套规则踢球；球迷必须买了门票才能进场看球，而且不得向踢乌龙球的球员扔酒瓶子；所有这些都体现了宪则效率。

　　虽然存在基本规则的确立和基本规则的依循两个层面的区分，但是很明显，如果我们打破砂锅问到底，其实就可以发现，基本规则的确立也需要依据更高层面的规则。如果往前推，那些最基本的规则叫"元规则"，或者可以叫"天道"。

如果按照上述逻辑去推理，我们基本上可以认定，基本的规则是先定的、发现的（也就是原先就存在的），而非后来制定的。另一位诺贝尔经济学奖得主哈耶克把"法"定义为一般的、抽象的、同等适用于所有人的规则。哈耶克认为，这种意义上的"法"是先定的、发现的，而非制定的。在发现这种"法"之后，立法者可以根据特定的情势对其做出修正，并在法律文本中予以确认，然后进行发布。因此，这样的"法"被称为"正当行为规则"。哈耶克认为，英国的普通法（体现"法官立法"）就是这种"法"。法官通过判案发现"法"，他可以根据特定的情势有所调整，而后将"法"写入判词，成为往后判案可资参照的判例。在后来的判案过程中，法官既可以接受已有判例，也可以根据新的特定情势作出调整，形成新的判例。由此便形成了"演化的法""生长成的法""与时俱进的法""正当行为规则"，后来的立法者，会倾向于不断以书面形式阐释和确立"法"。这样的成文法越来越多，但是其阐释和确立的主要依据应该是先定的"法"，而且这种成文法充其量只是立法者根据特定的情势对先定的"法"做了一些修正。如果立法者脱离普通法的程序去立法，也要本着这些基本的"法"的精神，尽量去模仿这些先定的"法"。如果立法者不按这一逻辑而"立法"，或者把确立种种政策称为"立法"，那么这些"立法"可能会确立很多"不正当行为规则"，如果是这样，那么可能祸莫大焉！

上述有关先定的"法"的发现与适用，就体现了一种宪则效率。这尤其适用于私法领域，因为这些"法"大多数涉及禁令，比如规定"不可杀人"。按照哈耶克的观点，公法领域则不一样，因为这个领域主要涉及具体的"命令"，它具体规定必须做什么。例如：特朗普总统要颁行一项减税法案，必须经由众议院和参议院两院表决通过。这里如何体现"宪则效率"呢？我们以后再行详细讨论。这里，在制定减税法案时，最理想的是两院代表们的"一致同意"原则。这又回到了我们在第五课中已经学到的规范的个体主义方法论：群体内成员们的一致同意就是一种内在效率标准，这种效率标准的实现则是一种宪则效率。但是，在社会中，这种"一致同意"又很难达成，因此，如何实现"一致同意"的宪则效率，或者通过某种替代性制度的安排来实现宪则效率，我们需要另行讨论。

💰 思 考

1. 什么是宪则效率？
2. 为什么要强调宪则效率？

💰 资 料

1. 詹姆斯·布坎南，戈登·塔洛克. 同意的计算：立宪民主的逻辑基础. 陈光金，译. 北京：中国社会科学出版社，2000.
2. 弗里德利希·冯·哈耶克. 法律，立法与自由. 邓正来，张守东，李静冰，译. 北京：中国大百科全书出版社，2000.

生产、价值与财富

课时 30

迂回生产的现象

黄春兴

本课要点

---

1. 为什么企业家要选择迂回生产？

2. 为何技术深化是市场竞争的结果而非原因？

在"财货理论"一课中，我提到，如果我知道最先进的黄鱼养殖技术，就会自己生产第二级财货（黄鱼），而不是去鱼铺购买。在这里，已经烹调完成的豆瓣鱼属于第一级财货。这种不直接去鱼铺购买，而是去养殖黄鱼（即通过购买第三级财货来生产第二级财货）的策略，就被称作"迂回生产"。

当然，这个例子只是作为简单的介绍。大部分教科书也都会讨论迂回生产，但着眼点都放在整个经济体上，最少也是一个产业链上。另外，它们谈的多是生产率的提升，因为它们习惯了不从个人行动的角度去看问题。在主观经济学中，行动的出发点是有意志的个人，而个人较关心的是利润。

还是回到我们的事例中。为什么我要选择养殖黄鱼？可能是我已经预见到三种效益：第一种是养殖黄鱼可以降低生产的平均成本；第二种是利用先进技术养殖出的黄鱼的肉质比市面出售的优良许多；第三种是可以把养殖的黄鱼贩卖给其他饭店。任何一种效益只要能实现，就能增加经营利润，也就能证明养殖黄鱼是正确的决策。

换言之，我之所以选择迂回生产，是因为我预见这个行动可以提升经营利润。是的，没有预期利润，我不会如此冒进。但是，如果"选择迂回生产可以提高经营利润"是公开的知识，为何老郭饭店的老板没有选择自己养殖黄鱼？难道原因是只有我拥有较强烈的企业家精神吗？这是个好答案，但这样的解释过于简单了。

　　当我决定开一家老黄饭店时，我已经明白卖豆瓣鱼是竞争激烈的市场。竞争逼着我必须追求利润，不管我采用的策略是降低成本，提高质量，还是扩大生产。在这个行业，我是后来者，唯有靠出奇才能制胜，所以，我看上了养殖黄鱼的先进技术。

　　让我先冷静一下，再重新检视一下养殖过程。更明确地说，我原本也不知道养殖黄鱼的先进技术，当我初入市场时，我也是去鱼铺购买黄鱼。第一级财货市场的竞争真的很激烈，我为了胜出，尝试了各种竞争手段，包括以生产者的角色进入第二级财货市场。我原本对第二级财货市场没什么概念，只会当一个接受价格的消费者，也没想要去扮演供给者。总之，后来我竟然决定要自己养殖黄鱼，也会把黄鱼卖给其他饭店。现在，这个市场因我的加入，供给增加了，竞争变得更加激烈。

　　之前的黄鱼都是从海上捕回来的，生产豆瓣鱼的生产结构就只有三层：（1）空间的转换之一，黄鱼从海中转换到鱼铺；（2）空间的转换之二，鱼铺的黄鱼转换到老郭饭店；（3）化学性质的转换，老郭饭店将黄鱼转换成豆瓣鱼。

　　现在，由于我发现了先进的养殖技术，生产结构由三层变成四层：（1）黄鱼幼苗从海中转换到我的近海养殖池；（2）养殖池的黄鱼幼苗被转换成黄鱼成鱼；（3）养殖池的黄鱼成鱼被转换到老郭饭店；（4）老郭饭店将黄鱼转换成豆瓣鱼。在这里，迂回生产发生在将黄鱼幼苗转换到养到殖池、再转换为成鱼的层级。

　　回顾之后，我明白了，迂回生产描述的是，市场竞争会循着生产结构，向较高级市场传递更多元的市场活动的现象。需要注意的是，生产结构在此仅是浮光掠影，没有清晰的影像。我们确知它会出现，但却无法预先知道其具体内容，因为它是与每一层级的财货市场的竞争同步展现的。这逐层的展现过程说明了，生产结构的技术深化是市场竞争的结果而非原因。

如果第一级财货市场的竞争现象会传递到第二级财货市场，那么，第 n 级财货市场的竞争现象也会传递到比它更高一级的财货市场，每一级财货都是一个市场。只要供给者与需求者可以自由进出，哈耶克提出的竞争作为发现程序以及布坎南和范伯格提出的创新程序便能展开。往后的课程中我们将会详细讨论这两种程序，在这里可以先简单地这样去理解。经由发现程序，我们在市场中发现最贴近我们效用的财货；经由创新程序，我们在市场中遇到了做梦都没想到过的财货。这两种程序不只推动了市场的演化，也推动了生产结构的演化。

概括地说，迂回生产的现象所展现出来的生产结构是市场竞争的结果，它并不是预设的结果，也不是随机的结果。每一层级的财货市场都有许多企业家在活动，他们在利润计算的驱动下竞争，谨慎地观望市场中各种风吹草动，从微小的调整到大幅的改变，都是可能的决策。这些决策在一步一步地拓展出迂回生产的轨迹，也在一层一层地展现出我们看到的生产结构。

💰 思　考

1. 迂回生产是否一定会表现在技术深化上？
2. 请就你熟悉的一个产业，描述你经历或理解的一段迂回生产的现象。

💰 资　料

1. 弗里德里希·冯·哈耶克. 个人主义与经济秩序. 贾湛，译. 北京：北京经济学院出版社，1991.

2. 维克多·范伯格. 经济学中的规则和选择. 史世伟，钟诚，译. 西安：陕西人民出版社，2011.

課时 31

再论迂回生产

黄春兴

本课要点

---

1. 讨论发明和创新的差异。

2. 为什么政府无法领先企业开发新商品？

3. 迂回生产需要哪两类企业家来推动？

在前面介绍"迂回生产的现象"时，我提到过，迂回生产描述的是市场竞争会循着生产结构，向较高级市场传递更多元的市场活动。一位读者来函说道："迂回生产未必是市场活动，因为许多较高级财货的出现仅仅是理工实验室或生物科学实验室的产物。"

的确，自然科学的研究生经常因好奇而在实验室中发现新的生产方式或新的材料，从而让现行的生产结构往更高级方向推进。这类在实验室中发现和创造出新材料或新生产方法的过程，20世纪的奥地利学派经济学家熊彼特称之为"发明"。另外，熊彼特称企业家通过重新组合原材料与生产方式而生产新产品的过程为"创新"。大致而言，发明多是科学家在实验室的成就，而创新多是企业家在市场上的成就。

创新和发明的区分，也可以利用生产结构来说明。在生产结构的任一个节点，也就是生产阶段，若往较高级的方向推进就叫作"发明"；相对的，任一节点若往较低级方向推进就叫作"创新"。这位读者之所以会认为迂回过程是实验室的产物，而不是市场竞争的产物，因为他看到它朝着较高级的方向推进。

这种观点来自对事态的静态观察，其弊病是将实验室活动和市场活动完全隔离开。当然，这个观察也不是空穴来风，当大学经费主要来自政府补助，实验室的研究方向便开始脱离市场活动。这时，研究计划所考虑的不再是成果市场化的可能性，而是经费审查者的偏好。当然，正如亚当·斯密所说，有些基础性的研究必须仰赖政府的补助，但目前的情况是政府补助早已远远超出这个范围，几乎涵盖了所有学科的所有领域。

对此弊端，企业在无奈之下提出了自己的解决方式，那就是设立自己的研究开发部门。一方面，企业在发展的远景范围内进行发明，以寻找新的原材料和生产方式；另一方面企业也进行创新，尝试各种原材料与生产方式的组合以创造新产品。对企业而言，只靠发明与创新还不足以获得利润，他们还会推出两个部门，一个是产品的市场营销部门，其目的是把新产品推荐给消费者，创造他们的新需求；另一个是产品的检验部门，其目的是打消消费者因陌生而对新产品产生的疑虑。

当然，我们也不要低估政府的检讨能力。政府的脚步通常会落后于市场。政府的新进人员也会利用他们在市场活动中所获得的知识去推动政策的实施。遗憾的是，政府并非营利性单位，这使得新进人员失去了继续累积市场知识的诱因。虽然新进人员的引进方式世代重叠，但对市场知识的整体认知必须得等到新进人员足够多时才会发生，这大约需要一个年代的时间。网络时代会压缩这段时间，但可以确定的是，政府无法领先企业开发新产品，因为它不是营利性单位。一旦政府无法展开新产品的创新，其所补助的研究发展方案就容易与市场脱节。于是，即使政府能压缩它的落后时间，这一段时间最短也不会短于一个产品的周期。一个产品周期看似很短，却是决定谁是领先者、谁是追随者的关键。

为了让大学实验室能走向市场，孵化器出现了。我还不清楚孵化器的演变过程，无法确定是企业先推动的还是政府先推动

的。我能确定的是，不论是谁先推动的，孵化器的运作方式主要
在诱使企业进入大学实验室，而不是使大学实验室走向企业。现
实情况可能较为复杂些，但也不会相差太多。

简单地说，任何领域都存在无限可能的发展方向，若失去市
场机制的引领，实验室的研究会像无头苍蝇，毫无方向。一些偶
得的成就可能会出现，但这不是迂回生产的含义。迂回生产是一
种制度现象，但推动制度演变的力量来自个别的企业家。

迂回生产需要两类企业家：第一类是自然科学领域的企业
家，他们的行动包括发明新的原材料和生产方式，并对它们以及
对用它们生产出的新产品是否会损害人体与生活环境做出检验；
第二类是商业领域的企业家，他们的行动包括重新组合原材料和
生产方式以生产新产品（创新），以及懂得如何让消费者产生新
需求的市场营销。诚如我们在前面提到的，每一层级的财货市场
都有许多企业家在活动，他们本着开发新产品与消费者的需求，
基于利润计算，经由自己的研究开发部门或孵化器，朝着公司愿
景，开发新型原材料和生产方式以及新产品。

💰 思　考

1. 请解释发明和创新的区别和联系。
2. 迂回生产需要怎样的企业家？

💰 资　料

1. 路德维希·冯·米塞斯. 人的行为. 夏道平，译. 上海：上海社会科学院出版社，2015.

2. 欧根·冯·庞巴维克. 资本与利息. 何崑曾，高德超，译. 北京：商务印书馆，2010.

课时 32

厂商理论的谬误

朱海就

本课要点

---

1. 四种市场结构的区分忽视了什么？

2. "限制企业家才能发挥"意义上的垄断和常说的垄断有何不同？

厂商理论是微观经济学的重要内容，然而当我们了解了米塞斯的行动学之后，再回头去看这一理论时，便会发现厂商理论中没有企业家，它只是一种给定状态下的分析，是典型的均衡学说，因此也是脱离现实的。我们可以把厂商理论的问题概括为两个方面。

对四种市场结构进行区分

从厂商数量无穷多到非常多、到几个、到一个，厂商理论把市场结构区分为完全竞争、垄断竞争、寡头垄断、完全垄断四种，它认为身处不同市场结构下的企业有不同的经营方式。厂商理论预设只有完全竞争才是有效的，任何偏离这一状态的市场结构都会导致低效率的资源配置，它认为垄断减少了社会福利。然而所谓完全竞争是一种不现实的简化，现实中即便是同样一种产品，在不同消费者心中的价值也是不同的，而经济学关心的应该是价值，而不是产品本身的物理属性。

其实，垄断程度是与市场范围的界定相关的，如果把市场界定为很小的范围，那么每个产品都是"垄断"的。一个杯子在它的细分领域中的垄断与微软的垄断在性质上没有区别，如果要反微软的垄断，那么就要反一个杯子的垄断。相反，如果把市场范围扩大到无穷大，那么任何产品与其他产品之间都有竞争，市场上所有的厂商都在争夺消费者。

认为垄断导致资源配置低效率

厂商理论首先会确定厂商达到最优时的价格与产量，然后说明达到这一状态时的资源配置效应。厂商理论认为，厂商获得垄断地位就意味着对社会的"剥削"，即便厂商进行创新，也无法抵消垄断"剥削"的成本，这是对完全垄断而言的。对于垄断竞争这种市场结构而言，厂商理论同样认为这种状态是"不利的"。在短期内，厂商可以获得垄断利润，但会造成消费者利益的损失；从长期看，厂商的垄断利润消失，但经营规模小于最优规模，这也是资源配置效率低的体现。

由于在现实中，垄断竞争是普遍状态，很多企业在细分领域中都占据了完全垄断地位，比如腾讯开发的微信。那么，按照厂商理论，很多厂商都应该受到谴责，那些经营成功的企业更是要被反垄断，因为它们造成了其他人的福利"损失"。

然而，这种福利的"损失"是曲线画出来的，它只存在于虚构的均衡状态中，而不存在于真实世界中。在现实中，厂商无法像经济学家那样通过计算自己的边际成本和边际收益确定自己的最优产量和价格，因为所有的市场因素都是变化的、不确定的，也就是说，最优产量和价格是经济学家的虚构。在真实的市场中，垄断者会不断地修正自己的价格和产量，以获得更多利润，他们既接受又不完全接受市场价格，他们对自己的产品价格是有一定的调控能力的。

也就是说，新古典经济学的厂商理论是在一个静态的、给定的状况下分析垄断与竞争问题，它假设经济学家事先就知道厂商的生产函数、需求函数等情况，而厂商也只是在这个给定的函数下追求最大化。新古典经济学认为，根据这些函数，经济学家可以画出各种完美的成本曲线和边际收益曲线，从而确定厂商的最优价格和最优产量。然而，这只是理论的虚构，现实中的厂商都是企业家，他们不仅能改变产品的数量和价格，也能改变产品的类别，即不断地开创新的市场。因此，厂商理论所基于的连续性假设和静态市场假设都不存在。

实际上，垄断和竞争是一个硬币的两面，厂商谋取垄断地位的过程也是竞争过程。在垄断的情况下，厂商还是要与他人竞争，要响应他人的价格变化。如米塞斯所指出的，如果垄断没有形成垄断价格，那么垄断就没有损害消费者利益，这时产生的市场价格就还是竞争价格。

当然，米塞斯说的垄断价格是指厂商通过限制产量来提高的价格，这时消费者还是会为这个价格买单，从而使得厂商获得更多的利益。但它不同于厂商理论所说的垄断价格，后者是指厂商根据边际收益等于边际成本原则所确定的价格，如前所述，这一价格是理论虚构。米塞斯说的垄断价格在市场中很少出现，产生垄断价格的原因主要是政府特许，也有独占原料和卡特尔等因素。

新古典厂商理论是一种均衡学说，它从"经济人"假设出发，建立在对产品、技术和企业规模等"物理"特征的分析之上，因此也是一种典型的静态分析法。相反，假如我们更加现实地考虑人的"行动"特征，那么不难发现，通常的垄断并不损害消费者利益，只有那种"限制企业家才能发挥"意义上的垄断才是损害消费者利益的，这种垄断与米塞斯笔下的"垄断价格"相对应。由于忽视了企业家才能，新古典厂商理论也没有区分行政垄断和通常所说的垄断，也就是没有区分"有害的"垄断与"好的"垄断。

💰 思　考

1.厂商理论的主要错误有哪些？

2.厂商理论的前提假设是什么？它忽视了什么？

💰 资　料

1.路德维希·冯·米塞斯. 人的行为. 夏道平，译. 上海：上海社会科学院出版社，2015.

2.克里斯托夫·帕斯. 科林斯经济学辞典. 罗汉，译. 上海：上海财经大学出版社，2008.

课时 33

价值的创造

黄春兴

本课要点

1. 你会如何定义价值的创造?

2. 企业家如何让消费者产生新需要?

3. 为何说社会价值不具操作性?

对标题中的这两个词，"价值"和"创造"，我们都讨论过，但不妨再回忆一下。

价值源于个人对财货的直接需要，即当时他预期会出现正的边际效用。因为他对某种财货拥有使用权，所以他谈到的价值是使用价值。同样，交换价值也源于边际效用，只不过他是想借交换或交易去拥有某种财货的使用权。再说"创造"，借用米塞斯的话，它指的是"指挥行为和生产的人心才是创造性的"，而个人只是一个"转换者……把可用的手段用适当的方法组合起来"。现在，我们将这两个词串在一起，"价值的创造"就是个人发自内心地产生对某种财货的"新需要"。（交换价值也需要买方先有使用需要，但在此略而不论。）

"新需要"保证会带来正的边际效用，所以我加上了引号。如果不是新需要，边际效用就会随着使用量的增加而递减，因而带给消费者的价值就会递减。"旧需要"的增加只会降低个人消费该财货的价值，而不会提高其价值。譬如大陆游客初到台湾都很喜欢凤梨酥。若台湾没有推出新品，而只是增加凤梨酥的生产，那游客们通过继续享用凤梨酥获得的价值就会降低；如果有厂家推出全新口感的"土凤梨酥"，连老游客们也为之惊艳，这就创造了市场的新需要。这时，我们就可以说"土凤梨酥让老游客产生了新需要"，简单地说就是"土凤梨酥创造了价值"。土凤梨酥让游客产生新需要，也就是使边际效用增加，而边际效用就是主观价值。

如果我们在概念上称某种财货的"社会价值"为"社会上所有个人之使用价值的汇总"，那么，增加财货产量就可以通过创造更多的新消费者去提升它的社会价值。广告就具有这种功能，既为新消费者创造了价值，又提高了社会价值。当然，由于个人与个人之间的边际效用无法比较，也无法加总，"社会价值"只是概念性的陈述，并不具有操作意义。

在实际社会中，"增加财货生产量"也是陈述不清晰的说法，因为新增加的财货往往是功能改良的"新品"（也可能是新财货）。譬如每一代苹果手机，相对于原财货而言，它们都是异质财货，它们在拥有大部分重叠的功能外，增添了少许可以诱发个人新需要的新功能或新性质。当这些新性质及其所诱发的新需要受到青睐时，依门格尔的定义，新品无异于新财货，而这批新财货创造了价值。

当然，市场上时常会出现让消费者无法抗拒而彻夜排队的新产品。与这些杀手级新产品相比，虽然其他异质新品的连续上市只是市场上习而不察的现象，但它们持续创造出来的价值却是长期维持商业社会令人满意状态的最大功臣。

至此，我们讨论的都是被人们直接需要的第一级财货。这种财货需要直接呈现出消费者的使用价值，反过来说，无数个人的使用价值也汇聚成第一级财货的市场价格。第二级财货的市场价格也是汇聚了无数个人对它们的价值认定，但这种价值是交换价值而不是使用价值。再者，交换价值也不是个人期待的在交易后直接消费的使用价值，而是期待它能转换成第一级财货再使用的衍生需要，或被称为衍生价值。同样的，个人对第三级财货的需要也衍生自第二级财货的需要，其价值也衍生自第二级财货的价值。

任何东西都可能因为生产结构发生变化而成为生产新的第一级财货所需要的较高级财货，甚至从毫无价值转变成具有衍生价值。反之，那些随着产业链的变化被淘汰的高级财货也会丧失价值。早期美国柯达光学公司生产的照相机和相机底片是常被提及的例子。虽然消费者对保留影像的需要没有发生变化，但数字科技推出了不需要底片的相机，在第一级财货上完全取代了需使用底片的相机。既然第一级财货不再需要底片，作为第二级财货的底片市场便随之发生变化，让闪存有机会创造价值，却让柯达底片丧失了价值。

第一级财货的衍生需要是第二级财货，这不仅包括原材料，也包括新古典经济学所称的各种投入因素，如资本、劳动力等。劳动力属于衍生需要，故其价值也属于衍生价值，而其价格称为工资。当劳动力有助于第一级财货的生产时，它的衍生价值就会反映在工资上。因此，如米塞斯说的，"工资不是为消耗了的劳动而给付，而是为劳动的成就而给付"。

💰 思　考

1. 假设劳动力是雕刻产业最重要的投入，那么，是劳动力的工资决定了雕刻产品的市场价格，还是雕刻产品的市场价格决定了劳动力的工资？

2. 请找个近年来生产结构发生变化的产业，并指出哪些东西成了创造价值的新财货，而哪些财货却丧失了价值。

🪙 资　料

1. 卡尔·门格尔. 国民经济学原理. 刘絜敖，译. 上海：上海人民出版社，2001.

2. 路德维希·冯·米塞斯. 人的行为. 夏道平，译. 上海：上海社会科学院出版社，2015.

课时 34

财富的种类

黄春兴

本课要点

---

1. 如何区别炫富的财富和真正的财富？

2. 为何文明的分工社会必须依赖货币进行交易？

　　我们现在开始探讨财富，首先讨论的应是财富的定义与种类。之前我们提到过，在经济学中，人们将日常用语作为术语的结果是，人人都有一套自己的经济理论。只要逻辑正确，多元思想就是我们追求的理想，这种态度早已遍存于我们的社会中，尤以对财富的定义为甚。

　　社会上常会出现婚宴花费上亿元的"炫富现象"。这里的"富"就是财富，就是指拥有可以转换成货币的各种有形资产，通俗地说，就是指持有很多很多的货币、票券、贵金属、地产等。以贵金属中的黄金为例，只要黄金价格不崩盘，累积黄金就是累积财富。

　　那么，一个国家累积越多的黄金，不就等于累积越多的财富吗？上经济学课时，老师都会在第一堂课上这么说：经济学是从亚当·斯密对18世纪国民财富的观点的驳斥开始的。当时流行的主张是国家应该努力累积黄金，黄金越多，国民财富也就越多。当时，外汇指的就是黄金，外汇越多，国家就可以购买越多的外国产品。但是，斯密却说："错了！黄金不是国民财富。"斯密指出："世界上的黄金有限，如果都被某国搜刮了，别国就没有黄金了。如果对方没钱了，两国的贸易还能进行下去吗？"若没钱，不是还能以物易物吗？但若如此，还要累积黄金做什么？

　　是的，他是对的，但我们也要小心他的用词。我们在谈"炫富现象"时谈的是"个人财富"，但在谈累积黄金时谈的是"国民财富"。斯密的书的英文名是 *The Wealth of Nations*，由于

Nation 一词包含着国家和国民的双重意义，因而翻译为国民或国家都通，只是在中文里，国民和国家却是有差别的。当黄金只囤积在皇室时，这是"国家财富"；当国家财富被分配给国民时，就可被称为"国民财富"。国家财富如果不被分配给国民，就不能称作国民财富。但国民财富也不是个人财富，它们的区别在于，个人财富是真实的个人所拥有的财富，而国民财富和国家财富都只是统计用词。

斯密对财富本质的陈述是毫无争议的。他说财富的第一项本质是财富能够不断地被创造出来，财富的第二项本质必须要与个人的福祉息息相关。斯密曾赴法国拜访过那里的经济学家，当时的法国经济是以小农经济为主，被他们视为真正的财富的是农民的"农作物产出"，而不是黄金。的确，仔细评估一下，农作物的产出确实具备上述两项本质。英国当时已经很少生产农作物了，斯密就想到以"工业产出"来替代"农作物产出"，作为财富的定义，工业产出也具备上面所说的两项本质。

我们回到个人财富。对于个人财富，社会上既存在着炫富现象，也存在着不屑于炫富的人，不过，他们不是反对拥有财富，而是反对拥有的财富种类。不屑于炫富的人认为，自己才是真正的富裕者，反讽那些家财万贯的人"穷得只剩下钱"，并认为真正的财富是知识、信仰、友谊、宁静等，而不是货币、票券、贵金属或地产。他们宣称真正的财富也得通过上述两项本质的检验。譬如信仰，不仅"能不断地创造出来"，也"与个人的福祉息息相关"，知识、友谊、宁静等都与此类似。

真正的财富属于主观范畴，决定于个人的主观感受。极端坚持真正的财富的人也许不多，但一般人从不否认自己也是部分支持者。他们是对的，即使是炫富的"财富"也要先转换成最终消费品，然后才能满足个人的欲望。真正的财富与炫富的财富的差别只在于，真正的财富，如友谊和宁静等，通常自身就是最终消费品；炫富的财富，如货币和地产等，则必须先经由交换才能变成最终消费品。

　　换言之，上述真正的财富是可以直接消费的，而炫富的财富得经由间接交易才可以消费。但随着市场的发展，通过间接交易取得直接消费所花费的成本日益降低，同时，能获得的直接消费的种类也在增长，如接触虚拟现实或外层空间旅行等。

思　考

1. 为何亚当·斯密会说"黄金不是国民财富"。
2. 作者为何认为随着市场的发展，炫富的财富会胜于真正的财富？

资　料

1. 亚当·斯密. 国民财富的性质和原因的研究. 郭大力，王亚南，译. 商务印书馆，1972.
2. 黄春兴. 当代政治经济学. 杭州：浙江大学出版社，2015.

课时 35

财富的本质

黄春兴

本课要点

1. 欲望种类的增加如何驱动社会财富的创造？

2. 富裕之外，我们还会追寻什么？

3. 讨论文明与种类丰富的最终消费品的关系。

我们在"财富的种类"一课中提到，知识、信仰、友谊、宁静等常被视为真正的财富，因为它们接近于个人的最终消费品；至于被视为炫富的财富的货币、票券、贵金属、地产等，则必须经过再交易才能为个人换取最终消费品。但不论是真正的财富还是炫富的财富，它们都被视为"财富"的原因在于它们都属于能满足个人欲望的手段，并且这些手段并非日常用语中的抽象词汇，而是可以收藏的真实存在的事物，不论它是有形的黄金还是无形的友谊。

由此，我们理解了财富的两种本质：第一，它可以直接满足人的欲望或可以通过交易的方式取得满足个人欲望的最终消费品；第二，它在消费前以某种贮存方式被收藏着。这两类财富，就像我们家里的米仓和保险柜，前者随时提供大米供我们煮饭，而后者只能随时提供金钱，但我们可以用钱去市场买大米。

先简单说一下第二种本质，这种本质在经济学上被称为"存量"，是一种时间性的概念。财富是一种存量，不论是黄金还是友谊，都会随着时间的日积月累而使其数量不断地增加。相对的，随着每天的提用或毁损，它的数量会不断地减少。但是，只有在个人的欲望不变时，真正的财富的数量的增加才有意义；否则，如果友谊变质或信仰改变，以及知识过时等，那么即使累积再多的数量，该财富的价值也会消失。

所以，对住在远离尘嚣之地的农民来说，米仓比保险柜便利许多；但对住在隔壁就是超市的城市中的人来说，米仓的便利性不再存在。超市的发展让家里的米仓缩小成米桶，甚至只剩下几包方便面。这种发展同时也大幅提升了食物的新鲜度和多样性。有了超市，我可以这几天吃米饭，接下来几天吃面，再接下来几天改吃汉堡或炸鸡——只要我口袋里装有从保险柜里拿出来的钞票，当然，现在用的是信用卡或电子钱包。

市场的发展改变了这两种财富的相对便利性和多样性，也迫使真正的财富失去了传统上被过度渲染的价值。一百年前，个人得先练得一手好琴艺或好歌喉，才有能力沉醉于音乐飨宴，但在影视市场发达的现代社会，你只要泡杯咖啡，就能躺在沙发上尽情享受。市场的发展不仅让炫富的财富有能力换取真正的财富，还能满足真正的财富无法满足过的新欲望。

人类的欲望属于天性的很少，或者说那只是很泛泛的说法而已。在真实的世界里，不到2岁的幼童就想用手机给奶奶打电话，5岁的孩童就想去麦当劳吃薯条。当然，有人会说幼童想听奶奶的声音本就是"天性"，但在手机出现以前，伴随这一天性的是另一天性——期待，而现在伴随这一天性的则是一种"新的天性"——实时性。市场的发展创造了"新的天性"，而这种"新的天性"需要炫富的财富去支撑。当然，追求物质财富可以说是人类的共同天性，但在物质财富之外，尤其是西方文明追求的个人的自由、尊严、优雅等，几乎都不属于人类的原始欲望。

在经济学用语里，天性就是欲望，或是为满足欲望而产生的行为与态度。如果欲望会随时代演化，天性也会跟着演化。当然，演化未必意味着演进。但是，哈耶克却大胆地给文明的进步下了一个定义："文明的进步是个人欲望种类的增加，以及个人能够从社会中让欲望得到的满足的成本的下降。"在他看来，我们不必过于强调不同文明的独特性，而更应该强调的是如何去扩展个别文明内容的丰富性。固守于可供满足欲望的内容和品类稀疏的文明，绝非一个社会的福祉。

如果文明意味着欲望种类可以更为丰富，那么个人根本无法独立为自己提供这么多种类的最终消费品，他必须仰赖其他人的大量专业化的供应。经由分工和交易去满足个人不断丰富的欲望是市场的逻辑，而支撑它的那些财富更多的是个人不断累积的炫富的财富，而不是那些可以直接消费的真正的财富。

💰 思　考

1. 若从哈耶克的文明进步观点来看，你会如何比较西洋音乐和中国传统音乐？
2. 请从你的个人欲望中，找出两项你认为是科技文明带来的欲望。

💰 资　料

1. 亚当·斯密. 国民财富的性质和原因的研究. 郭大力，王亚南，译. 北京：商务印书馆，1972.
2. 弗里德里希·冯·哈耶克. 自由宪章. 玉生，冯兴元，陈茅，译. 北京：中国社会科学出版社，1999.

課时 36

财富和欲望的关系

黄春兴

本课要点

---

1. 什么是 GDP？

2. GDP 在增长，但个人更快乐吗？

3. 讨论 GDP 和新商品之间的互动关系。

　　财富的两项本质，分别是可以取得能满足个人欲望的最终消费品以及以存量形式对其进行收藏。这一讲我们要深入讨论财富与个人欲望之间的关系。

　　回想一下财货的定义：只有预期能满足个人欲望的东西才叫财货。那么财富也算是财货，因为它可以经由交易去满足个人的欲望。财富越多，能交易到的最终消费品就越多，个人能满足的欲望就越多。

　　但是最终消费品越多，边际效用不是越低吗？假设我们生活在一个没有对外交易的山村里，村子里只有鸡这种肉类。村民会畜养很多的鸡吗？鸡是可以以存量形式养殖的，这符合财富的第二项本质，但鸡肉很容易就吃腻了，因此，每家最多养十来只。

　　这个例子说明：如果欲望很快就被满足了，个人就不会想要累积太多的财富。某种东西之所以能成为财货，是因为它能满足个人的欲望，同样，能够累积的东西之所以能成为财富，也是因为它可经由交易去满足个人的欲望。所以，欲望越容易满足的人，就越不愿意去累积财富，而欲望较不容易满足的人，相对的较愿意去累积财富。换言之，个人欲望强度的不同决定了个人累积财富之意愿的不同，这应该是关于人际差异的常识吧。

　　个人累积财富的意愿，除了可以与同时期的其他人比较外，也可以与不同时期的人，或者未来的自己比较。当然，我们仍接受上面讨论的结果：个人欲望强度的不同决定了个人累积财富的意愿的不同。于是，我们要问的问题也就会是这样：哪些时代条件导致个人出现不同的欲望？当然，我们想寻找的是经济学方面的解释。

我们先设想一下，如果市场上的商品种类不多，个人喜爱的财货种类也不会多，于是，个人消费这些财货的边际效用很快就会降低；如果昨天降了，今天也降了，明天还会降，那么他还有什么意愿去累积财富？反过来说，如果他每天都在市场上发现一种喜爱的新财货，也深信明天还是会在市场上看到自己喜欢的新财货，那么，他每天睡觉时都会期待明天起床时看到自己的财富增加了。

是的，不断出现的新财货会不断地在个人身上创造出新的欲望，而这些新出现的欲望会驱使他去累积更多的财富。没有新的欲望的形成，个人就不会想继续去累积财富。然而，如果市场没有新财货的出现，个人就不会出现新的欲望。所以，每当政府公布说今年的 GDP 又提升了时，别忘了，新增 GDP 的背后图像是：市场上出现了许许多多的新财货，这些新财货在个人身上所创造出来的新欲望是他想继续累积财富的推动力。

我们得注意一下，新欲望推动个人去累积财富时，个人会利用其能力去赚取新的收入，但凭个人能力所成就的增幅毕竟有限。相对于个人在收入上的增幅，市场因竞争而出现的新商品的种类就广泛得多，更何况还有不断冒出来的新市场。于是，我们看到一种现象：个人每年新增的收入永远赶不上他每年想购买的新财货，虽然他每年购买到的新商品的数量在增加，但他也发现他无法买到的新的财货的数量增加得更快。

这时的个人是变得更为满足，还是更为不满足？如果个人觉得更为满足，我们就会说"个人满足感随着财富的增加而增加"；若个人觉得更为不满足，我们就会说"个人满足感随着财富的增加而降低"。回想一下，网页上是不是常有这类轰动性的标题?

　　之前，我们提到过，个人的效用是主观的，并且也会随时变动，而效用就是这一课所讲的欲望的满足程度。我们无法确知一个人是如何在一瞬间改变效用的，也无法理解新商品如何在他身上创造出新的欲望。但是，我们从先前的一些讨论中已经知道：厂商在市场上的竞争是以不断推出创新性的商品为主要手段的，同时也会配合以完整的营销策略去创造出消费者的新欲望。这是整个市场的普遍现象，每个人每隔一段时间就会发现市场上出现了他喜爱的新财货，于是，他会努力赚取更高的收入，以满足更多的新欲望。

思　考

1. 当你发现每年购买到的新商品的数量在增加，也发现无法买到的新财货的数量增加得更快时，你是变得更满足，还是更不满足?

2. 请举个例子说明：厂商在市场上的竞争会配合完整的营销策略去创造消费者的新欲望。

资　料

1. 卡尔·门格尔. 国民经济学原理. 刘絜敖，译. 上海：上海人民出版社，2001.

2. 黄春兴. 当代政治经济学. 杭州：浙江大学出版社，2015.

财富创造的源头

黄春兴

本课要点

---

1. 创新的市场必须具备哪两个条件？

2. 讨论新欲望的创造过程。

3. 讨论台湾金融业留下的教训。

我们此前已经提到，财富的两项换取本质为：第一，它可以直接满足人的欲望或能够以间接交易的方式满足个人的欲望；第二，它在被消费前以贮存方式被收藏着。我们需要根据上述财富的本质来定义财富的概念及其范畴，符合这两种本质的才是财富。正如此前我们提到的那样，在平常生活中，我们往往会看到人们区分真正的财富和炫富的财富。知识、信仰、友谊、宁静等常被视为真正的财富，因为它们接近于个人的最终消费品；至于被视为炫富的财富的货币、票券、贵金属、地产等，则必须经过再交易才能为个人换取直接的最终消费品。我们还提到，市场的发展不仅让炫富的财富有能力买到真正的财富，还能满足真正的财富从没满足过的新欲望。我们同时也说过，个人想努力赚取更高的收入，以满足更多的新欲望。将这两句话连起来就是社会创造滚滚财富的"聚宝盆原理"：市场出现的新商品会在个人身上创造出新的消费欲望，新的消费欲望将驱使人们去赚取更多的收入，而其中拥有较强创新能力的企业家会在市场中推出新的商品，于是，就形成财富创造的良性循环。

细心的读者马上会问："在这个循环中，第一个新商品是怎么出现的？"逻辑上，若没有第一个新商品，整个循环就动不起来。是的，不仅如此，只要新商品的数量不够多，市场的冲劲就不足以启动整个良性循环。所以，当"聚宝盆"启动之后，市场在个人身上创造新欲望的效果，必须大于它驱使个人赚取收入的效果。

启动"聚宝盆",财富就滚滚而来,一旦关上"聚宝盆",财富就不再涌现。当然,财富立即停止涌现是不可能的,因为总有一些人在形成新欲望时有着时间上的落差,他们总是姗姗来迟。不过,经过一段时间后,财富创造还是会停止。于是,我们对财富创造的问题就很清楚了,那就是,社会如何让新商品的种类增多以及让新商品的推出速度加快。当然,我们指的是足以在消费者身上创造出新欲望的新商品,如果无法做到这点,财富创造的速度将会因欠缺新欲望而停滞。

举个例子来说,台湾地区的网络科技相当发达,至今仍处于世界领先地位。但台湾地区的金融业则相对落后,因为其背后的金融集团会借由行政干预去阻挠网络科技业的进入,以保护其寡头垄断地位。于是,许多结合网络科技的金融创新就被排拒在外。金融商品创新不足,不仅使得金融产业难以成长,也影响到其他产业借助网络金融的发展。各行各业难以朝着网络金融发展,又会恶性地妨碍金融业展开网络金融的意愿。

台湾地区的金融业留下的教训是,我们不能只是期待新商品源源不断地出现,而是必须要让该产业有一个可以任意挥洒的创新空间。财货是指能够成为消费者用以满足其欲望的东西,商品是在市场上贩卖的财货。如果不断推出的新商品都只是在重复满足消费者的旧欲望,或只是做边际上的提升,消费者很快就会厌倦。所以,要创造出启动"聚宝盆"的新商品,就必须让消费者产生与旧欲望有所区别的新欲望。由于新欲望内嵌在新商品内,那么财富创造的问题就由创造新商品进入到创造新欲望,这个问题就成了新欲望是如何被创造出来的。

　　当三宝太监在非洲看到长颈鹿时，他认定那就是麒麟。当人们普遍习惯于旧的消费欲望时，他们并不能轻易构想出新的消费欲望。当然，我们并不排除社会中总有一些企业家会去构想，但即便是他们也都必须费尽力气去厘清自己所构想之新欲望的内容。厘清内容之后，接着要构思出能满足这种新欲望的新商品，他们必须借由这些新商品，才能将创新的欲望传递给其他人。

　　要将构想的新欲望以具体的新商品呈现出来，这简直就是天马行空的工作。企业家的胆识是敢于向各个维度去尝试，因为每个维度都存在一些可能的答案，维度越多，就越可能找到更贴近于他们的构思的新商品。以一个简单的例子来说明。当纳米科技出现时，企业家们在努力构想这项科技可以在消费者身上创造出新欲望。为了具体呈现这些新欲望，他们展开各种纳米商品的构思，从各种民生用品、建筑材料、光电通信、能源环保到医学科技都有，如抗菌的纳米马桶和不沾水的纳米折叠伞等。

　　为了让这些新欲望变成新商品，我们必须给予企业家可以任意挥洒的空间。限制他们的尝试是对创新的最大伤害，从逻辑上讲，也是对累积财富的最大阻碍。同样，如果消费者没机会去尝试新商品，新欲望也就无法被传播与普及。所以，消费者和创新者一样，需要一个可以尝试和发展新欲望的挥洒空间。

💰 思　考

1. 在辣椒传入中国之前，传统川菜以何种口味闻名？在辣椒传入中国之后，它如何改变川菜的传统口味？

2. 请你简述一下财富创造的良性循环。

资 料

1. 卡尔·门格尔. 国民经济学原理. 刘絜敖，译. 上海：上海人民出版社，2001.

2. 黄春兴. 当代政治经济学. 杭州：浙江大学出版社，2015.

劳动与分工

课时 38

分工是怎么产生的

朱海就

本课要点

---

1. 分工是怎么创造出来的?

2. 为什么说企业家和从事具体业务者之间的分工比不同工序之间的

分工更重要?

《国富论》的前三章都与分工有关。在《国富论》第一章，斯密给出了分工提高生产力的三个原因，包括熟能生巧、减少工种之间的转换时间和发明机械（迂回生产）。在《国富论》第二章，斯密继续说明分工产生的原因：分工源于人有"互通有无，物物交换，相互交易"的倾向，这种交易的倾向最终"鼓励大家各自投身于一种特定的业务"。斯密以善于制造弓箭的人和猎人之间的分工为例，他说，当人们发现专门从事某一业务，然后进行交易，比从事多种业务更有利时就产生了分工。

不难发现，斯密只是解释了人们为什么会"专门从事某一业务"，但没有解释"这些业务本身是怎么产生的"。试想，假如一开始没有这些业务的出现，就不可能会有与这些业务相关的"分工"。那么这些业务又是怎么产生的呢？我们认为这要归功于企业家的发现和资本家的投资。是先有企业家和资本家对商业机会的"发现"，然后才有不同的人"发现"自己从事何种业务更为有利。

举个例子，在快递行业，有的人负责收件，有的人负责汽车运输，有的人负责客服，他们之间的分工极大地提高了物流的效率，这也是传统的分工理论所关注的东西。但我们需要进一步解释，是什么使快递行业中不同的业务得以出现，并使不同人员之间的分工得以实现。显然，这些不同的业务都不是快递员自己创造出来的，而是阿里巴巴、顺丰和京东等公司创造的。

正是先有了不同的业务创造，然后才有了专业化分工。人们通常会把分工和专业化放在一起来说，如"专业化分工"一词，但人们在参与分工的过程中有时并不是"专业的"。例如：很多优步网约车司机并非专门做优步司机，而是业余做一下，赚点外快，但谁能否认他们也参与了社会分工？因此，"分工"并不意味着"专门从事某业务"，换句话说，从"业务创造"的角度来理解分工，要比从"专门从事某种业务"的角度更准确。同样，在这个例子中，优步司机的业务也不是这些司机创造出来的，而是优步公司提供的。

因此，我们不能忽视一个重要的分工，那就是"企业家和从事某种业务的人"之间的分工，前者构想新业务的可能性，而后者在某种程度上只是利用了前者创造的知识。如前所述，企业家的创新先于具体业务之间的分工，对此，我们再举一个例子。假如乔布斯没有创造出苹果手机，就没有苹果手机生产线上不同工人之间的分工。实际上，当乔布斯在头脑里完整地构想出苹果手机的时候，那么各种分工就已经在他的头脑中实现了，剩下的只是把这种头脑中的分工复制到现实中的问题。人们在从事具体的业务时，一般也利用了企业家的这部分知识。

另外，没有企业家因素的分工理论或那种强调从事不同业务的分工理论与李嘉图提出的"比较优势"是相通的。举个例子，马云也会拖地、洗碗和做饭，但马云不需要自己做这些事，他可以雇个保姆替他做，然后他去做他更擅长的企业经营决策，这种分工利用了比较优势，大幅度地提高了社会福利。但这种分工理论没看到的是，给社会带来巨大福利的，不只是比较优势的利用，还有企业家创造出大量的新业务，这些新业务并不属于比较优势范畴，而是属于竞争优势范畴。如马云公司中的云计算和大数据等业务是马云自己不擅长的，但却是马云等人创造出来的。

还有，斯密认为分工更容易发生在大都市和交通便利的地方，也就是他著名的观点："分工受市场范围的限制"，这当然是非常深刻的见解。引入企业家这个因素后，我们会发现市场范围是不固定的，会因企业家创造新业务而扩大。企业家创造新业务的过程，或者说分工的过程，也就是扩大市场范围的过程。因此，与其说分工受市场范围的限制，不如说分工与市场范围都受企业家创新的限制。

一个完整的分工理论必须回答"分工是怎么产生的"这一问题，本文认为答案是企业家的创新，它使分工成为一个动态过程。由于没有对企业家予以充分的重视，斯密的分工理论还是有一点静态的意味。他的那个著名的"制针"的例子固然精彩，但如果我们因此而认为分工只发生在不同的"工序"之间，那就错了，企业家和资本家才是分工的主角，他们与不同业务之间的分工是更为重要的分工。

💰 思　考

1. 斯密的分工理论有什么不足？
2. 影响分工深化的因素有哪些？

💰 资 料

亚当·斯密. 国民财富的性质和原因的研究（上卷）. 郭大力，王亚南，译. 北京：商务印书馆，1997.

课时 39

劳动分工与知识分工

冯兴元

本课要点

1. 从词源角度看,"劳动分工"属于同义反复。

2. 为什么说市场体现为劳动分工和知识分工的"大合唱"?

现代社会离不开分工与合作。经济学之父斯密曾经以制针为例，说明没有分工时的低效率情况："一个劳动者，如果针对这个职业没有受过适当训练，又不知怎样使用机械，那么纵使他竭力工作，也许一天也制造不出 1 枚针，而要做 20 枚，当然是绝不可能了。"但他也同样以制针为例，指出了分工的情况："按照现在的经营方法，不但这种作业已经全部成为专门职业，而且这种职业也分成若干部门，其中有大多数也同样成为专门职业。"他接着指出了分工提高效率的结果："一个设施简陋的小工厂，只雇用 10 个工人，这 10 个工人每日就可制针 48 000 枚，即一人一日可制针 4 800 枚。"

斯密所说的分工，指的是劳动分工。当然，从词源的角度看，"劳动分工"属于同义反复。这是因为"分工"的英文"division of labor"的原意就是指涉"劳动之分立"，进而也蕴含了"劳动之合作"。"工"即"劳动"，从这个意义上看，劳动分工中的劳动属于赘语，是多此一举之用语。

著名经济学家、"知识贵族"哈耶克的理论使得分工的含义更为丰富，更为精彩，也让人不再在乎"劳动分工"的同义反复。早在 1936 年的一次题为"经济学与知识"的演讲中，哈耶克就提到了"知识分工"（division of knowledge），意指"知识之分立"，进而又蕴含了"知识之合作"。他的演讲稿在 1937 年作为正式论文发表。有人认为，单单凭借这篇论文，他就应该获得诺贝尔经济学奖。

　　其实斯密所讲的劳动分工，其背后存在大量的知识分工。英国的李嘉图提出了"劳动价值论"，国内有位年轻企业家提出了"智慧价值论"，也就是智慧创造财富。其实每个人的劳动都需要智慧驱动，"劳动"和"智慧"两者有贯通之处。但是，一种生产要素是否创造价值，需要看其是否面向消费者的需求而被纳入生产计划或被投入生产，还需要看其在满足消费者需求方面能发挥多大的作用。如果一种生产要素本来可以通过市场机制以最高的效率配置到生产过程当中，但是由于一些人为制度障碍被以低得多的效率配置，那么这种资源配置就等于是在破坏财富，而非创造财富。再者，资源配置者也可能错误配置资源，使得生产出的产品没有需求，成为无人过问的"过剩"库存。在这种情况下，所有的投入品不仅没有创造价值或者财富，反而挤占和浪费了本来可以用来创造价值和财富的资源。

　　劳动和智慧参与财富创造，均与知识的分工和利用有关。知识可以分为明示知识和默会知识，明示知识可以明确用文字描述和阐释；默会知识则只能意会，不能言传。在市场中，既存在大量明示知识，也存在大量默会知识。我们看看斯密所处时代的扣针制造业的情况。那时候的扣针制造业虽然比较简单，但那时的知识却是较为简单的默会知识，也就是"只能意会，不能言传"的知识。老师傅可以简单地展示扣针生产的一些具体环节，但是要做精确的口头或书面描述则很难。严格而言，要精确描述一个动作，需要精确描述相关肌肉、神经的运动及其组合，而这是很难做到的，即使你描述得再清楚，阅读者或者听者也很难理解。

在更复杂的市场，则会涉及更多更为复杂的明示知识和默会知识。更重要的是，还存在大量的主观知识和客观知识。主观知识涉及各经济主体对市场、价格、供求、价值、成本、收益等众多因素的主观评价；客观知识涉及可证明的、不依赖于任何人的意念的知识，比如牛顿物理学知识、历史价格等。即时的可被接受的市场价格就是众多买主和卖主对财货交换率的不同主观评价相交汇的结果，未来的市场价格也是如此。即时的市场价格在被买卖双方接受之前属于主观知识，在被双方接受之后则成了历史价格，也就是客观知识。而未来的市场价格永远是主观知识。

总体来看，市场是非常神奇的，它体现为劳动分工和知识分工的"大合唱"。这些知识既包括明示知识，也包括默会知识；既包括主观知识，也包括客观知识。这种劳动分工和知识分工是众多经济主体利用其各自的劳动和知识的结果。而企业家负责驱动市场过程，通过市场过程最终实现有效率的劳动分工和知识分工，创造更多的价值和财富。

💰 思 考

1. 什么叫知识分工？

2. 为什么说劳动分工背后存在知识分工？

资　料

1. 路德维希·冯·米塞斯. 人的行为. 夏道平，译. 上海：上海社会科学院出版社，2015.

2. 弗里德里希·冯·哈耶克. 经济学与知识.《经济学刊》[J]，1937.

课时 40

静态分工与动态分工

朱海就

本课要点

---

1. 动态分工论强调什么？静态分工论强调什么？

2. 封闭僵化的部门中的分工与充满活力的市场中的分工有什么不同？

在前面，我们说斯密的分工理论是静态的，这里将进一步阐述静态分工与动态分工的含义，并以此作为理解经济发展的一个角度。要指出的是，静态分工与动态分工既可以指"学说"，也可以指"现象"，下面依次进行说明。

静态分工论以市场已经给定为预设，在市场已经给定的情况下，剩下的问题就是如何分配"工种"才能实现最优，而且静态分工论也预设了存在怎么分配工种才能实现最优的个体、机构或组织。也就是说，静态分工意味着分工是可以被人为决定的，"决定论"也正是静态分工论的根本特征。

静态分工论的一个典型例子是国际贸易理论中的要素禀赋论，这种理论认为，一个国家的产业结构是由它的资源禀赋决定的。第二次世界大战后，在日本经济起飞前，有人认为根据日本的社会经济状况和资源禀赋，日本只能搞劳动力密集型产业，这就是一种典型的静态分工论。当然后来日本转型成为资本和技术密集型国家，这也证明静态分工论是不成立的。

有的学者，如林毅夫教授，虽然认识到"要素禀赋是一个动态变化的过程"，但仍然认为"产业结构是由要素禀赋决定的"，可见他的"新结构经济学"是属于静态分工论的。林教授实际上预设了政府可以预知要素禀赋的变化，即他强调的"比较优势"，因而政府可以据此去预测产业结构的变化，并提出相应的产业政策来扶持某些产业。而我们知道，要素禀赋本身就是经济活动的产物，要素禀赋和产业结构在很大程度上是同义反复，他没有解释要素禀赋及其变化又是由什么决定的。另外，即便政府知道了产业变化的趋势也不意味着可以把产业设计出来，因为经济活动是无数个体互动的产物，是一个隐含知识的集合体，没有人可以把握这些知识，静态分工论者显然把"经济"简单地理解为机器。

相比之下，动态分工论者则认为分工是在市场竞争中产生的，不是谁事先能够设计出来的。由于市场竞争是一个动态过程，所以分工也是动态的过程。分工是为满足消费者需求而产生的，当使消费者的欲望得到更好满足的新产品取代原来的产品时，新的工序也将取代原来的工序。由此可以发现，这两种学说的出发点是根本不同的，动态分工论强调的是人，或者说企业家精神，而静态分工论强调的则是资源禀赋。

现在，我们来说明作为现象的静态分工与动态分工。作为一种现象，静态分工指的是重复性工序之间的分工，这些工序之间的相互关系是相对固定的。设想一下，假如在斯密所举的制针这个例子中，每个工人都一成不变地从事某个工序，这样一种状态就是静态分工。假如制针从手工生产变成了流水线生产，工人在流水线上重复着某个简单的工序，这也是静态分工。

但是，在市场中的静态分工只是一种假设或暂时存在的现象。一个明显的例子是，在一些实体店消失的同时，物流业迅速发展，电子商务改变了购物模式，也极大地改变了社会分工。为了在市场竞争中取胜，企业内部的分工也是动态的，不仅生产工序会变，生产流程也会变，例如："平台经营"下的分工和之前的分工就大不相同。为了降低成本、提高效率，企业也会用机器人代替手工操作，这也是动态分工的体现，例如：在一些物流企业，分拣包裹的工作基本上已经被机器人所取代。

相比之下，静态分工在没有竞争压力和受特权保护的垄断部门普遍存在。例如：在一些行政部门，可能几十年都使用同一套操作流程。在一些学校，不管外部世界如何变化，知识更新如何迅速，十几年都使用同样的教科书和布置同样的作业，甚至也用同样的考卷。对比国企和民企，我们也会发现民企内部的分工是更为动态的，例如：腾讯可以进行自我革命，在 QQ 即时通信软件的基础上开发微信，而中国移动却没有拿出可以媲美的产品，这也是为什么中国移动的市值远远地落在腾讯后面的原因。

一个地区或国家，其内部的分工越是呈现动态性，越是意味着其经济有活力。动态分工体现在不断有新产品和新企业冒出来，中小企业数量不断增加，这也是经济发达地区的特征；而在经济发展相对停滞的地区，其内部的分工往往是静态的，体现在新增企业数量不多，甚至下降，例如：我国的东北地区，去年竟然没有一家新公司上市。还有委内瑞拉，其经济发展依赖石油，分工的程度不高，经济基础非常薄弱。

让分工"动"起来，经济才会"好"起来，而这有赖于产权制度的改革，有赖于个体充分发挥其创造性。

思　考

1.静态分工与动态分工有什么区别？

2. 为什么说要素禀赋论是一种静态分工学说?

💰 资 料

亚当·斯密. 国民财富的性质和原因的研究（上卷）. 郭大力，王亚南，译. 北京：商务印书馆，1997.

资本积累提升劳动报酬

朱海就

本课要点

---

1. 为什么说资本积累会使人口的增加变成一件好事?

2. 从资本积累中受益最多的是资本家吗?

前几天在学校里等校车，偶然听到一位保安和一位保洁员聊天，他们互相询问对方的工资，前者说自己的工资是 2 200 元，后者说自己也差不多这个水平，而且他们都说自己没有工资之外的补贴。这个工资水平是比较低的，他们愿意接受这一工资水平，说明他们能够在这里活下去，甚至还可能略有结余，至少比他们在老家待着强；也说明这份微薄的工资还有一点购买力，这种购买力对他们还有一点吸引力，而这种购买力就是资本积累提供的。

工资是劳动力的价格，真实工资是货币收入所能购得的商品。工资所能交换到的商品的多寡，意味着真实工资的高低。显然，如果一个社会商品丰裕且价格较低，那么相对来说工资就比较高，而决定商品是否丰裕的根本因素是资本积累。资本积累使一个社会摆脱了马尔萨斯陷阱，使人口的增加不成为负担，使这些人成为财富的创造者。

具体地说，资本积累通过三个效应增加了实际工资水平。

一是提高了劳动生产率，极大地增加了产出。人类的境况是在工业革命之后才急剧改善的，正如马克思说过的那样，"资本主义 100 年所创造的物质财富超过了以往一切时代的总和"。而这又是怎么做到的呢？答案是资本和技术的结合使大规模生产变得可能，单位产品的生产成本大大下降，降到普通工人也能够购买这些产品。福特汽车流水线上的工人也能够买得起福特汽车就是一例。通过大规模生产来满足大规模人口的需求，正是工业化时代的特征。所以，股份公司作为积累资本的重要方式，其重要性绝不亚于任何一项新技术。

当产品极大丰富时，这也意味着工资提高了。工人在创造新财富的过程中也分配到了财富，例如：从10个人生产1个蛋糕，到10个人生产100个蛋糕，每个人所得到的平均蛋糕数量比之前更多了。资本品的使用，不仅使劳动生产率更高，而且也使人们从繁重的体力劳动中摆脱出来，转移到较为轻松的第三产业中。不难发现，越是经济发达的国家，第三产业所占的比重就越高。

二是资本积累增加了对劳动力的需求，使劳动力变得稀缺，这也意味着资本家要支付更高的工资才能雇到工人。有人担心资本会替代劳动，然而，真实情况是越是在资本较丰富的地区，比如大城市，人们越是容易找到工作；相反在资本稀少的农村，反而不容易找到工作。正是企业家对资本的使用，才创造出了对劳动力的需求。在这方面，斯密有一句非常精辟的话，他说："劳动工资最高的时候，就是对劳动的需求不断增加，所雇劳动量逐年显著增加的时候。当社会的真实财富处于不增不减的状态时，劳动者的工资马上就会降低，只够他们赡养家庭、维持生存。当社会衰退时，其工资甚至会降低到这一限度以下。"可见，为了维持工资水平，应该促进资本积累，使社会财富不断增加。

三是资本积累提高了劳动的边际生产力。举个例子，原来10个工人操作10台机器，现在由于资本积累和技术进步，一个工人操作新机器的产量比之前10个工人操作10台机器的产量还多，而且新产品也有市场销路，这也意味着劳动的边际生产力提高了 10 倍以上，这时，使用这种新技术的资本家当然愿意付更高的工资雇用劳动力。又如化肥和收割机等的使用，使一个社会只需要少量农民就能养活大多数人，这也是劳动的边际生产力提高的结果。资本积累使生产变得迂回，提高了生产效率，也提高了人们的工资水平。

对应地，不利于资本积累的因素也是阻碍工资提高的因素。例如：一方面，通货膨胀政策实际上消耗了大量真实的资本，也减少了资本对劳动力的需求，并且也降低了劳动的边际生产力；另一方面，通货膨胀也导致物价上涨，这也降低了实际工资。因此，用凯恩斯主义的方法来提高工资是错的。政府大量的基础设施投资，比如 PPP（政府和社会资本合作）项目，其实际结果往往是造成了通货膨胀，而不是真实工资水平的提升。另外，高额的税收也会减少资本积累。

资本分布在那些使用效率高的微观主体中，也就是说，资本积累不仅是一个"总量"概念，而且也是一个"结构"概念，资本的效率正是在资本结构中实现的。这意味着政府不能代替市场实现资本积累，因为政府不能像市场中的无数个体一样，把他们手中的资本予以最为充分的使用，更重要的是，政府不能把资本结构模仿出来。

资本积累需要一个鼓励储蓄、鼓励个体发挥创造力的制度，以及一个充分竞争的金融体系。同样，一个社会的普通民众要对资本采取宽容的态度，正如米塞斯所指出的，从资本积累中受益最多的正是普通人。

思　考

1. 为什么说资本积累是提升工资水平的主要因素？

2. 为什么说通货膨胀会降低真实工资？

资　料

亚当·斯密. 国民财富的性质和原因的研究（上卷）. 郭大力，王亚南，译. 北京：商务印书馆，1997.

促进分工的三项制度

朱海就

本课要点

1. 文字与货币在分工中各自扮演了什么角色?

2. 为什么说道德和法律对分工具有特别重要的意义?

　　分工不是在真空状态下发生的，分工的促进离不开制度的支持。在这里主要谈三项制度，分别是语言、货币以及道德和法律。

　　分工是发生在社会中的一种行为，人在做出某种行为之前首先要知道他人在做什么，也要让他人知道你在做什么，而这就需要语言交流，包括口头和书面两种方式。当人们学会使用共同的语言来交流时，也就促进了知识的扩散。不仅如此，共同的语言也方便人们学习新的知识，创造新的产品，这为分工的扩展提供了可能。

　　文字的一个重要功能是实现知识分工。企业家、发明家、工程师和工人之间存在这样一个知识分工：企业家和发明家拥有隐含知识，他们通过工程师，把隐含知识变成操作说明书和产品说明书，这是一个隐含知识变成明晰知识的过程；工人只需要读懂操作说明书，掌握简单的技能就可以上手，从事分工的某个环节。这种标准化的操作流程大大地提高了效率，使大量的普通劳动力都有能力参与分工过程，从而创造出巨额财富，也使他们的生活水平得到大大的改善。另外，产品说明书也极大地方便了消费者的使用，促进了消费需求的产生。这一切在没有语言文字的情况下是不可想象的。

　　文字还催生出了"思想分工"。通过互联网，借助文字，每个人都可以表达自己的思想，其中尤以微博和微信公众号最为典型。每个微博或微信公众号都是生产某方面思想的"企业"。例如："经济学通识365"这个公众号向读者传递贴近现实的经济学知识，当然还有很多其他的公众号和知识载体。互联网时代的思想分工意味着人们消费结构的改变。现在，人们通过手机可以随时随地的"消费"文章和视频等与文字相关的作品，在微信群中发布自己的信息，"消费"他人的信息。可见，文字方面的"消费"已经成为个体消费的一个重要组成部分。

假如说语言是交换思想的媒介，那么货币就是交换商品的媒介。斯密在谈到分工产生的原因时，把交换视为产生分工的根本原因。正如他所看到的，交换为"做自己擅长的事情对自己更为有利"提供了可能性，而货币的使用大大地方便了交换，也就为"做自己擅长的事"创造了条件。货币出现后，促进了专门从事买卖的商人的出现，商人阶层的出现被称为"第三次社会大分工"。

货币又进一步衍生出很多促进分工的制度，比如百货商场，百货商场使消费者就近就可以购得他需要的各种商品，不需要分别向不同的厂家购买；同时商场也提供了声誉保障，这样就极大地降低了他购买商品的交易费用。相比百货商场，现在的淘宝和微店等，又进一步降低了交易费用。例如，借助淘宝和微店，山沟沟里的特产被卖到世界各地，这使得远离城市的农民都参与了分工。淘宝和微信公众号分别代表了互联网时代的"商业分工"和"思想分工"，它们的出现与货币、语言是密不可分的。

在货币基础上出现的银行体系对分工的深化也有极为重要的作用。众所周知，分工需要资本，而资本来自人们之前的节约。银行体系把资本交到需要它并且也善于利用它的人手中，于是在资本的供给者和需求者之间就建立了连接。举个例子，农民卖了粮食，把钱存在银行里；企业家从银行贷款，购买设备，雇用工人；工人拿到工资去市场买了农民的粮食，而农民拿了卖粮食的钱又可以购买企业生产的商品，这样就实现了农民、工人、银行和企业的多赢。通过银行制度，每个有闲置资本的人都可以在"无意中"为分工做出自己的贡献。

现在，借助互联网技术而出现的支付宝和微信支付等又大大地方便了人们的交易，从而推动了分工。更为典型的或许是目前较热门的数字加密货币，这是区块链这一新技术催生出的新制度。数字加密货币的去中心化、分布式记账、不需要第三方验证、不需要传统的银行来支撑的特点使交易费用大大降低。更为重要的或许是，数字加密货币可以解决法币体系下不可避免的通货膨胀问题，而我们知道通货膨胀是分工的最大杀手。

为了保障分工合作的顺利进行，还需要道德和法律来保护生产者与消费者的合法利益。产权保护是分工得以进行的基本前提。另外，道德和法律也是人们在分工中自发产生的，那些有助于分工的规则最终会成为道德和法律。实际上也可以用能否促进分工来检验一个国家的道德和法律。

概而言之，语言文字、货币以及道德和法律这三项制度降低了人们行为的不确定性，方便了交易，从而极大地促进了分工，构成了人类文明的三大支柱。

💰 思　考

1. 为什么说数字加密货币的出现将会促进分工？

2. 说明金融体系在社会分工中的作用。

💰 资　料

亚当·斯密. 国民财富的性质和原因的研究（上卷）. 郭大力，王亚南，译. 北京：商务印书馆，1997.

分工在于产权的分立

朱海就

本课要点

1.为什么说分工的性质不在于"工",而在于"新的需求"的满足?

2.分工以什么为条件?

在这一课，我们将把分工和产权制度联系起来，说明分工是分立的产权的结果，有分立的产权，自然就会产生分工。同时，我们也会再次从中发现斯密分工理论的不足。下面我们将从一个小例子说起。

前段时间我去北京出差，从地铁站出来后我要去宾馆，但我发现可以打车的路口较远。这时我刚好看到前面停了几辆载客的机动小三轮车，车主在招揽生意，我就选了其中一辆乘坐，没几分钟就到了宾馆，价格也较便宜。车主是一位大爷，他告诉我他买小三轮的时候是打算自己用的，后来发现在自用之余还可以利用它做点小生意，增加点收入，而且还可以和乘客聊天，增长见识，他觉得这是一件一举多得的事。

在这个例子中，这位大爷参与了分工。假如他没有把小三轮车投入经营，而是自己用，那么他就没有参与分工。可见，同样是驾驶小三轮车，究竟是满足自己的需求还是满足乘客的需求，对分工来说，意义大不相同。这也意味着，分工的特征不在"工"，而在于"市场的发现"，正如这个例子所展示的，分工不一定意味着"新的工序"的产生，而是意味着"新的需求"的满足，分工的性质要从"需求得到满足"的角度去理解。

"共享经济"正是利用既有资产满足新的需求的例子，如滴滴打车就是这样，只是滴滴打车的分工要细得多。在小三轮车的例子中，揽客与载客是一体的，而滴滴打车是通过互联网软件帮助司机解决了揽客问题，这也导致了同样一段路，大爷赚的可能比滴滴司机还多，因为他不需要为发现市场而给第三方付费，这部分收入归他自己所有。

分立的财产是产生分工的根本原因，无论是小三轮车车主还是滴滴公司的投资者，抑或滴滴司机，只有当他们发现利用自己的资产能从市场中获益时，他们才愿意把自己的资产投入市场，参与分工。"能够从自己的资产中获益"是"分立的产权"的基本含义，正是这种分立的产权激发了企业家精神，产生了分工。分工是产权分立的产物，与产权分立相比，分工的阐述甚至都没有那么重要，可是我们伟大的经济学鼻祖斯密在论述分工时却没有谈产权，这也是斯密的一大缺憾。

中国的改革开放过程就是分立的产权推动分工的过程。家庭联产承包制较大程度地实现了产权分立，催生出了分工的大爆发。大量的农民，从在小范围内种地满足自己的生存需求，到把自己的劳动力卖到他认为收益最大的环节中去，这一转换的性质就类似于上面的例子中那位大爷从一开始用三轮车满足自己的需求到后来把三轮车投入经营。农民在拥有了包括劳动力在内的自主配置的资产，并从中获益之后，就会主动去发现获益机会，这样分工就涌现出来了。他们有的成为个体工商户，有的成为乡镇企业的经营者，有的成为私人企业或外资企业的工人等，不一而足。这一分工扩展的过程，也是市场形成的过程。

"分立的产权"的关键是允许个体发挥创造性，只要他的行为对他人不构成人身伤害，那么就应当被允许。在前面的例子中，假如交警不允许机动小三轮车上街，那么这一业务也就不可能出现。同样，如果在一开始就禁止共享单车、滴滴等，也就没有这些新事物的出现。这也意味着对"创新"采取宽容的态度是促进分工的重要条件。由于不同的人有不同的才能和机遇，分工的结果必然是财产拥有的不平等，但这不是什么问题，分工合作体系使穷人从富人对财富的使用中获益。历史上，"不患寡而患不均"的观念延缓了市场经济在中国的出现。邓小平的"让一部分人先富起来"的思想改变了这种观念，是中国迎来大改革、大分工和大发展的重要推动力量。

分工是分立产权制度的结果。个体拥有自己的财产之后，才能获得把自己的资产用于最能满足消费者需求的环节中的激励，也只有这样，分工才会持续地涌现出来，这样，我们就解释了分工的"动态性"。相比之下，斯密的分工理论假设市场已经存在，他没有把分工和产权联系起来，没有把分工和企业家精神联系起来，没有把分工追溯到"人"，这是一大缺憾，可以说，他的分工理论是"静态的"，并没有对分工给出一个根本性的解释。

这种"静态分工"的思想在计划者身上有充分的体现。计划者也重视分工，也知道分工可以提高生产力，但遗憾的是他们只看到分工本身，没有看到分工的背后是分立的产权，是人的创造性。这样，他们就误认为"人为的分工"也可以取得市场经济条件下那种分工的效果，这种人为的分工是"假分工"，其结果可想而知，且在实践中也被证明是失败的。

思　考

1. 为什么说斯密的分工理论是静态的？

2. 为什么说分工在很大程度上也是一个主观概念？

资　料

亚当·斯密. 国民财富的性质和原因的研究（上卷）. 郭大力，王亚南，译. 北京：商务印书馆，1997.

斯密分工理论的一大缺憾

朱海就

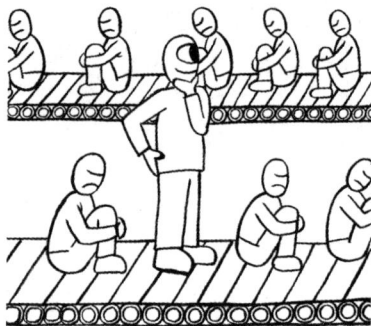

本课要点

---

1. 分工的产生，是因为"人类要求相互交换这个倾向"吗？

2. 斯密的分工理论忽视了什么？

　　在上一课，我们指出斯密的分工理论没有很好地说明分工产生的原因，在本课，我们继续说斯密分工理论的问题。虽然斯密对给定的分工如何提高生产力的解释是正确的，但很显然，分工是企业家在满足消费者需求的过程中自然而然地产生的，生产力的提升与其说是分工的结果，不如说是企业家创造的结果。但斯密没有注意到这一点，他把重点放到生产力上去了。下面我们将从两种知识的角度说明斯密分工理论存在的问题。

　　一般地，劳动分工被理解为"利用技能的知识"，如从事制针中的某道工序，就是利用与这种工序相关的技能知识，而工匠、工程师都拥有技能知识。其实，分工还牵涉另外一种知识，那就是"发现市场的知识"或"满足市场需求的知识"。这种知识指的是对利润机会的判断能力，准确地说是对风险和收益的计算，而且在计算出利润之后还要说服别人投资，这种知识也可以称为"企业家知识"。

　　斯密把分工产生的原因归到"人类要求相互交换这个倾向"上去，但显而易见的是，某种工序之所以存在，并非因为人有相互交换的倾向，而是因为这种工序能满足需求的性质被人认识到，也就是说它与"发现市场的知识"相关。"交易的倾向"与"发现市场的知识"不是一回事，因为前者指的是人的一种本能，这种本能并不意味着个人当然拥有以及能够利用"发现市场的知识"。

　　不难发现，在上述"利用技能的知识"和"发现市场的知识"这两种知识之间存在"知识分工"。例如：一些自产自销的个体户，他们既有"发现市场的知识"，又有某种技能；而另一部分人只拥有技能知识，但缺乏"发现市场的知识"，这时他会选择给他人打工；还有一部分人拥有"发现市场的知识"，但缺少技能知识：如马云这样的企业家，他看到电子商务有前途，但自己不懂互联网技术，就雇人帮他。淘宝网上大量的店主也是这种类型，他们卖的东西并不是自己生产的。

斯密的分工理论重视的是技能知识，比如制针过程中不同工序的知识，他并没有充分意识到"发现市场的知识"的重要性。实际上，正是"发现市场的知识"使技能知识具有价值。市场的发现先于技能的利用，或者说，某种技能知识之所以被使用，是因为人们认识到使用这种技能可以获利。假如某种工序不能用于满足需求，这种工序就会消失。假如扣针被另外一种商品替代而失去价值，那么生产扣针的48道工序也将消失；相反，假如某种工序被认为能够满足需求，那么它就会被创造出来。或者说，"发现市场的知识"会促进"利用技能的知识"的产生，即分工是满足需求的自然而然的产物。

斯密说分工提高生产力的原因之一是"机械的发明"，用门格尔的话说，就是生产出高级财货。但高级财货的生产，仅仅有技能知识是不够的，还需要有"发现市场的知识"，即企业家只有在判断哪种高级财货被生产出来有市场后，才会去发明和利用那种生产这种高级财货的机械。

在上一课，我们说"企业家创造出分工"，当然企业家可以利用既有的分工，把既有的工序组合起来，生产新的产品，这种新组合也正是"发现市场的知识"的利用。同样的工序，进入不同的组合，生产的产品就不同。例如：木匠的知识进入桌子的生产过程，就成为桌子的一部分；进入椅子的生产过程，就成为椅子生产中的一个环节。无论哪种情况，都是对桌子和椅子的需求使得木匠利用了他的知识。这种"组合"的存在，也表明对分工而言，重要的并不是该种工序本身的生产力有多高，而是该种工序能否成为生产能够满足需求的产品的一个环节。

所以，"发现市场的知识"是产生分工的前提，而斯密重视的是生产力本身，并没有充分重视这个前提。例如：他说分工受市场范围的限制，但市场范围只是为"发现市场"提供了条件，并不自动地导致分工的产生。也就是说，市场范围并不意味着产生出"发现市场的知识"，如一些人口密度高的国家，市场范围虽然大，但分工却停留在初级水平，如孟加拉国。只有把"发现市场的知识"这个缺失的环节补充进去，斯密的"分工受市场范围的限制"一说才是完整的。

另外，根据对这两种知识的关系的论述，不难看出，值得担心的不是失业问题，而是企业家有没有创新的问题。假如企业家有创新，工人的技能就可以被用于新的生产部门，成为新的分工中的一部分。例如：生产传统手机的工人可以转移到智能手机的生产线上，他们也会同时获得新的技能。

分工并不总是提高生产力，例如：苏联也有分工，朝鲜也有分工，这些分工要是没有借鉴市场经济国家的价格，本身是难以维持的。只有在市场经济条件下，自发产生的分工才能提升生产力，也就是说，使得生产力得以提升的不是分工，而是市场。但遗憾的是，斯密并没有去关注"市场是如何产生的"这一关键问题。实际上，斯密的《国富论》预设了市场已经存在，他并没有提供一个市场理论。

💰 思　考

1. 为什么说斯密的分工理论聚焦于生产力是一个严重的错误？
2. 举例说明"利用技能的知识"和"发现市场的知识"与分工的关系。

💰 资　料

亚当·斯密. 国民财富的性质和原因的研究（上卷）. 郭大力，王亚南，译. 北京：商务印书馆，1997.

从机甲猎人谈人力资本

黄春兴

本课要点

1. 大侠如何拥有特殊的人力资本?

2. 人类若走向人机结合,将大幅提升内嵌的人力资本。

英雄人物一直是电影产业特别钟爱的主题，当然，这也反映出观众对英雄的永恒崇拜。英雄崇拜自古有之，神话人物是最早的英雄，如射太阳的后羿或北欧雷神；接着出现的是记忆中的史前战争英雄，如黄帝或是希腊的阿喀琉斯；然后是历史中的大帝，如元代的成吉思汗或马其顿的亚历山大；最后才是战绩辉煌的大将军，如汉代的霍去病或美国的麦克阿瑟等。这些英雄的共同特质是：他们从出生就带着异常禀赋来到人间，有的拥有神力，有的擅长神机妙算。

武侠世界也同样称颂英雄，但不同于上述英雄的是，武侠英雄除了拥有学武的骨架外，他们的能力都来自后天的学习，如向隐世高手或祖师学习武功，或吞服可增加一甲子功力的神丹异果。他们在学过绝学或吞食异果后，身体立即发生了变化，开始拥有神奇的功力。

武侠世界以奇遇取代天生禀赋，要成为大侠必须经历学习过程，也让人人都可以怀抱一丝英雄梦。这类大侠的养成过程，正是知识的内嵌过程。当某些特殊知识内嵌到侠士的大脑后，他就转变成拥有特殊"人力资本"的大侠了。

人力资本是经济学家贝克尔在 40 多年前提出来的概念，主要用以陈述劳动者将生产知识（及经验）变成记忆，并能够利用这些知识去从事生产活动。这些知识不仅有助于生产，还可以累积，也会出现折旧现象。由于劳动者的这些性质和一般实质资本品的性质相同，故称之为人力资本。

人力资本一词强调的重点是"资本"，而"人力"只是用于这种资本品的分类，这个概念在当时算是非常前卫的。借用马克思的话来说，劳动者在内嵌了生产知识后，出现了"异化"——至少在概念上，"劳动者"异化成"资本品"。贝克尔似乎要说，在私有财产权制度下，劳动者唯有经过内嵌知识的异化过程，才能提升劳动报酬。

让我们暂时回到初民时代。一个人在学会利用斧头砍伐树木后，得以建筑房屋以避风雨，他因利用斧头而提高了生活质量。不久，斧头演变成电锯，使用时不再那么需要熟练的砍劈技术，劳动者因改用电锯而使木材产量提高了 3 倍。不过电锯属于锯木厂所有，于是他放弃用斧头砍伐树木而受雇于锯木厂，因为厂方给他两倍于他利用斧头伐木时的报酬。斧头和电锯都是资本品，此时的劳动者利用了资本品，但仍是劳动者，并没异化成资本品。

接着，让我们想象这位劳动者偶然间被怪异的蜘蛛咬了一口，变成了电影中的"蜘蛛人"，他能神速地挥起斧头，以快于电锯 3 倍的速度砍伐树木。那么，即使斧头不属于他所有，但在私有财产权制度下，他能拿到木材产量增加的大部分。换言之，由于他异化成蜘蛛人，他才能享有较大的报酬；反之，如果他只是利用较先进的生产工具，他就无法分享新增的产出。

贝克尔的人力资本概念是让劳动者拥有知识，从而享有因内嵌知识而增加的产出。在这种逻辑下，劳动者内嵌的知识越多，享有因内嵌知识而增加的产出也就越多。这是否意味着，将来有一天，我们也会将几片功能强大的计算机芯片或微处理器装入我们的身体，然后享有增加的产出？

由于资本品也同样内嵌着知识，如果我们把资本品和劳动者进行生命科学式的结合，如同《机械战警》或《钢铁侠》等电影中的英雄，那么属于资本品的内嵌知识是否也算是已经异化的英雄所拥有的知识呢？这类电影正随着人工智能的兴起而变得热门起来，如2018年轰动上演的《环太平洋2》。电影中的人类必须要在意识上与最先进的人工智能"机甲猎人"结合，变身为机甲驾驶员，才能顺利完成歼敌任务。

如果我们把电影情节简化一下，假设工厂里的每位劳动者都将自己的身体变成以生命科学技术结合人工智能的资本品，那么，工厂里将不再有独立的人力资本或实质资本，而都是人机结合的"新物种"。这可不是单纯的想象，因为欧洲已出现类似的人机结合之社群，虽然目前仅能结合微小的资本品。

过去的经济学家简化了人力资本的概念，因为他们只关注劳动生产率的提升，而不关注劳动者为了提升个人能力想要内嵌更多知识的意图。当前迅速发展的人工智能和生命科学，让人类警觉到人机结合的"新物种"即将来临，也让经济学家警觉到传统经济概念有重新精练的必要。

思　考

1. 请以简单的例子描述贝克尔的人力资本概念。
2. 请简述在《机械战警》《蜘蛛侠》《钢铁侠》《环太平洋》等电影中，驾驶人和人工智能资本品的结合过程。

💰 资　料

加里·S. 贝克尔. 理论与实证分析——对教育的特别借鉴意义. 纽约：
哥伦比亚大学出版社，1975.

市场与竞争

消费者主权比想象更具威力

黄春兴

本课要点

1. 为什么说消费者主权比想象更具威力?

2. 为什么先有了城市贸易才会出现创新?

　　市场在汇聚了消费者对商品买或不买的选择，也就是在展现消费者主权后，便决定了哪些商品该下架而哪些商品可继续存在。不同商品在市场中的数量消长决定了不同产业的相对规模，也决定了我们的消费方式和居住方式——城市和乡村的分别。

　　这一讲将以"消费者主权"来重述简·雅各布斯有关美国城乡产业发展最自豪的论述："不是先有农业才有城市，而是先有城市贸易，然后从创新中产生了农业和畜牧业。"

　　雅各布斯是 20 世纪著名的城市规划师，她在 1961 年出版的《美国大城市的死与生》中指出，许多看似堂皇的城市政策，实际上完全无视居民的需求。这些政策实施的结果会让城市失去创造新工作和新产业的源泉，终而步向停滞或衰颓。2007 年，加拿大多伦多市的居民为了纪念她，发起了"随雅各布斯散步"活动，呼吁居民走出去看看自己住所附近的文化和生活方式。2017 年，全球已有超过 140 个城市响应并参与这项运动。

　　雅各布斯在解释上面的论述时说道："并非农村生产有了剩余才拿到城市去销售，而是城市的贸易兴旺促使企业家到农村开辟农场或牧场以扩大生产。"类似的，为了供应城市不断增长的消费需求，才会在郊区出现生产生活用品的工厂。她以"媚登峰"内衣为例。纽约市的女裁缝师罗森塔女士设计出一款内衣后，先在哈德逊河畔设厂生产，后来为了满足快速增长的消费者需求，她才把工厂搬到劳动力和土地都较便宜的乡村。于是，我们便看到乡下有了一家生产"媚登峰"内衣的工厂。

　　我们看到乡村有一座工厂，又看到卡车将工厂生产的内衣运到城市，一般不会觉得惊讶，也不会认为那些内衣是乡村的"生产过剩"。我们很清楚，那是设在乡村的生产工厂生产的。那么，为什么我们看到稍大的农场和运送农产品的卡车，就认为那些农产品是乡村的"生产过剩"呢？雅各布斯说："为什么我们都忘了乡村的消费需求是很简单的？再者，那些运到城市的农产品，有很大比例都不是农村居民喜爱的消费种类。"

　　简单地说，不论是工厂、农场还是牧场，那些稍具规模的生产主体都是从都市搬迁过去的，原因是它们在城里的作坊或小工厂无法适应消费需求的增长。没错，乡村原先也有零散的几家农户，但它们在自给自足情况下的产出量还称不上是"农业"（一种产业）；直到城市的小作坊搬迁到乡下，变身为稍具规模的农场后，才算有了一定规模的农业。随着贸易的增长和生产工厂的不断搬迁，城市的外貌也逐渐成形：旧商品逐步退出市场，产业结构转向服务业，同时新商品又不断出现。分工、搬迁和创新构成了城市和乡村互动的发展过程。

　　当城市把作坊或小工厂搬迁到乡村后，城市劳动力的就业机会减少了，城市的土地却被空了出来。这两项被闲置下来的生产要素，正好可以用来支持产量还不大的新商品的生产。新商品未必会受到消费者的喜爱，但在城市的大市场中总会有从竞争中胜出的新商品。消费者对胜出的新商品的偏爱是远超过旧商品的，也就是说，消费者对新商品的需求会增加，而对旧商品的需求会减少。于是，农村工厂的产出必须减少，而城市小作坊的产出必须增加，这种新旧交替的趋势若持续发展，新商品的生产将再度从城市的小作坊迁移到乡村的工厂。

上边的内容重述的是雅各布斯对城市和乡村互动发展过程的论述。城市人口众多且居民聚集，其市场规模远非乡村能比，因此，城市不仅创新能力强，消费者主权的表现能力也强。换言之，在城市的市场里很容易发现新奇古怪的商品，而且城市庞大的消费者主权会不断地淘汰不受多数消费者喜爱的商品。创新能力和消费者主权交织，新的商品将一波一波地出现，每一波出现的新商品都将因消费者需求的增加，而不得不将生产工厂从城市搬迁到乡村。

雅各布斯研读过地理学、考古学和政治学，但幸运的是，她选择从经济学角度去论述城市和乡村的互动发展过程，并且也留下了这样的名言：城市因贸易而创新，又因创新而伟大。

思　考

1. 请简单重述简·雅各布斯所陈述的城市和乡村的互动发展过程。
2. 请清楚指出"消费者主权"在简·雅各布斯的城市和乡村互动发展过程中扮演的角色。

资　料

1. 路德维希·冯·米塞斯. 人的行为. 夏道平，译. 上海：上海社会科学院出版社，2015.
2. 简·雅各布斯. 美国大城市的死与生. 金衡山，译. 南京：译林出版社，2005.

斯密的"看不见的手"

朱海就

本课要点

---

1. 为什么说自利动机使"看不见的手"产生了生产效应和分配效应？

2. 什么是符合"自然的正义规则"的自利？

在《国富论》中，斯密有一句常被人引用的话："我们期望的晚餐并非来自屠夫、酿酒师或者面包师的恩惠，而是来自他们对自身利益的特别关注。"这句话说的是自利产生公益，也是"看不见的手"的基本含义。自利产生公益的例子在现实中比比皆是，例如：手机厂商为了自己的利益相互竞争，使得手机从奢侈品变成普及性的大众消费品。

斯密在《国富论》与《道德情操论》中都提到了"看不见的手"。在《国富论》中，"看不见的手"表达的是"生产效应"："的确，他一般既无心要去促进公共利益，也不知道他促进了多少；他支持本国工业而不支持外国工业，只是想要确保他自己的安全；他指导某种工业使其产品具有最大的价值，他这样做只是为了他自己的利益，也像在许多其他场合一样，他这样做只是被'一只看不见的手'引导着，去促进一个并不是出自他本心的目的"。并且斯密认为："他追求自己的利益，往往比他真正出于本意更能有效地促进社会的利益。"

自利促进公益的"生产效应"是比较容易理解的，在市场中，每个个体要想增进自己的利益就必须去满足他人的利益，出于自利的行动就变成了满足了他人需求的行动，这样，在利己的同时也在利他。

在《道德情操论》中，"看不见的手"表达的是"分配效应"："他们终究还是和穷人一起分享了他们经营改良所获得的一切成果。他们被'一只看不见的手'引导而进行的那种生活必需品分配，和这世间的土地平均分配给所有居民时而进行的分配，几乎没什么两样。"

在这里，斯密认为在每个参与者追求他或她的私利的过程中，市场体系会给所有参与者带来利益；即便是那些在一开始没有资产的人，也会从那些拥有资产的人对资产的使用中获得利益，其效果就好像他一开始就拥有资产一样，即富人对财富的使用使穷人受益。斯密的这一思想可以有力地批驳那些认为市场扩大了贫富差距，不利于穷人的观点。

"看不见的手"的这两种效应都是由自利动机推动的，斯密把自利比喻为支配社会运行的"万有引力"，他认为"节俭、勤劳、慎重、注意与专心"等值得赞美的品行，都是自利培养出来的习惯。他像曼德维尔、弗格森和休谟一样，把自己的体系建立在"人的动机就是利己"这样一种观念上。

斯密笔下的"自利"是和"同情"联系在一起的，同情是指"互通的共感"，他认为我们比较在意的是旁观者的感觉，而非当事人自己的感觉。我们比较重视的，经常是我们的处境在旁人的眼里显得如何，而不是我们的处境在我们自己的眼里显得如何。所以，"自利"包含获得他人的赞许、赢得他人的尊敬、获得尊严之意。实际上，斯密也把"获得他人的尊敬"视为一个人最大的幸福。

在斯密看来，自利的人必然在乎他人的利益，这样才能增进自己的利益。用斯密的话说，假如一个人为了自己的私利而危害他人的利益，当他想到这样的行为时，"内心必然会因极度羞愧、憎恶与惊慌失措而痛苦地挣扎"。可见，人的自利本身就包含了利他性。

　　道德的这种自然性质，自发地调节人的行为，没有这只道德上的"看不见的手"，就没有经济上的"看不见的手"，这也意味着《道德情操论》和《国富论》是相互关联的两本书，《道德情操论》出版于《国富论》之前也是理所当然的。

　　斯密主张经济自由，认为经济增长只需要"和平、轻税和较好的司法行政机构"就够了，或者说，政府只要扮演好守夜人的角色就够了。这种"自由观"，也是他从道德的自然属性中自然而然地得出的结论：既然自利是人的本性，且出于自利的行为会产生"公益"，那么政府理所当然是不需要干预经济的。

　　在法律层面，"看不见的手"的一个蕴意是对政府"立法"的怀疑。斯密有一个著名的"棋盘"比喻，他在《道德情操论》中说，那些认为政府可以自由制定用来调节社会的法律的人，"似乎在想象他能摆布一个庞大社会的不同成员，就像一只手在棋盘上摆布不同的棋子一般容易。他不考虑，棋盘上的棋子除了那只手在移动它们之外，还有其他的运动原理。在人类社会这个巨大的棋盘上，每一个棋子都有它自己的运动原理，与立法者可能想要施加于它的原理完全不同"。立法不能违背每个人"自己的运动原理"，即要符合"自然的正义规则"。斯密认为一个国家的文明程度，可以用法律在多大程度上符合"自然的正义规则"来衡量。所以，"看不见的手"是受"自然的正义规则"约束的手。

　　在《道德情操论》中，斯密用"概括性道德规则"来指代"自然的正义规则"，他认为概括性道德规则是"人类生活中最重要的一项规则"，并且应该被视为"神的法律"。

与"自然的正义规则"或"概括性道德规则"对应的道德无疑就是美德了，所以，与其说"看不见的手"是自利的产物，不如说"看不见的手"是美德的产物。看不见的手，也是美德之手。

思　考

1. 请说明"看不见的手"的生产效应与分配效应。
2. 斯密是怎么理解"自利"的？

资　料

1. 亚当·斯密. 道德情操论. 谢宗林，译. 北京：中央编译出版社，2011.
2. 亚当·斯密. 国民财富的性质和原因的研究（上卷）. 郭大力，王亚南，译. 北京：商务印书馆，1997.

对商品见异思迁的经济学意义

黄春兴

本课要点

1. 新商品要差异到什么程度才能叫作创新?

2. 为何利用异质资本品才能生产不同的旗袍?

　　我们已经讨论过几次资本品的异质问题，譬如朱海就老师就提到过，"资本品在企业家的眼中是异质的"。这是因为，唯有企业家把资本品用于生产不同的商品时，创新的商品才会出现。

　　那么，什么是创新的商品？简单地说，就是能带给消费者不同于以往的消费感受的商品。虽然创新的范围很广，但新商品必须是旧商品的异质品。那么新商品要差异到什么程度，才能叫作异质品？这个问题没有一定的答案。譬如，将淡淡的花茶口味混进绿茶饮料中，有些消费者会对这微小的差别惊喜不已，"我就是喜欢这种味道"；但也会有消费者摇着头说，"只不过是新瓶装旧酒"。

　　经济学之所以特别强调异质性，主要是因为消费同质商品存在着"边际效用递减"的倾向。想一想，北方的面为何有那么多的种类？人们吃久了打卤面，腻了，就变换一种口味，改吃担担面或兰州拉面。当然，有时也可以把面团捏成面疙瘩或猫耳朵形状。这不完全是地区差异造成的变异，主要还是消费的边际效用递减在起作用。在边际效用开始递减后，消费者即使没想要换成扬州炒饭或麦当劳汉堡，也会试图去变换烹调方式。

　　另一个例子是打开衣橱看看，为何你会买那么多款式的衣服？"不同场合的需要"只是次要的理由，主要还是自己不愿意太频繁地穿同一套衣服去上班。消费上的边际效用递减也是一只无形的手，引导着我们去购买异质的商品。所以，当我们发现衣橱里有太多款式的衣服时，我们不必为此感到羞愧，只要是在预算范围内的消费，都不是浪费。不过，这不是我们在这里要讨论的。

每个人都想活得既愉快又多姿多彩。于是，当某一种消费的边际效用开始呈现快速递减时，为何不换另一种异质商品来消费，让自己的边际效用"兴奋"起来？如果你不知道如何支配下个周日的休憩时光，那么你不妨大胆地穿上旗袍去逛大街，或套上牛仔装去乡下走走。

当然，商品的异质化不只是在同类功能中变换花样，就像周日的休憩时光不一定要闲逛，也可以有不同于过去的玩法。如果逛书店、听音乐会都太过老套了，那么还可以去玩一玩漆弹游戏、蹦极或更刺激的极限运动。这些休闲方式都是穿上旗袍去逛大街的替代品，替代品就是能用以满足类似欲望的异质商品。

生产衍生自消费需要，当我们对于异质商品的需要信息传到生产者那儿时，他们就开始设法去生产这些异质商品。异质商品无法用相同的原材料和资本品去生产。生产极限运动之装备和生产旗袍所利用的资本品差异很大，这不必多加解释。下面我们仅以不同款式的旗袍为例。

从直觉上，我们会认为相同的资本品也可以生产不同款式和花色的旗袍。的确如此，但也不全是。譬如旗袍上若要加上刺绣，就必须用到至少两类异质资本品。首先是刺绣师傅，他们属于人力资本，因为内嵌着不同派系的刺绣功夫而成为异质资本——四大名绣各自有不同的针法和擅长的图案。其次是丝线及其颜色。在生产函数的分析中，丝线被视为原材料而非生产要素，故不被讨论；但在生产结构分析中，丝线也被视为生产要素中的资本品。不论是丝线的染色还是质地，都因其内嵌着历代工匠留下的知识与经验而成为异质资本，人们只有利用这些异质资本品才能生产出不同样式的旗袍。

一个简单的结论就是：由于同质商品的连续消费会导致边际效用递减，这使得追求幸福的个人会去寻找可替代的异质商品。市场上存在的异质商品越多，消费者越能维持较高的效用。然而，异质商品必须仰赖异质资本品的生产，如果资本品过于同质化，将会限制异质商品的生产以及市场的多元化，进而限制个人对于幸福的追求。这是经济学特别关注商品和资本异质性的原因。

💰 思 考

1. 请说明异质商品如何缓和个人在消费时所存在的边际效用递减的现象。
2. 生产函数分析和生产结构分析在看待原材料上有何差别？请以丝线为例进行说明。

💰 资 料

路德维希·冯·米塞斯. 人的行为. 夏道平，译. 上海：上海社会科学院出版社，2015.

如何看待生活中的互补品

黄春兴

本课要点

1. 什么是配件?

2. 为何消费的完美化需要仰赖互补品?

3. 葡萄美酒夜光杯,汾酒宜配什么杯?

　　经济学原理方面的教科书都会讨论到互补品，并给出这样的定义：如果商品甲的价格上涨会让商品丙的需要量减少，那么商品丙就被认为是商品甲的互补品。也是说，商品甲的价格上涨，不仅使得商品甲的需要量减少，也同时使得商品丙的需要量减少，很明显，这两种商品一定存在某种程度的捆绑关系，或被称作同步互动关系。早期的教科书爱举的例子是：左鞋和右鞋、牙刷和牙膏、汽车和汽油等。

　　在一次上课时，当我提到汽车和汽油时，有的学生说："过不久，互补品就会是汽车和电池了。"是的，德国联邦参议院已经通过法案，要在 2030 年后禁售传统内燃机汽车。到那时，汽车的互补品就真的不再是汽油了。当然，这是电动汽车技术成熟后才会发生的改变。

　　那么，左鞋和右鞋的例子呢？古代的鞋子是不分左鞋和右鞋的，不论在中国还是在西方都如此。在古代中国，若你左右脚的鞋子不一样，会被视为不洁之人。在美国，鞋子分左右脚，晚至 1818 年才出现。不同于汽车互补品的改变是技术发生了变化，鞋子的演化主要起因于人们消费态度的改变。

　　据说，近代中国要求市井商贩必须穿一白一黑的鞋子，类似于西方小丑的扮相。有趣的是，这种左右鞋不同色的穿着方式，在这些年已经逐渐发展成一种时尚，在这种潮流下，左鞋是否还是右鞋的互补品？几年前，台湾有家知名的真皮鞋店就推出了不分左右脚型的皮鞋，让消费者任选两只不同花色的鞋子，自配为一双，而网络上对此的评价还很高。

再来说一说牙刷和牙膏。理论上，牙刷的价格上涨，牙膏的需要量应该会减少。但事实上真的如此吗？各位可找时间去大卖场看看，到底有多少消费者会牙刷和牙膏一起买？因此，这两者在统计上的互补效果应该是很低的，其中的一个原因是它们属于用量不大的必需品，这是一个在统计上呈现出低度互补的例子。让我们把互补品的讨论延伸到范围更广的配件。

何谓配件？最常听到的就是一些经验法则，如红肉配红酒、白肉配白酒、牛肉面配酸菜。衣饰方面的配件就更多了，你可以在淘宝网上找到无数家配件商。至于手机也是，如保护膜和保护壳；很反讽的是，这些手机配件把厂家原先追求的轻薄设计装扮得又厚又重。至于单反相机，它的配件主要在于延伸它的功能，如广角镜头、长焦镜头、偏光镜片等。

配件完全符合互补品的定义，差别只在于配件通常是可有可无的，而互补品会被视为是必需品。配件因为可有可无，所以在统计上所呈现的互补程度一般不会太高。但是配件的存在会扩大原商品的市场规模，苹果手机是最佳的例子。在专卖苹果手机配件的小店，我们可以看到许多的配件都是消费性的创新商品，也就是说，这些配件的功能是商品创新者想出来并试图教会消费者去使用的，也因此，配件商往往是独立的商家。

有些配件有时会呈现出很高的互补程度，出现这些现象的背后，大都存在着时尚风潮。譬如，出国旅游潮会让广角镜头成为单反相机不能欠缺的配件。时尚风潮的形成有时只是因为某位名人的无意打扮，但大多时候都是时尚评论者或配件创造者成功推销的结果。也就是说，不同于互补品在设计之初就已定型，配件可以形成不断外加和延展的附属市场。如果企业家能成功地说服消费者，将一件可有可无的配件视为消费品不可或缺的互补品，那么他就能获得不少的利润。

寻找适宜的配件是提高消费质量的重要手段，对于这个观点，金庸的小说《笑傲江湖》中有一段很好的陈述。一位叫祖千秋的书生对饮酒文化有长期的研究，他说："饮酒得讲究酒具，喝什么酒，就得使用什么酒杯。葡萄美酒要用夜光杯，喝汾酒当用玉杯，饮梨花酒当用翡翠杯，品关外白酒最好用犀角杯，至于高粱美酒，就必须用青铜酒爵。"

💰 思　考

1. 请比较互补品和配件在定义上的异同。

2. 为何寻找适宜的配件是提高消费质量的重要手段？

💰 资　料

张维迎. 经济学原理. 西安：西北大学出版社，2015.

从柯达公司一度
宣告破产看消费者主权

黄春兴

本课要点

---

1. 什么是消费者主权？

2. 讨论柯达公司与数字相机的故事。

3. 为何柯达公司会在数字时代破产？

政府的产业政策一直都是大家关心的问题，因为它主导着产业的未来发展，而未来产业会塑造我们的未来生活。政府之所以有此"塑造能力"，在于它拥有强制性的政策权力，可以直接控制或干预产业的发展。也正因为如此，一些市场派学者批评政府的产业政策往往扭曲了竞争和市场过程。

除了政府的政策强制力外，市场机制对于产业发展和我们的未来生活也拥有实质性的决定能力。这体现在，供给者最终需要面向消费者的偏好和需求来组织生产，否则供给者难逃失败出局的下场。消费者在整个市场机制中显示出的决定性地位和主导能力，通常被称为市场中的"消费者主权"。请读者注意一下，消费者主权和政府的政策强制力不论在概念上或在实际运作上，其差异都是很大的。

就概念来说，若对照于消费者主权，政府是否也存在某种主权？的确，没有人会使用"政府主权"或"行政主权"这种说法，教科书上有的也只是"国家主权"。国家主权是指一个国家在国际关系中所具有的不可侵犯之独立地位，而不是用于描述政府在国内事务上的地位。"国家"拥有四个要项，政府和人民是平行的两个概念，另外两个要项是疆界和统治权威性。因此，国家主权所指的统治权威性只属于国家，并不属于政府。至于政府拥有的权力，则是国家授予它的政策强制力。

市场机制并不具有强制力，既然没有强制力，市场机制又如何能展现出实质性的决定能力？这种决定能力是指，消费者经由自由选择而决定商品去留与产业兴衰交替的力量，这力量是真实存在的，但不像政策强制力那般可以具体地看到。因此，米塞斯使用"主权"这个词以对照于"强制力"，意在说明消费者主权是源自国家且平行于政府的政策强制力。因此，当我们熟悉消费者主权这个概念后，我们务必牢牢记住：在思考未来产业发展和我们的未来生活时，政府的政策强制力和市场的消费者主权是两种平行的实质性能力。

于是，我们在比较与评估这两项实质性能力之前，必须清楚地理解它们的运作逻辑。我们在这里所讨论的只限于市场中的消费者主权。

我们从知名的柯达公司的破产申请说起。在摄影技术还使用胶卷的时代，大约在1965—1995年，美国柯达公司生产的胶卷在全球市场约占三分之二的份额，这个数字远远大于当今苹果手机的市场占有率。1996年，柯达公司市值达310亿美元，品牌价值高居世界第四。2012年，该公司提出破产申请，但因获得知名导演群的支持而最终保住了一家市值不到2亿美元的电影胶卷公司。

柯达公司的失败的确是因为不需要胶卷的数码相机的兴起，但该公司并没有忽视这股技术潮流。这股技术潮流起源于20世纪60年代的登月行动，当时从月球传回到地球的模拟影像信号必须经由大型计算机的数字转换技术，才能呈现出清晰的影像。1975年，柯达公司首先推出了一款一万像素的数码相机。1981—1988年，日本的索尼、富士通和东芝等科技大厂纷纷推出百万像素的DSC数码相机；柯达公司也正面迎敌，于1990年推出超高分辨率的 CCD 数码相机，并于 1993 年聘请摩托罗拉公司的前首席执行官担任其首席执行官。然而，由于一般消费者的偏好已转向无胶卷摄影，强烈的市场需求吸引了各国科技大厂纷纷投入数码相机市场，胶卷市场迅速萎缩，而在数码相机这个新兴市场的竞争中，柯达公司并未拥有优势。

在数码相机产业的发展过程中，不能说没有某些国家的政策介入，但相对于消费者对无胶卷摄影的偏爱和选择，这些介入的力量也是微不足道的。消费者为了保留影像，可以接受任何能保留影像的技术商品，但也会淘汰成本过高或使用不方便的商品。消费者的选择淘汰了胶卷产业，迎来了新兴的数码相机产业。

市场中的商品不断推陈出新，厂商起起落落，产业也是兴衰交替，这些演化过程所呈现的只是消费者的选择结果。市场中的消费者主权就是，每个消费者对于单项商品决定买或不买的微小权利所汇聚成的力量。

有些学者认为"消费者主权"一词不如"个人主权"恰当，因为"个人"才具有不可侵犯的独立地位。在讨论商品市场时，我还是偏爱联想性较强的"消费者主权"，当讨论非商品市场时，我会采用"个人主权"，因为离开商品市场就不必再使用"消费者"一词。

思　考

1. 请进一步思考：消费者主权和企业家精神是否有关系？

2. 请进一步思考：在实际运作上，消费者主权和政府的政策强制力存在
　哪些差异？

💰 资　料

1. 路德维希·冯·米塞斯. 人的行为. 夏道平，译. 上海：上海社会科
　学院出版社，2015.
2. 张维迎. 经济学原理. 西安：西北大学出版社，2015.

课时 51

从贸易看经济学的研究范围

黄春兴

本课要点

---

1. 为什么"贸易战"是误导人的语词？

2. 讨论人与人之间互动的各种学问。

3. 为什么市场并不要求贸易双方直接对话？

自从美国特朗普政府对进入美国市场的外来太阳能板和洗衣机分别加征高达 30% 和 50% 的关税以来，"贸易战"一词就开始频繁地在各大媒体中出现，各学科知名学者开始对其进行不同解读及寻找最佳应对策略，其中自然包括不少的经济学家。

经济学家对"贸易战"的解读，与其他学科学者的解读有何不同，或者说应该有何不同？这等于是直接在问：经济学区别于其他学科的专业领域和专业知识有哪些？或者说，经济学的界定在哪里？如果不先弄清这些问题，许多所谓来自"经济学家"的解读可能就谈不上是经济学的解读，而只是他个人的综合性观点。

当然，经济学有学派的分野，并反映在它们对经济学所给出的界定，以及对经济问题的研究方法上。本文要讨论的，只是米塞斯的奥地利学派观点。

米塞斯将所有探讨人与人之间互动的学问统称为行动学，然后区分行动学中的两个分支：经济学和历史学。既然行动学在探讨人与人之间的互动，我们就不能排除个人面对挑战必须有所（反应）行动。因此，在逻辑上就必须先假设个人都有思考自己该如何行动的逻辑，以及企图借由行动去实现的默认目标。米塞斯认为，如果我们抽离个人的"私自的个性"和他所在的时空条件，仅纯粹从逻辑上去探讨行动的有效性，那么这种学问就被称为经济学。当我们充分掌握了经济学所提供的分析逻辑，并将所关注的个人放到他所处的时空环境，归还他所拥有的"私自的个性"后，再观察他如何以行动实现目标，那么这种学问则被称为历史学。

利用米塞斯对经济学与历史学的区分，我们可以将贸易战分成经济理论的贸易战及在特定时空下的贸易战策略。这种区分在划分出经济学与历史学后，还给行动学的其他学科留了空间。他说这两门学科只是行动学中的两支，那么行动学除了这两支外，还有哪些平行的学科？

罗斯巴德对此问题进行了一点补充，他说，行动学至少有 4 门学科，即经济学、冲突学（或冲突与解决）、公共选择和历史学。换言之，他多提出了两门学科：冲突学和公共选择。这两门学科该如何在行动学中划界占地，以区别于经济学和历史学？

首先，我们可以借用布坎南的观点。他说，人类的合作起因于冲突一方愿意以"放下武器"的行动作为交易条件，换取另一方也愿意"放下武器"的行动。换言之，我们可以保留米塞斯的观点，先将行动学区分成理论和历史两部分，然后将理论部分再区分成经济学、冲突学与公共选择。经济学探讨人们在放下武器之后的互动问题，冲突学探讨人们从持有武器到放下武器的互动问题，而公共选择探讨的正是互动过程中如何达成协议的问题。

回到贸易战这个话题。"贸易"是双方在放下武器之后的互动，而"战争"则是双方重新拾起武器下的互动，这明显是两种互斥的行动。因此，贸易和战争无法在逻辑上推出"贸易战"这类充满内部矛盾的语词。当我们使用的矛盾语词越多时，社会越容易被引入混乱。

　　的确，我们现在正站在贸易与战争的分界线上。身为经济学家，我们没有专业能力去谈论冲突下的因应对策，而谈论贸易的好处也毫无意义。我们只能说我们现在还站在贸易的边界上，但随时都可能掉入战争的领域。因此，这时我们能讨论的专业范围只剩脚下的那条边界线，"如何让双方修正裂痕以继续在线上或线内站稳，"而这部分理论就是"公共选择"。

　　在战争中，我们不会想和敌对方对话；在市场中，我们无须和交易方直接对话。公共选择则必须将各方拉在一起，要求他们以和平方式去处理冲突问题。公共选择是重叠在经济学与冲突学之上的一个独立学问。

　　接着，我们就必须从理论研究返回到理论的落实，而这就是"历史学"。虽然在奥地利学派中"历史学"可分为过去、现在和未来，但这三期不仅是连续的，而且是无法明确区分的，因为人的行动决定了现在是否要继续坚持下去。历史学可以在时间上区分属于过去的历史部分，以及属于现在的政策部分，而这两部分都要明确地陈述它所属的时间和空间因素。

　　这篇文章只是借着"贸易战"来陈述经济学的分野，并不是探讨"贸易战"及其因应对策等问题。

💰 思　考

1. 行动学下面可分出哪些学科？
2. 请陈述经济学与历史学的分界及二者之间的关系。

💰 资　料

路德维希·冯·米塞斯. 理论与历史. 何品、胡亚琴, 译. 厦门：凌零出版社, 2016.

推进开放贸易

冯兴元

本课要点

1. 国际贸易为什么能蓬勃发展?

2. 广义的"贸易"是指什么?

3. 什么样的贸易有利于双方?

　　国际贸易蓬勃发展的背后是贸易双方之间存在种种相对优势，也就是说，你有我想要的东西，我有你想要的东西；即便你没有我直接想要的东西，但是你提供了某种国际流通货币，我可以用它来买到我想要的东西。在各种贸易理论中，无论其指涉的是贸易理论中的绝对优势、比较优势、要素禀赋优势还是产业内贸易效应，这些优势或者效应都体现了两国可资利用的某种相对优势。

　　我们在这里把重点放在说明开放贸易对于贸易各方的重要性上，而不会展开介绍上述贸易理论里面所涉及的具体优势或者效应到底是什么。记得奥巴马几年前到处兜售"平衡贸易"说，特朗普则要求"公平贸易"，他们试图以此逼迫中国政府就范。奥巴马的"平衡贸易"要求中国减少出口，增加进口；特朗普的"公平贸易"政策是通过要求中国开放更大的市场和减少来自中国的进口两者并举来推行两国的贸易。不过，贸易只要是双方自愿的，从来都是平衡的、公平的，也总是互惠的。首先，即便中国在对外贸易中累积了大量的美元储备，这些钱也必然需要用于消费或者投资，而不能闲置缩水。据说，我国大量的美元储备是持有美国国债和其他美国资产。美国全部商品和服务方面的经常贸易赤字，必然需要通过其资本账户上的盈余来平衡。也就是说，广义的"贸易"包括经常贸易和对外投资的货币往来以及其他资本账户的运作（包括储备）。对于每个国家来说，广义的"贸易"顺差或者赤字总是为零，总是平衡的。其次，中国换回的每一笔美元外汇，其汇率都是经过具体进行贸易的双方和其所在的国家同意的。再次，贸易双方之所以同意进行贸易，是因为各自感到贸易之后的状态均比贸易之前要好，你情我愿的贸易双方只有共赢，没有输家。由此看来，以贸易"不平衡"或者"不公正"指责贸易伙伴既无必要，也无道理。如果中国的商家以低价方式用更多的商品换取更少的美元或者美国商品，美国的商家和消费者应该感谢中国的商家，而非指责。

　　但是，既然特朗普从参选之初便一直不时地指责中国，那我们就需要找找原因。其实美国那边是在指责中国对美国出口背后的一些推动因素和一些对美国造成的附带效应。例如：重要推动因素包括中国这边对国有钢铁和铝业企业的政府补贴，进口关税较高等因素；而中国对美强劲出口的一个重要附带效应是美国一些产业的厂商因为竞争力不足而难以招架，甚至间接或者直接导致一些厂商关门倒闭。但是美国一些工业部门的厂商竞争力不足，甚至美国五大湖地区和中西部地区出现所谓"铁锈"地带，而其中的原因很复杂。美国的"铁锈"地带基本上出现在中国改革开放之前，与中国没什么关联，反而是美国工业部门工会势力的强大不利于美国厂商维持竞争力。美国如果能早一点推行特朗普现在这样的减税政策，其工业部门厂商的竞争力和生产意愿早就得到提升了。

　　中美两国，越是减少贸易壁垒，双赢机会就越大；越是增加贸易壁垒，双边损失就越大。两大经济体之间多多少少存在着贸易壁垒，这是可以理解的，对于互相之间的说辞，任何一方均不能一推了事。怎么办？办法就是减少贸易壁垒，促进更开放的贸易，甚至自由贸易。

目前推进开放贸易有四个方面的做法：一是促进 WTO（世界贸易组织）框架内的更自由的贸易；二是促进经济贸易的区域一体化；三是促进双边贸易自由化；四是单边贸易自由化，例如：单方面降低关税或者消除非关税贸易壁垒。根据上述逻辑分析，中美两国或者中欧（欧盟）可以在这四个层面上同时推进贸易自由化。其实最简单、最有效、最大化贸易利益的做法是单边贸易自由化，其原因就在于它最简单、最有效和最大化地促进了国际贸易。贸易基于你情我愿，对所有贸易伙伴均有利，当然也对主动推行单边贸易自由化的一方有利。单方面的贸易自由化，更是共同推进贸易自由化过程中的表率之举，有益于所有贸易伙伴，而不是某种自我牺牲或者奉献。各国政府均应理解这一简单的道理。

上述消除贸易障碍的逻辑不仅适用于中美两国，也适用于所有国家之间的贸易。至于贸易制裁，既损害了被制裁方的利益，也必然对制裁方形成反噬。经济学家对此已经有了一致的分析结论，例如：美国政府提高铝材和钢材的进口关税，其国内相关产品价格必然上扬，全体消费者的福利就会受损。美国政府现在的做法是提高进口关税，其实这并不可取，倒是可以设法促成中国作为现有关税或者非关税壁垒较高的一方降低关税、减少非关税壁垒，减少对国企的补贴，以此促成中国推行更开放的贸易。这对双方均有好处，这才是正解。此外，在任何情形下，不应该搞交叉报复：在一个行业存在严重贸易摩擦，一国感到所谓"损失"达到几十亿美元，就宣布对贸易伙伴国的另外一个行业的进口处以惩罚性关税，而且关税总额等同上述"损失"。这种交叉报复是反私人产权的，国家之间的贸易摩擦不能把鞭子打在私人商家身上，侵犯私人产权。《世界贸易组织协定》WTO 居然包含了允许这种交叉报复的条款，这是不恰当的，也是非常可笑的。

总之，无论是中美两国，还是其他任何国家，贸易关系的未来均在于所有国家的政府携手合作，共同推进更开放的贸易，甚至单方面推进贸易自由化。

💰 思　考

1. 什么叫"相对优势"？

2. 为什么广义的"贸易"总是平衡的？

3. 为什么要推行开放贸易？

4. 如何推行开放贸易？

5. 交叉报复有何问题？

💰 资　料

路德维希·冯·米塞斯. 人的行为. 夏道平，译. 上海：上海社会科学院出版社，2015.

关税的消极效应

朱海就

本课要点

1. 为什么说主张关税保护的人，只是从生产者角度看问题？

2. 为什么关税可以使本国企业征收"垄断价格"？

美国总统特朗普曾表示将对美国进口的钢铁和铝制品分别征收 25% 和 10% 的关税。当时，人们担心中美之间有发生贸易战的可能，如真的打贸易战，那将是双输的结果。关税的大棒往往会被祭起来，是因为很多人认为关税有助于保护本国利益，能够提高国民的生活水平，但这纯粹是一种幻觉。

关税通常有两个目的：一是财政目的，作为政府收入的来源；二是非财政目的，例如：保护某些产业。相比其他税，关税对自由贸易的危害性可能更大些。下面以中美贸易为例具体阐述为什么关税是有害的。

由于资本和劳动力的流动必然存在人为或客观上的障碍，比如移民的成本，中国和美国的工资水平不相同。这时，假如产品的贸易是自由的，那么，中国和美国都可以利用自己的比较优势，使美国那些生产成本相对中国较高的行业萎缩，对这些行业来说，从中国进口商品更为有利；相反，假如美国出台关税，保护那些生产成本高的部门，那么，对美国的生产者和消费者来说是不是更为有利了呢？并非如此。

关税使受保护部门，如钢铁行业免于中国产品的竞争，从而有利于提高其产品价格，但对下游的汽车产业来说，生产成本提高了，会对这些产业造成不利影响。例如：美国宣布对钢材和铝征收关税后，福特汽车的股价下跌了。关税导致的产品价格上涨，最终还是由消费者买单。例如：美国的汽车消费者要为汽车价格的上涨买单。这些消费者中，有的可能是钢铁行业的工人，这样，他们从钢铁行业的保护中得到的利益被汽车价格的上涨抵消了。

主张关税保护的人，只是从生产者的角度看问题，但实际上，每个个体都有双重身份，既是生产者也是消费者。设置了关税，他们作为生产者角色的利益是增多了，但作为消费者角色的利益则是受损的。

假如被保护产业的下游产品需求不足，那么被保护产业提高产品价格的"企图"就不能得逞。例如：受保护的钢铁行业提高价格，但汽车行业由于担心销路，不敢把成本转嫁给消费者，那么他们不会接受本国钢铁行业的涨价行为。这时，钢铁行业不得不以较国外进口商相同或更低的价格向汽车行业提供钢材，这也意味着保护政策失效。假如美国钢铁行业无法将价格降低到这一水平，那么下游的汽车行业将因为承担更高的成本而萎缩。它们会将汽车产业转移到其他成本更低的国家，这意味着资本的流失，也会导致本国汽车工人的失业。但关税政策的制定者往往看不到这种间接效应。

关税还有其他间接效应。例如：美国对中国的钢铁征收关税后，汽车价格会上涨，消费者购买汽车比原来花了更多的钱，这时，他们不得不减少对其他商品，比如食品的需求，这样，美国的食品生产者就遭受了损失。另外，由于美国征收关税，中国的钢铁出口商利益受损，工人的收入下降，他们对来自美国的进口商品的需求也相应地下降，这样也会影响到美国相关企业的利益。

实际上，关税的负面效应还包括制造真正的垄断，使本国企业实行"垄断价格",从而损害消费者利益。"垄断价格"是指高于同类产品国际市场价格的价格。有了关税之后,本国企业就免于与国外企业竞争,它们可以采取相互勾结的方式,在"国际市场上的价格 + 关税价格"的价格水平上销售产品,这样,消费者就需要通过支付更高的价格为关税买单。

受关税保护的企业,由于可以从这种保护中轻松获利,一般来说它们就失去了创新的动力,这就使得无效率的生产得以维持,其结果是本国消费者得到的不仅是更贵,而且是质量更差的产品。所以,关税会损害一个国家的生产效率,减少财富。

关税损害本国经济利益的一个典型例子是贝隆将军执政时的阿根廷。贝隆于 1946 年当选总统,他为了"建立一个更加平等的阿根廷",实施了一整套反自由市场的政策,其中包括没收大部分资本家的资产,收归国有,征收重税以及高额关税,其结果是短期内取悦了工人,但给阿根廷经济带来了致命的伤害。

有的国家(如德国)虽然也有关税,但这似乎没有产生有害的结果,这并不意味着关税对这些国家没有危害,而是因为这些国家的创新能力比较强大,这样就抵消了关税的消极影响。这些国家取得的技术进步并不是征收关税的结果,而是因为它们采取了促进竞争的政策。

有的政府把关税作为保护"民族工业"的手段,结果往往是适得其反。通过比较中国的汽车产业和家电产业就能说明这一点。我国的汽车行业目前仍对进口车征收 25% 的关税,但我国汽车销量前十的品牌中,有七个是外资品牌;而关税总体较低的家电行业已经是民族品牌的天下。在中国加入 WTO 并且下调关税后，有市场竞争力的民族品牌的数量不仅没有减少，反而还增加了。更加开放的市场有助于激发企业家的创新，从而推动本国工业的发展。

概而言之，关税在短期内维持了部分人的利益，使他们享有特权，但从长期来看，没有人会受益。取消关税有利于每个人，包括那些原来受保护的人。

💰 思　考

1. 为什么说关税这种手段往往达不到政策制定者的目标？
2. 举例说明关税变化对经济的影响。

💰 资　料

路德维希·冯·米塞斯. 人的行为. 夏道平，译. 上海：上海社会科学院出版社，2015.

如何解读孟子的"通功易事"说

冯兴元

本课要点

---

1. "通功易事"所涉及的秩序是一种交换秩序。

2. 古希腊语中的交换秩序意指什么?

3. 交换秩序意味着劳动分工、知识分工和观念的共享。

我国由于受沿袭至今的传统观念的影响，往往把秩序等同于等级概念，即等级秩序，但是非等级秩序也存在，比如交换秩序。中国古代哲学家孟子所言的"通功易事"就是指交换，"通功易事"所涉及的秩序则为交换秩序。交换对于交换双方必然有利。米塞斯指出，只有买卖双方均感觉对自己所放弃物品的主观评价要低于对自己所得物品的主观评价，买卖才会达成。

孟子是在《孟子·滕文公章句下》中提及"通功易事"一词的，他由此指出了分工合作、自由交换的利益之所在：

> "子不通功易事，以羡补不足，则农有余粟，女有余布；子如通之，则梓匠轮舆皆得食于子。"
>
> ——《孟子·滕文公章句下》

翻译成现代汉语，就是："如果你不推行互通互换，以便人们用多余的物品去换取和补充不足的物品，那么农人会有剩下的粟米，妇人会有剩下的布匹。如果推行互通互换，那么木工和车工都可以依赖于你而维持生计。"

这里的"你"，是指"你作为诸侯"。所谓"通功易事"，是指"交换""互通互换"。孟子在此强调应该通过交换剩余的粟米和剩余的布，实现分工合作，互通有无。如果用多余的物品（也就是"羡"）换取和补充不足的物品，那么就可以改善参与交换者各自的处境。如果不交换，各方处境均未得到改善，从而丧失了改善各方处境的机会，这就是不互通有无的机会成本。而通过互通有无促进各方处境的改善，就是当今经济学家所称的"帕累托改进"。但是，经济学家对这种明明可以通过交换实现"帕累托改进"却偏偏不做或不让做的行为或者局面，没有取一个好听的名字。这里我们暂且取一个难听的名字吧，那就是"傻瓜陷阱"。

中国古代北方的游牧民族，经常被称为"蛮族"。一到冬天，这个民族的人们要么与当时的汉民交换货品，要么就开战抢劫。游牧民族有精良的马匹、上好的皮毛，当时的汉民则有盐米、衣帛和其他供给品。如果当时的朝廷不准许交易，游牧民族的选择就一清二楚，那就是开战劫掠。

古希腊语里也有一词"katallatein"，对应着"通功易事"，我参照以前的翻译将其音译为"卡塔拉泰"。经济学家哈耶克认为，"卡塔拉泰"这一古希腊用语有三层含义：一是互通互换；二是为社会或共同体所接纳；三是化敌为友。交换关系到相互交易、相互交往和相互接纳，关系到化敌为友，而非强加于人，强人所难。这种功效，在中国古代各政权与北方游牧民族关系史上体现得淋漓尽致。在现代史中，其标杆案例当数战后欧洲的一体化：通过推行经济一体化来实现和平。目前，欧盟有 27 个成员国（不包括英国），这种通过促进经济一体化来化敌为友的做法被称为"新功能主义进路"。

"通功易事"除了可以理解为交换秩序，其背后还有什么呢？答案有很多：一是斯密强调的劳动分工；二是哈耶克强调的知识分工；三是观念的共享。前面我们已经介绍了劳动分工和知识分工。这里需要补充的是，知识分工中的知识不仅仅是一些实用知识，还有"观念"。最初是某些人持有某种观念，后来这种观念不断扩散，其结果是，这些观念不再是知识分工的一部分，而是成为共享的知识。这是因为分工的前提是在这方面你有我无，在那方面我有你无；而观念扩展的结果可能是谁都把某些观念内化在自己的意识当中。哈耶克把市场秩序称为人类合作的"扩展秩序"，它是不断扩展的合作秩序。随着市场的扩展，人们的受益面也在扩展，对市场规则和市场秩序的认同也在不断扩展，最终成为一种共享信念。

因此，"通功易事"不仅是指狭义上的产品交换，也是指在与他人的相互交往中产生的知识、思想和资产的交换，以及市场理念的共享。哈耶克称市场系统的运作可以理解为一种"通功易事"竞赛，这是一种创造财富的竞赛，而不是博弈论里的那种"零和博弈"。如果是"零和博弈"，那么在你我的交往回合中，你的所得就是我的所失。其实，这种"零和博弈"应该叫作"负和博弈"，因为博弈论里的"零和博弈"没有考虑到你我的交往回合是需要花费成本的，至少也需要花费时间成本。

从上述对"通功易事"的解读，我们不难洞察市场秩序的非等级性、非特权性和互利性。随着我国从计划经济朝着市场经济的转型日益深入，我们的秩序观也应该从等级秩序观朝着非等级秩序观转变。在这个过程中，我们需要推行法治为其保驾护航。

💰 思　考

1. 什么叫"通功易事"秩序?

2. "通功易事秩序"意味着什么?

3. 特朗普认为,国家之间应该推行"自由、公平和互惠"的贸易。你如何看?

💰 资　料

1. 弗里德利希·冯·哈耶克. 法律、立法与自由. 邓正来,张守东,李静冰,译. 北京:中国大百科全书出版社,2000.

2. 柯武刚,史漫飞. 制度经济学——经济秩序与公共政策. 北京:商务印书馆,2000.

3. 路德维希·冯·米塞斯. 人的行为. 夏道平,译. 上海:上海社会科学院出版社,2015.

课时 55

竞争的含义

朱海就

本课要点

---

1. 为什么说竞争总是属于垄断厂家之间的竞争？

2. 为什么说主流经济学在讨论竞争与垄断时没有考虑企业家这个因素？

3. 企业家精神和企业家才能的含义有什么不同？

　　说起竞争，很多人马上会把它与产品替代性比较强、差别不大等联系起来。例如：他们认为大米、蔬菜和鞋帽等产品市场是竞争性的，在这样的市场中，每个厂商的份额都比较小，对价格的控制能力比较弱。确实，正是看到这样一种状况，主流经济学抽象出了"完全竞争"这样一种理想状态。他们认为，当产品存在差别时就构成了垄断，然后根据一个市场中厂家的数量，进一步把市场结构分为垄断竞争、寡头垄断和完全垄断等。与完全竞争一样，后面这三种市场结构也是以厂商的完备知识为预设的。

　　相比之下，奥地利学派经济学并不构建这样的理想状态，而是认为，现实本来就是垄断的，竞争总是属于垄断厂家之间的竞争，而不可能是在产品同质厂家之间的竞争，实际上也不可能找到产品同质的厂商。例如：主流经济学认为菜市场接近完全竞争，但仔细看一下，菜市场中每个摊位卖的产品种类和价格都是有差别的。所以，奥地利学派经济学认为把竞争与产品的同质性联系在一起是不成立的，竞争一定是在异质性产品之间展开的。即便市场中只有少数几家厂商，也不意味着对竞争的排斥。

　　既然在奥地利学派经济学看来垄断是常态，那么奥地利学派经济学又是如何定义竞争的呢？著名经济学家柯兹纳把竞争定义为"自由进入"，他认为只要进入自由，那就是竞争。据此，柯兹纳说企业家精神总是竞争的，因为"纯粹的"企业家精神不存在任何自由进入的障碍，例如：任何人都可以去挑战马云，市场中的竞争也正是源于这种没有进入障碍的企业家精神。相比之下，主流经济学没有企业家这一元素，它分析的只是均衡状态下的竞争，这样它从一开始就把真正的竞争排除在外了，剩下的只是一个分配问题。

与此相应的是，对进入的限制构成了"垄断"。换句话说，垄断与产品差别或市场份额无关，只与是否限制进入有关。这包括以下两种情境：一是控制对于某种产品的生产来说必不可少的资源，进而使他人不能生产他所生产的那种产品。例如：控制了橙子，他人就不能生产橙汁；控制了面粉，他人就不能生产面包。这样，他人就无法与他竞争了。二是政府授予某些企业特权，限制其他企业进入该行业，这也构成进入障碍，因此也属于垄断，比如专利。

柯兹纳认为，假如排除上述第二种情况，那么"免于威胁"的意思是垄断只能是来自对必不可少的资源的控制，即只有控制了资源才会排斥竞争。如在计划经济中，所有资源都被国家控制，如此一来，所有竞争性的行为自然就都消失了。所以，如果不考虑企业家精神，那么企业的规模、产品的差异等都不构成进入的障碍。

另外，企业家才能本身在某种程度上也构成了进入障碍，拥有企业家才能相当于控制某种要素，这种能力附属于一个人的内在，是他人望尘莫及的，这也相当于构成了垄断。有的人拥有更强的企业家才能，就如同拥有一块更肥沃的土地，不同的人拥有的企业家能力可谓千差万别。例如：普通人因为没有马云那样的才能，也就难以做成马云那样的事业，虽然普通人也可以去挑战。这样，我们就区分了企业家精神和企业家才能，前者是竞争性的，后者则是垄断性的。另外一种情况是通过企业家活动实现对自然资源、人才和销售渠道等的控制，这也会构成垄断。

　　现实中，竞争和垄断是不可分割的两面，竞争和垄断在个人或组织身上会同时存在。企业家竞争的目的是获取更大的垄断地位，获取更多的利润；他越具有垄断地位，其竞争优势就越强。实际上，企业家总是试图通过垄断来保持自己在竞争中的优势，但要获得垄断地位，他就必须更积极地参与竞争，否则他已经获得的垄断地位也会失去。竞争的过程也就是企业家建立垄断地位的过程。

　　主流经济学没有考虑企业家这个因素，认为当一个市场中只有一家厂商时就构成了"完全垄断"，这是错误的。因为只要没有进入障碍，厂商总是要面临潜在对手的"竞争"，他的垄断地位是暂时的、不稳固的，这种状态与有多个厂商存在的状态没有本质区别。正如米塞斯所说，垄断还是竞争不是经济学关心的对象，经济学关心的是，是否会产生"垄断价格"。

💰 **思　考**

1. 怎么理解竞争的含义？
2. 说明企业家精神和企业家才能对竞争的不同意义。

💰 **资　料**

柯兹纳. 竞争与企业家精神. 刘业进，译. 杭州：浙江大学出版社，2013.

课时 56

竞争的功能

冯兴元

本课要点

---

1. 在市场经济中，需要让竞争发挥主导作用。

2. 竞争是一个筛选过程。

3. 竞争是一种发现程序。

在市场经济中，需要让竞争发挥主导作用，否则就不能称之为市场经济。竞争要求参与者遵循一整套的规则。在竞争结果出现之前，我们事先不知道谁是竞争的胜出者，谁是竞争的失败者。竞争不以消灭对手的肉体为目的，而以获得市场份额、实现利润或者取得类似的结果为目的。市场竞争是如此，足球比赛是如此，赛诗会也是如此。

经济学家哈耶克认为，竞争之所以具有合理性，就是因为参与者遵循同一套规则，但是事先谁也不知道对具体竞争结果起决定性作用的因素，也不知道谁是竞争的最后优胜者。如果我们事先就知道谁是最优者，再安排竞争便是毫无意义的。

确实，如果我们事先知道一周之后德国拜仁慕尼黑队对法兰克福的足球比赛结局，不知道还有多少人愿意去观赏这场比赛。如果我们事先知道赛诗会上某某公子哥必胜，不知道还有多少人愿意去参加这样的赛诗会。如果在餐饮业竞争中，事先指定某一饭店是胜出者，那么竞争的意义就不复存在了。如果这是政府指定的，那就是行政垄断；如果是某个黑帮指定的，那就是黑店。小到饭店，大到石油公司，道理都是一样的。在这种情况下，我们所期待的绩效竞争也就不可能出现。

上述分析表明，竞争的第一个功能就是作为一个筛选过程，发挥优胜劣汰的作用，其结果就是绩效竞争。

竞争的第二大功能就是它能带来许多非意图的甚至往往令人惊喜的结果。竞争的结果存在"前向无知性"，至少对于消费者来说，竞争的很多非意图的结果往往令人惊喜。当然竞争意味着优胜劣汰，有赢家就有输家，也意味着竞争使得众多企业有喜有悲。多年前，诺基亚手机充斥全国市场，现在已经基本上看不到了。我们现在看到的大多是华为、苹果、三星、小米等品牌的智能手机。几年前，新浪微博占据社交媒体的霸主地位，现在谁也没想到微信后来居上。由此看来，哈耶克的观点很到位，"竞争之所以有价值，完全是因为它的结果不可预测，并且这些结果就其总体而言不同于任何人本来有意追求的目标"。没有竞争，就不会出现上述令人眼花缭乱的产品。

竞争还能发挥什么功能呢？上面的分析也表明，竞争是发现优胜者的过程，是发现绩效更高者的过程。确实，竞争还是一种发现过程，这是竞争的第三大功能。哈耶克曾经在1968年专门发表题为《作为一个发现过程的竞争》的文章，论证为什么"竞争是一个发现过程"。在文中，他建议把竞争作为一个发现某些事实的方法，如果不利用竞争，这些事实将不为人知，或至少是不能被利用的。那么，竞争到底能够发现什么呢？

我们似乎难以确定竞争到底能够具体发现什么。在这里，新古典经济学的完全竞争模型就彻底失去作用了，计量经济学也失去作用了，统计学中的外推预测法也失去作用了。不过不用担心，其实谁也无法确定竞争到底能够具体发现什么。哈耶克指出："如果我们不知道我们希望通过竞争去发现的事实，我们当然也就无法确定，竞争在发现那些有可能被发现的事实上，起了多大作用。"但是，我们能够感觉到，如果没有竞争，很多事实本来就不可能被发现和利用。这是因为，很多与事实相关的知识本来就是散布在无数经济主体中的、涉及具体时间和地点的、在特定情形下的知识。例如：有关某地某种土特产的供求和价格信息，有关某个地方的投资机会，这些所谓"局部知识"中的很多知识本来不会被利用，而在竞争中却会被利用。没有竞争，就不可能出现苹果手机、苹果电脑、自动驾驶汽车、无人飞机等。人们在竞争中发现和发明了这些新产品。一个社会为了发现和利用很多需要借助竞争而发现的事实，就需要让竞争发挥主导作用。在这方面，哈耶克也能为我们指点迷津："我们有望发现的仅仅是，从整体上说，为此目的而依靠竞争的社会比其他社会更成功地达到了自己的目标。"这里所指的社会就是市场社会，其对应的文明则是市场文明。

说白了，通过竞争，我们能够发现很多原本不会被发现的事实，也发明了很多新产品、新技术，甚至增长了关于新制度的知识。苹果手机及该手机最早使用的多点接触技术是如此，温州企业实行的股份合作制也是如此。

更进一步说，竞争本身也会创造很多知识，没有竞争就不会有这些知识。例如：有关不断变化的利润机会的信息就是如此。竞争创造知识可以说是竞争的第四种功能。

总之，如果我们畏惧竞争、限制竞争和排斥竞争，那么我们现代社会中的很多新产品、新技术和新制度根本就不可能出现，人类福祉的增进就会受到严重阻碍。

💰 **思　考**

1. 请简述竞争的一般特点。

2. 竞争具有哪些功能？

💰 **资　料**

弗里德里希·冯·哈耶克. 哈耶克文选. 冯克利，译. 南京：江苏人民出版社，2007.

课时 57

垄断价格与竞争价格

朱海就

本课要点

1. 新古典经济学是如何定义垄断价格的？

2. 按照米塞斯的观点，垄断一定意味着产生垄断价格吗？

现实中，我们看到有的商品价格较贵，例如：苹果新款手机的价格很高，那么这一价格究竟是竞争价格还是垄断价格呢？对于垄断价格与竞争价格的问题，新古典经济学家与奥地利学派经济学家米塞斯有不同的观点和理论。

新古典经济学家从一开始就预设完全竞争、垄断竞争、完全垄断和寡头垄断四种不同的市场结构，但这种预设是一种理论的虚构，是否站得住脚还有待推敲。例如：判断某个市场究竟是垄断竞争还是完全垄断与市场的范围有关，很多产品在它们的细分领域中是完全垄断的，但放到更大一点的市场看，又是垄断竞争的。例如：按照新古典经济学家们的思路，苹果手机在高端手机市场拥有很大的市场份额，可以说是完全垄断的，但放到整个手机市场看，它又是垄断竞争的。那么苹果手机究竟是处于完全垄断地位还是垄断竞争地位？

米塞斯从现实出发，干脆承认现实就是一个垄断状态，因为在现实中，产品之间必然是有差异的，有的企业规模较大，而有的企业技术壁垒很高，这都是现实，所以米塞斯不去人为地预设不同的市场结构。企业拥有的某种特有的优势可以视为垄断，但垄断并不排斥竞争，因为竞争必然是在有差异化、达到一定规模和有壁垒的企业之间展开的。竞争和垄断是一个硬币的两面，新古典经济学预设的"完全竞争"，即原子式的竞争是一种虚构。因此，垄断与竞争的区分不重要，重要的是厂商能否谋取"垄断价格"。所以，垄断不是构成经济学的分析对象，垄断价格才是。

　　米塞斯所说的垄断价格与新古典经济学的垄断价格不是一回事。新古典经济学的厂商理论是一种均衡学说，在这种学说中，垄断价格是厂商垄断优势的自然而然的结果，与之对应的价格就是垄断价格。相比之下，米塞斯笔下的垄断价格是指厂商通过限制产量的方式来提高价格，是厂商有意识的行动的结果。

　　举个例子，停电时，蜡烛价格上涨到 s，但这个 s 不是垄断价格。蜡烛厂商联合起来，把价格进一步提高到 $s+t$，这个价格才是垄断价格。米塞斯认为竞争价格的价格差异会被竞争消除，但垄断价格的差异不会被竞争消除。在上面这个例子中，假如蜡烛厂商没有联合起来，那么蜡烛的价格就会随着新厂商的进入而下降，但他们一旦联合起来，排除了新厂商的进入，那么蜡烛的价格就可以维持垄断价格。

　　具体地说，米塞斯认为产生垄断价格需要两个条件。

　　一是厂商处于垄断地位。厂商处于垄断地位有物质方面的原因，如占有特定的原材料；还有政府制度方面的原因，如专利和关税；还有商誉也可能构成垄断，商誉使消费者特别信任某个产品，愿意多花钱购买。另外，卡特尔或价格联盟也会导致垄断，米塞斯认为卡特尔往往借助于政府政策才能维持。

　　值得一提的是，新古典经济学把"规模经济"看作是形成垄断的一个因素，但米塞斯认为规模本身不是促成垄断价格的因素，实际上它是阻碍形成垄断价格的因素，因为大规模生产会降低平均成本。例如：大规模生产的厂商确实谋得了垄断价格，但那一定是其他因素导致的，如专利权、矿权、保有原料来源、依靠关税保护的卡特尔等。

二是购买者的行为。在厂商减少产量、提高价格后，购买者却不减少购买，这使得厂商的利润多于没有提高价格（竞争价格）时的利润。这个条件并不容易具备，因为在一般情况下，厂商提高某商品的价格，消费者就会减少购买该商品，或转而购买其他替代性商品，从而导致厂商的利润减少。

以上两个条件很难同时具备，所以一般情况下是不会出现垄断价格的。现实中，厂商都有程度不一的垄断，但垄断不意味着产生垄断价格，大多数的垄断不会减弱、更不会消除竞争，所以，竞争价格是常态，而垄断价格是一种特例。相反，在新古典经济学中，垄断价格是常态，而竞争价格只是存在于理想状态中的特例。

米塞斯认为要对垄断利润和企业家利润进行区分。企业家利润体现的是某个企业对消费者的服务比别人的服务更好的程度；而垄断利润是在满足上述两个条件的情况下通过提高价格实现的，与企业家的创新或机会警觉无关，体现的是对消费者利益的损害，因此不属于企业家利润。但新古典经济学的厂商理论是不区分垄断利润和企业家利润的。

不难发现，米塞斯的垄断价格理论是从现实出发的，具有浓厚的"行动学"特征，而相比之下，新古典经济学的厂商理论从一开始就建立在虚构的理想状态之上，缺乏说服力。

💰 思 考

1. 在米塞斯看来，垄断意味着产生垄断价格吗？为什么？

2. 假如一个企业拥有某产品的技术专利，那么该企业对这一产品一定能谋得垄断价格吗？

💰 资 料

1. 路德维希·冯·米塞斯. 人的行为. 夏道平，译. 上海：上海社会科学院出版社，2015.

2. 克里斯托夫·帕斯. 科林斯经济学辞典. 罗汉，译. 上海：上海财经大学出版社，2008.

从老子的"无为而治"到哈耶克的"自发秩序"

冯兴元

本课要点

1.哈耶克崇尚的"自发秩序"指的是什么？

2.老子主张的"无为""好静"与哈耶克的"自发秩序"观的共通之处。

老子主张"无为而治"，哈耶克曾经对其大为赞叹。1966年9月，哈耶克在东京进行"自由主义社会秩序诸原则"的演讲。他在谈到自发秩序理论时，激动地反问道："难道这一切不正是老子所言'我无为，而民自化；我好静，而民自正'吗？"

在这里，民的"自化"和"自正"就是一种自发秩序，而圣人的"无为"和"好静"则是自发秩序得以运行的保障。根据哈耶克的解释，"自发秩序"是"人的行动而非人为设计的产物"。例如：市场交换秩序就是自发秩序，它是无数人行动的产物，不是单个头脑人为设计的产物，它与很多人的理性行为有关，但是不能为单个人的理性所把握、控制、左右和设计，也就是哈耶克所讲的"理性不及"现象。而"自发秩序"的保障是社会中人人遵守哈耶克所言"法律下的自由"的原则，所谓遵守者也包括政府。

但是，老子主张"无为"和"好静"，绝对不是"不作为"，而是一种"积极不干预"。老子的"无为而治"思想与哈耶克的"自发秩序"观，至少存在三个方面的共通之处，有必要在此做一简单分析。

《道德经》第一章提出："是以圣人居无为之事，行不言之教，万物作而弗始也，为而弗志也，功成而弗居也。"这句话大概的意思是："因此，圣人用无为的观念对待世事，用不言的方式施行教化；听任万物自然兴起，而不为其创始；有所施为，但不加自己的倾向；功成业就而不自居。"

老子主张"圣人居无为之事，行不言之教"，其中的"无为"

是该不作为时绝对不作为，该作为时则依据规则有所作为。他所谓"不言"就是指通过彰显"无为"，行教化之功用。老子所指的"无为"和"不言"，与哈耶克对那种任由事物自行发展的教条式的"自由放任"（laissez faire）的观念的批评异曲同工。这种批评见于他的名著《通往奴役之路》一书中。

上文中老子主张"万物作而弗始"，而哈耶克主张的依赖事物发展的"自发秩序"，即老子所谓"万物作"；哈耶克主张非政府的"人为设计"或者"建构"，即老子所谓"始"。这仅仅是老子和哈耶克在第一层面的共同主张。

不过，如果对任何事物的发展均采取放任自流的态度，难免会出现一些问题。这时，老子强调"为而弗志也"。这里的"志"，指涉"意气""倾向""专断"。老子的这一说法，相当于哈耶克在《通往奴役之路》一书中主张的"为自由而计划"。其背后是采取行动以形成和维护一个一般的和抽象的规则框架，从而使组织运作的适宜的，而不是去干预其具体的结果。这是老子和哈耶克在第二层面的共同主张。

老子主张"成功而弗居"实际上是强调，要承认社会和市场的自组织能力与作用，而圣人的"无为"之为则是应有之举，所以不必把功劳算在自己的头上。与此相应，哈耶克强调市场秩序和普通法等人类文明本来就是演化而来的自发秩序，每个人，包括政府官员，均需遵守"法律下的自由"原则，而政府的作用是促使这种自发秩序能够更好地发挥作用。因此，老子有关"成功而弗居"的主张也是哈耶克思想学说的应有之义。这是老子和哈耶克在第三层面的共同主张。

　　当然，老子和哈耶克的主张也存在许多差别。老子主要强调面对民之"自化"和"自正"，圣人应该如何"无为"和"无言"，这里我们就要问圣人到底是谁。我们无须在此回答。在哈耶克的词语库里，自然不存在"圣人"的字眼。老子主张"不尚贤，使民不争"，即主张一种"无竞争"的秩序，而哈耶克则强调政府应该"为竞争而计划"。老子主张"小国寡民""邻国相望，鸡犬之声相闻，民至老死不相往来"，即地域较为狭小、住民较少的自然经济，而哈耶克主张市场经济这种自发秩序。老子主张"使民无知、无欲"和"绝圣弃智"，哈耶克则强调要通过市场过程来利用无数个体当中存在的大量"分散的知识"或者"局部知识"，视市场秩序为一种"知识分工"秩序和人类合作的"扩展秩序"，而且洞见了市场秩序还有一种化干戈为玉帛的功效。老子主张"绝巧弃利"和"少私寡欲"，哈耶克则接受亚当·斯密《国富论》中"看不见的手"的原理，以及在市场中，无数个体在追求自利的同时，无形之中也增进了社会福祉。

　　老子的古典世界是简单的初民社会，要求人们遵循一些较为简单的规则。哈耶克的现代世界是复杂得多的工业社会，甚至是后工业社会，所以需要确立和明示更多、更详尽的规则。老子主张"道法自然"，哈耶克应该并不反对。不过，工业社会或者后工业社会不能仅仅停留于"道法自然"的说法，我们要体悟它，并且通过发现和确立一套规则而最终践行它。按照哈耶克的观点，市场秩序或者自由企业制度需要一套规则去维护，市场秩序本身以及这套规则本身均属于人类文明的核心内容，从总体上来说是演化而来的自发秩序。政府可以根据一般、抽象和非选择性的规则改善市场竞争的一些消极条件，如财产法和合同法，也可以改善一些积极的条件，例如：更好地做出专利法制度安排，保护创新，但又不使其成为实现进一步创新的障碍。而且，所有这些有关市场竞争的规则需要通过一种规则之间的竞争程序来加以检验和筛选。

无论如何，哈耶克主张，要发现和确立一些规则，其本身也要遵循一种"道"，体现了老子所言"道常无为而无不为"。其含义就是：道永远顺其自然而无所作为，却又没有任何事情不是出自它所作为。

💰 思　考

1. 举例说明什么是自发秩序？
2. 老子的"无为而治"观与哈耶克的"自发秩序"观有何异同？

💰 资　料

1. 弗里德利希·冯·哈耶克. 法律、立法与自由. 邓正来，张守东，李静冰，译. 北京：中国大百科全书出版社，2000.
2. 老子. 道德经.

市场是一种公共物品

朱海就

本课要点

1. 公共物品一定要由政府提供吗？

2. "产品的公共性"与"提供者的公共性"之间有对应关系吗？

在经济学教科书中，"公共物品"是指具有"非竞争性"与"非排他性"的商品。如果一个商品在给定的生产水平下，向一个额外消费者提供该商品的边际成本（新增成本）为零，则该商品是非竞争性的。如已经修建好的马路和灯塔，为额外的汽车和船只服务不会增加它们的运作成本。非排他性是指一种商品或服务一旦被生产出来，就不能排斥任何消费者消费该种商品或服务，国防就是非排他性商品的例子：一旦一个国家提供了国防，那么所有公民都能享受它的好处。公共物品的上述特征导致了"搭便车"等问题，人们可以享受它的好处而不用为它付钱。然而如此一来，市场就不能有效地将公共物品生产出来，故主流经济学的结论是"公共物品如果要有效率地生产就必须由政府补助或者由政府提供"。

由于"非竞争性"和"非排他性"被视为产品本身所具有的特征，所以"公共性"也被看作是产品本身所具有的特征。不同的产品，根据其"非竞争性"和"非排他性"的程度，被划分为公共物品和私人物品。在现实中，公共物品与私人物品往往是难以区分的。例如：公众号"经济学通识365"上的文章、漫画和语音等产品对生产者来说是私人物品，但这些产品被放到公众号上之后，对读者来说便是公共物品。每一种产品都有产权边界来决定其作为公共物品还是私人物品的"程度"，纯粹的公共物品或私人物品是不存在的。比如严格受产权保护的专利技术，比互联网上可以随便阅读的文章更具有私人物品的性质。

公共物品的提供与生产不是一回事。政府提供的公共物品在很大程度上也是私人生产的。例如：城市公共交通服务似乎是公共物品，但是如果拆开来看，打开这种公共物品的"黑箱"，我们就会发现，公交车、信号灯等往往都是私人生产的。又如很多城市使用的新能源公交车就是比亚迪公司提供的。另外，司机和交通协管员一般来说都不是公务员，而是劳动力市场上聘用的合同制员工。还有，城市道路卫生往往被视为公共物品，但清洁道路的清洁工，一般来说不会是政府公务员。这些例子说明，其实不是政府提供了公共物品，而是市场（无数的私人）提供了公共物品。

公共物品可以由政府提供，也可以由私人提供，也可以混合提供，比如由政府提供土地而由私人经营的美术馆或博物馆就属于后者。一般来说，公共物品应该尽可能由私人提供，因为私人提供的效率更高。有的经济学家认为，不仅道路、教育和医疗，甚至国防与司法等也可以由私人提供，有一位奥地利学派经济学家就写过一本名为《防卫的私有化》的书。

从消费的角度来看，政府提供的很多产品或服务在很大程度上是"私人的"。例如：居民入读城市的公立学校，要有"城市户口"，只有城市居民才能入读。只不过这里的"私人"不是指某个人，而是指"城市居民"这个群体而已。相反，私人提供的很多产品或服务却是非常具有公共性的，比如NGO（非政府组织）的服务、私人慈善救济、可以免费下载的软件等。可见，"产品的公共性"与"提供者的公共性"之间没有对应关系，但人们在提到"公共物品"这个概念时，经常会把两者混淆在一起，或者把两者想当然地联系在一起，从而造成了不必要的混乱。

也许，始终是公共物品的只有"市场"了，我们所需要的绝大多数产品，都是市场提供给我们的。里德的《铅笔的故事》告诉我们，市场中无数的人都对某个产品做出了贡献，但我们很难区分究竟是谁对某种产品的哪一部分做出了多大的贡献。我们都能从市场中获得收益，但这种收益不能被具体分割，从而归到特定的某些人身上。我们的生活水平的提高并不依赖某些所谓"公共物品"，而是由市场中各种各样的产品与服务的增多及其质量的改善所带来的，这关系到每一个人的利益。市场这一"公共物品"既提供主流经济学所说的"私人物品"，也提供主流经济学所说的"公共物品"。其中，"价格信息"恐怕是市场提供的最为重要的"公共物品"了。当然，知识与技术的外溢等，也是极为重要的公共物品。市场中出现大量的"公共物品"，并不意味着"市场失灵"，相反，这是市场竞争更加充分的体现。

对大多数人而言，我们从市场中获得的利益要远超出我们对市场的贡献，其原因除了市场中有大量的免费产品和信息，如价格以及各种产品的外部性溢出之外，还有前人积累下来的大量资本和知识。在很多情况下，我们无须为使用这些前人的"遗产"付费，即我们接受了他们的馈赠，比如语言文字就是典型的例子，还有法律、习俗等。

因此，公共物品的核心问题不是计算由谁提供更有效率，而是完善市场规则和促进合作秩序的扩展，让市场这个公共物品更好地服务于人们。

思　考

1. 用"非竞争性"与"非排他性"定义公共物品有什么局限性?
2. 请说明政府和市场在提供公共物品上的关系。

资　料

黄春兴. 当代政治经济学. 杭州：浙江大学出版社，2015.

经济增长需要竞争秩序

冯兴元

本课要点

---

1. 国家的长期稳定发展需要奉行一种能促进绩效竞争的竞争秩序。

2. 一个面向绩效竞争的竞争秩序包括哪些构成原则？

3. 竞争是通往繁荣的必经之路。

一个国家的长期稳定发展，需要奉行一种能促进绩效竞争的竞争秩序以助其中。战后德国[1]推行社会市场经济，其建立和维持竞争秩序的经验可供我们借鉴。德国在20世纪60年代出现的"经济奇迹"，就与其早期建立和维护这样一种能促进绩效竞争的竞争秩序有关。德国人迄今为止仍然有着强烈的竞争秩序理念，这种理念连同德国人所奉行的竞争秩序，已经成为支撑德国经济发展的软实力。

德国奉行竞争秩序，与该国的一个著名经济学派有关，那就是弗赖堡学派，也称秩序自由主义学派。弗赖堡学派的思想是德国社会市场经济体制最重要的经济思想来源。该学派的代表人物欧根教授主张，应该由政府建立和维持一个竞争秩序，而且为了防范政府滥用公权，政府也需要在法治框架内运作。他把竞争秩序称为一种"符合事物本质的秩序"，是"有运作能力的、维护人的尊严的秩序"。他通过研究总结和提炼了一组构成竞争秩序的核心原则，包括：一个有运作能力的价格体系、币值稳定、私人产权、开放市场、契约自由、承担责任以及经济政策的前后一致性。

上述构成竞争秩序的核心原则，应该共同构成一个面向绩效竞争的竞争秩序，它应该主导我们的经济过程。政府建立和维护这样一种竞争秩序的目的，就在于保护竞争，而不是保护某个具

---

[1] 本文所述德国均指联邦德国。——编者注

体的竞争者。

相对于上述其他原则，"一个有运作能力的价格体系"这一原则居于"众星捧月"的地位，毕竟，离开了这样一种价格体系，就不存在真正的市场经济。真正的市场经济离不开一整套真正反映生产要素、产品与服务稀缺性的价格指示器。

上述原则之间存在相互依赖、相辅相成的关系。其他原则运作得越好，"一个有运作能力的价格体系"这一原则就能运作得更好。越是推行"私人产权"和"开放市场"原则，个人为其行为和投入"承担责任"的原则就体现得越彻底。"币值稳定"原则推行得越好，就越能降低乃至消除通货膨胀问题，"私人产权"原则也就会落实得更好。"经济政策的前后一致性"这一原则的推行，意味着需要且也一定会更好地推行其他原则；而其他原则要想更好地推行，意味着必须落实竞争政策的前后一致性原则。这样运作的结果，实际上也意味着没有短期宏观经济政策操作的空间，而欧根确实也反对凯恩斯的宏观经济政策。

上述原则之间也可能相互抵触，所以还需要相互磨合。例如：一个面向绩效竞争的竞争秩序要求以私人产权为主导，但是不允许个人滥用私人产权，如不允许滥用市场中的私人权利，尤其是市场支配地位。同样，契约自由是根本，但不允许会形成价格卡特尔的这种契约来限制竞争。开放市场很重要，但不能形成价格卡特尔。

值得注意的是，欧根最初的竞争秩序设想反对任何私人市场支配地位的出现，更反对滥用其支配地位。欧根对私人市场支配地位的"恐惧症",源自他对 20 世纪 20 年代左右欧洲主要国家卡特尔化问题的观察。当代欧美一些主要国家的相关法律对市场支配地位的出现更为宽容——它们反对滥用市场支配地位,但在很多情况下会允许市场支配地位的形成。例如:美国允许微软和苹果公司拥有市场支配地位;在中国,则体现在允许淘宝和京东拥有市场支配地位。但最终,各个国家也会出台政策反对这些公司的不正当竞争做法,而这些不正当竞争做法其实很容易被视为对市场支配地位的滥用。

不同的经济学派、不同的经济学家对竞争和垄断有着不同的看法。例如:奥地利学派经济学家米塞斯和罗斯巴德就反对欧根的竞争秩序观,而主张自由放任政策,他们认为政府不应该对市场采取任何干预措施;而哈耶克则比较认同欧根的竞争秩序观,但更倾向于认为应该让竞争作为发现程序,发现形成竞争秩序的规则。奥地利学派经济学家有关竞争和垄断的看法是非常重要的,对此需要另行介绍。

联邦德国第一任经济部长艾哈德是一位秩序自由主义学派经济学家,他认为竞争是通往繁荣的必经之路,他还出版了《来自竞争的繁荣》一书。如果将德文原著书名直接翻译过来,其中文书名就是《共同富裕》,这与改革开放之后邓小平的"共同富裕"理念不谋而合。早期德国社会市场经济体制推行一种竞争秩序,普适性地尊奉上述原则,取得了"经济奇迹"。我国的经济发展,也在某种程度上与遵循上述竞争秩序有关:我国选择性地、有意无意地在一定程度上遵循了这些构成竞争秩序的核心原则,从而取得了不错的成就。如果仔细看美国、英国、日本等发达国家,均可以看到竞争秩序在其经济发展中的作用。

　　遵循上述竞争秩序，可以为解放生产力、发挥企业家精神提供空间。以选择性的方式遵循，可以提供有限的空间；以普适性的方式遵循，可以提供最大的空间。我国要想进入富国俱乐部，可能仍然得遵循这一竞争秩序。不过，遵循方式可能需要从选择性方式转向普适性方式，这样才能最大程度上提高经济活力，最大程度上扩大生产和创新的可能性边界。

💰 思　考

1. 构成竞争秩序的原则有哪些？

2. 构成竞争秩序的那些原则之间存在哪些关系？

3. 竞争秩序及其构成原则对我国的经济发展有何意义？

💰 资　料

1. 瓦尔特·欧根. 经济政策的原则. 冯兴元，等译. 北京：中国社会科学出版社，2014.

2. 路德维希·艾哈德. 来自竞争的繁荣. 祝世康，译. 北京：商务印书馆，1983.

企业家与经济发展

消费者主权与企业家精神

黄春兴

本课要点

1. 探讨经济学的三大问题。

2. 企业家如何保证新商品会有销路？

3. 为何消费者也必须具有企业家精神？

前面我们已经提到过，市场机制是平行于政府权力的独立能力，能主导产业未来的发展和我们未来的生活。

人们在生活中的经济问题可以概括为三个方面：消费问题、生产问题和分配问题。由于我们这里讨论的是生活上的问题，因此消费是终极问题，而生产与分配只是手段问题。简单地说，消费问题关心的是：人们要以何种商品去满足自己与他人的欲望？在多重欲望下，人们要如何配置其消费内容？至于生产问题则是：这些商品将由谁去生产？人们会以什么方法和哪些生产要素去生产？最后的分配问题则是：生产出来的商品要以何种比例分配给消费者？分配的手段又是什么？

以政府的强制力去处理这三大经济问题会形成一种经济体制，而以市场机制下的消费者主权去处理这三大经济问题则会形成另一种经济体制。

我们在讨论财货时说过，只有能够满足消费者欲望的商品才能叫作财货。这不只是定义问题，因为不能满足消费者欲望的商品，绝不会是消费者的消费对象。既然消费是终极问题，那么消费者最终盼望的总是财货。当然，有些商品未必会被直接消费，而是被以货币或财富的方式保存着。但是，个人保留货币或财富的目的，最后还是要交换成财货的。这节课我们暂不讨论货币和财富。

商品在被生产出来后，总是要送到市场上让消费者去评估的。他们如果喜欢，就会多买，反之则少买。他们的购买量决定了生产者的利润，进而决定了生产者是否会继续生产，或者是否会改进现在的生产。如果利润过低，生产者就不会再生产该商品了。消费者主权就是，消费者以个人是否购买的自主选择权决定了商品的存废和产业的兴衰。

读者或许会说："消费者主权好被动，只能决定已经生产出来的商品的去留，却无法决定新商品的生产。"是的，当消费者主权被解释为选择的过程时，它是完全被动的。

不过，真实世界的消费者并不会过于被动，他们会在各种场合中表达他们对现有商品在质量、设计或功能方面的不满，有时也会透露出他们所期待的商品。这些表达可能出现在朋友的聚餐中，但更常出现在他们与商品专柜小姐或经销点服务员的对话中。如果生产者的企业家精神够强，那么他们就会设法搜集这些消费信息，然后根据这些评述和期待去改良旧商品或推出新商品。

对企业来说，推出新商品是极具风险却又必须执行的任务。传统经济学的企业理论分析了企业家的最适要素投入组合和最适生产量，这些分析都没错，但还不够完备。企业家必须要把他的新商品卖出去，才会继续进行投资和生产。因此，他们必须在投资与生产之前先行教育消费者，不仅要让消费者知道有该商品存在，还要诱发他们产生对此新商品的新欲望。也就是说，如果新商品能够满足消费者已经存在的欲望，他们就得让消费者理解这是更好的选择；如果新商品能够满足的是一般消费者还不存在的欲望，他们就得努力开发消费者的新欲望。这些任务就是市场营销，内容包括市场调查、广告、促销、售后服务等。

市场营销是生产者与消费者交换见解的平台，如果没有这个平台，我们无法想象生产者是如何推出能满足消费者欲望的商品的。我们前面提到过，每个人都要有企业家精神，而市场营销也是双方（生产者和消费者）之企业家精神相互协调的平台。生产者努力创造新商品，展现的是生产方面的企业家精神；消费者对新商品的勇于尝试，展现的则是消费方面的企业家精神。虽然勇于尝试是消费者的主观行动，但企业家若把市场营销做得好，则有助于消费者发现自己的新欲望并勇敢地踏出第一步。市场营销是企业家充分利用消费者主权的手段，企业家若做得好，就能够引导消费者去支持该商品，自然也就支持了该企业及其产业的发展。

　　总之，市场机制的运作仰赖生产者与消费者之间的互动。生产者会利用市场营销去发掘消费者对新商品的期待，然后再将生产出来的商品送到市场上去面对消费者的选择。

💰 思　考

1. 请回想一下，你是否曾经将你对某商品的不满告诉了它们的营销人员？你当时是如何陈述的？
2. 你是否能举个实例说明：企业在生产新商品之前，都会怎样设法改变消费者的欲望？

💰 资　料

1. 路德维希·冯·米塞斯. 人的行为. 夏道平，译. 上海：上海社会科学院出版社，2015.
2. 张维迎. 经济学原理. 西安：西北大学出版社，2015.

创新与创业的异同

朱海就

本课要点

1. 怎么理解创新与创业的差异？

2. 创新和创业的共同点是什么？

"创新"和"创业"这两个词经常被人混着用，有的人甚至认为"创新"和"创业"的含义相同，但实际上并非如此。下面我们将比较"创新"和"创业"这两个概念，说明其区别和联系。

创业是指个体建立一份自己的事业，追求自己想要的成功。创业一般是指发生在"初创阶段"，即"从 0 到 1"这个阶段的行为。如果个体已经取得成功，那就不叫创业了，但仍然可以有创新。比如比尔·盖茨，他所创立的微软，市值已经超过约一万亿美元，现在已经不能说盖茨还在创业，然而微软的创新还在继续。还有，像 IBM 这样的"百年老店"，也还处在持续不断地转型和创新中。

创业并不意味着一定要"建立企业"，思想领域的很多创业者往往是孤胆英雄，他们总是一个人开辟自己的事业。比如米塞斯就是这样的人物，他的作品完全是自己一个人创作出来的。当然，哈耶克、罗斯巴德和安·兰德等人也是如此。古今中外大多数思想家都是"思想个体户"，这是思想领域的创业与物质产品的创业的差异。

创业可以从主观主义的角度去定义，即个体是安于现状，还是有追求成功的雄心壮志。在政府和事业单位混日子的人绝不能称为创业者，所以，人们一般把"下海"、离开体制称为创业。不过，在体制部门内也是可以创业的，比如政府部门或高校中也有一些优秀的创业型官员或学者。当然，创业更多见于市场部门，实际上，市场就是"企业家创业"的产物。比如浙江企业家的创业历程就是浙江市场经济成长的历程。在改革开放之初，正泰集团的南存辉从补鞋开始创业，娃哈哈的宗庆后从拉三轮车开始创业，我们也可以据此想象浙江当时的市场经济是比较初级和原始的。

创业可以是创新性的，也可以不是创新性的。例如：爱迪生的创业以他的发明为基础，是创新性的创业。同样，福特、乔布斯和比尔·盖茨等人的创业也是创新性的创业。这种包含技术创新的创业有着比较高的门槛，实际上并不具有普遍性。大部分创业者从事的是对产品的创新性要求并不高的事业。例如：在改革开放之初的中国，尤其是在浙江，大多数创业者是做小商品生产和买卖的，比如经营纽扣、领带、皮革、袜子和打火机等这些不起眼的、看上去没有什么技术含量的商品。很多创业者的第一桶金就是从经营小商品中赚来的。

就创业和创新的关系而言，有时创业是目的，创新是手段，对企业家来说往往如此；但对科学家和思想家来说，他们往往把创新视为目的，而实现创新的过程即创业反而成了手段。比如中国的诺贝尔生理学或医学奖得主屠呦呦，她开发新药物的过程就是她自己创业的过程。创业是追求目标的一种持续性行为，如屠呦呦为开发新药持续奋斗几十年。创新不一定是由创业者做出的。比如一个人写了一本有新意的书或一篇论文，这是"创新"，但单凭这一行为，还不能说他是在"创业"。创业是持续时间较长的过程，而创新是某个阶段的行为。

创新和创业的一个共同特征是对"自我"的表达，即把自己的想法、意志和能力充分"表达"出来，这也意味着对自我的坚持。所以，创新和创业共同的敌人是"不去表达自己"，听从他人的安排，随波逐流。当一个人把自己独有的东西，如他自己的思想表达出来时，就是在为社会增添新的东西，就是在"创新"；当一个人持续地把自己的时间、精力用于表达自己的想法时，他就是在"创业"。他创业的成果可以是某项发明，可以是某种著作，也可以是一家企业。创业者的具体成果虽然多种多样，但他们都会收获别人对他的尊重。

如上所述，这种思想领域的创新，是可以采取"孤军奋战"的形式的，但物质生产领域的创新，现在越来越需要团队合作。换句话说，创新是各方面的人才和资金合作的产物。而把各种要素组合在一起，实现创新的一种主要组织形式就是企业。

现在有很多年轻人宁愿自己开淘宝店或微店，也不愿意进入企业工作，这对一个国家的创新能力的提升其实是不利的。个体单凭自己的力量很难生产出独特的产品，所以多数情况下他们只是销售企业既有的产品，也就是并没有为社会提供什么增量的价值。改革开放之初的创业者似乎也在销售他人的产品，但用熊彼特的话说，这些创业者开辟了新市场，而现在开淘宝店或微店的创业者却只是在利用既有的网络市场。由于很多年轻人选择了这种形式的所谓"创业"，导致企业难以招聘到年轻职工，从而使企业陷入经营困境。

创新和创业的主要舞台是企业，政府应该鼓励年轻人在企业中发挥自己的创造性，脚踏实地地去提升产品和服务的品质，这才是当下中国需要的创新和创业。

💰 思 考

创新和创业的关系是什么？有何异同？

💰 资 料

约瑟夫·熊彼特. 经济发展理论. 叶华，译. 北京：九州出版社，2007.

自主创新的误区

朱海就

本课要点

---

1. 为什么说追求自主创新是一个误区？

2. 为什么说在市场法则之下，国与国之间不存在冲突关系？

前段时间，中兴公司在未来 7 年内被禁止使用美国公司生产的芯片一事引起了普遍关注，此事也被称为"中兴事件"。对此，很多人主张芯片应该尽快国产化。有的媒体认为"发展国产芯片，这事不能再拖了"，这种观点非常流行。但学过经济学的人都知道，能增进消费者利益的是市场，而非特定的产品，如芯片。如果国家为了能实现"芯片的自主创新"，而将大量资金投入芯片开发，那是资源误配置，是对市场秩序的损害，这最终会损害消费者的利益。

一个国家的企业能够生产什么，是由市场决定的，本国企业尚不能生产高端芯片也很正常，因为没有谁规定高端芯片一定就得靠国产。政府也不可能通过命令的方式，让高端芯片从地底下长出来。不同企业根据自己的优势，在世界范围内参与分工，生产不同产品，这再正常不过了。日本粮食还不能自给呢，粮食比芯片重要吧，按照某些人的逻辑，那么日本是不是应该举国生产粮食？在不具备成本优势的情况下，非得实现本国化生产，那显然是违背成本法则的。芯片毕竟不是原子弹。所以我们要记住，重要的不是能不能将产品生产出来，而是产品生产出来后有没有市场。

自主创新战略有时会导致资源的错误配置。如果美国开发出了芯片，那就应该让美国发挥生产芯片的优势。美国的芯片公司可以从芯片生产中获利，这会促使其大规模生产，这样芯片的生产成本就会下降，价格也会降低。这对中国需要利用芯片的企业是有利的，因为这节省了自己的开发成本，本来用于芯片开发的资金，现在可以用到自己更有优势的生产环节。当然，这不是说不能自己开发，而是说要把决定是否自主开发的权利交给企业。国产化应该是市场竞争的一个可能结果，而不是目标。当然，竞争的结果也并不必然意味着某种产品就一定会实现国产化。

通过遵守市场规则，在此基础上建立诚信，让别人愿意把产品卖给你，这是市场法则。至于能否国产化，则交给市场决定。市场奉行消费者主权，消费者不会去看产品的"国籍"，而是只会看产品本身。

很多人以为只有金钱才有价值，其实道德、法律和伦理本身也有价值，甚至有比金钱更重要的价值。对道德、法律和伦理等价值的捍卫，才能最终实现金钱的价值。不同国家的价值观不同，有的国家为了金钱的价值可以完全不顾道德伦理的价值，而有的国家则比较看重道德伦理的价值。

在经济学上，利益是效用，是个体的和主观的，因此"国家利益"并不存在。个体与国家是通过这种方式建立利益关系的：如果国家捍卫了市场规则，那就是维护了个体的利益。很多人习惯于把自己想象为国家，把"国家利益"和自己的利益等同起来，如果他们知道国家和自己的利益关系是通过市场建立的，那么他们更应该为市场辩护。

很多人有一种"斗争"思维，认为国家与国家之间的利益是有冲突的。他们不知道，在普遍适用的市场法则之下，国与国之间的利益不会有冲突，对各国的国民来说，他们之间的利益是一致的，因为市场无国界，商业无国界。相反，如果某个国家搞经济国家化，对自己的某些企业提供特权保护，不仅会损害本国其他企业和国民的利益，也会损害其他国家的企业和人民的利益。这样，国与国之间就会发生冲突。所以，国与国之间的冲突可能是源于某些国家不遵守市场规则。不同的国家可以有意识形态的差异，但在市场规则和商业伦理上应该是一致的，这样就可以避免冲突。

同样不可取的是"阴谋论"思维。例如：有人认为美国惩罚中兴公司是出于某种特殊目的，如遏制中国的强大等，这种"阴谋论"思维也是非常流行的，但也是经不起推敲的。如果企业没有违背规则，美国政府就没有理由予以处罚，否则的话美国政府就会失去道义上的支持，在经济上对自己也是不利的。因为在这条产业链上也有美国公司，美国消费者的利益也会受损，另外，美国公司也可能受到对方的报复。如果公司违背了规则，那么被处罚也是正常的，美国的波音公司也受到过类似的处罚。

国家只能合法地利用商业，比如通过市场购买公交车，这是可以的。但是，如果购买用于侵犯个人基本权利的设备，那么相关企业就不应该与国家合作、为国家提供便利，因为这样做侵犯了商业伦理。在商业伦理与市场规则这件事上，国家之间应该相互监督。假如哪个国家庇护自己的企业，纵容其破坏商业伦理与市场规则，那么其他国家应该提出抗议，经济学家则更应该站出来。

无论是中国还是美国，都不能把商业国家化，这种做法是斯密在《国富论》中坚决反对的重商主义。商业的国家化将导致国家之间的贸易纠纷，乃至战争。"捍卫商业伦理，这事不能再拖了"，这才是我们从"中兴事件"中应该吸取的教训。

💰 思　考

1. 个体与国家是通过何种方式建立利益关系的？

2. 为什么从某种意义上说"自主创新"战略会导致资源误配置？

💰 资　料

路德维希·冯·米塞斯. 人的行为. 夏道平，译. 上海：上海社会科学院出版社，2015.

课时 64

企业家与不确定性

朱海就

本课要点

---

1. 成为"促进者",需要什么样的企业家精神?

2. 为什么说承担不确定性意味着企业家要押上自己的资产?

　　春节期间，笔者去浙江某古镇旅游，途中发现有人在路边卖草莓，于是停车购买了一些。品尝后发现，草莓比城里卖的更新鲜，价格也更便宜。这得益于摊位的后面就是种草莓的大棚，草莓是农民直接从地里摘来卖的，甚至顾客也可以自己去采摘。在马路边做点小买卖，这种情况不仅在中国，在其他国家也很常见，笔者还曾在加利福尼亚的公路边买过西瓜。这些商贩善于利用"地利"优势，但不应忘记的是，他们同时也承担了不确定性，并非稳赚不赔。

　　在不确定性的前提下才有利润机会的存在，或者说，没有不确定性，就没有利润机会。从经济学上来讲，企业家指的就是承担不确定性的人。相应的，企业家精神指的是承担不确定性的功能。由于生活在真实世界中的人都不同程度地承担了不确定性，故每个人都可以说是企业家。米塞斯和坎蒂隆都说过，"乞丐也是企业家"，这正是从功能的角度来说的。

　　也有真的把乞丐变成企业家的例子。孟加拉国的尤努斯，诺贝尔和平奖得主，他成立银行，把钱贷给乞丐，让他们做小买卖，结果很多乞丐不再做乞丐，而是变成了个体户，获得了独立谋生的能力。尤努斯通过贷款这种方式，进一步提升了乞丐的企业家精神，实现了扶贫的目的，其效果比慈善更好。俗话说"授人以鱼，不如授人以渔"，创造条件，把人的企业家精神发挥出来，对中国目前正在进行的扶贫事业也很有启发。

　　另外，企业家这个概念不仅是对生产者来说的，对消费者也适用。消费者也需要企业家精神，最早接受某种新产品的人，比后来使用这种产品的人更具有企业家精神。例如：那些最早进行网购的人是需要一定的勇气的，他们让电子商务普及起来，让电子商务被人们普遍接受，他们也属于这一行业的开拓者。实际上，人们也常用"第一个吃螃蟹的人"来形容有企业家精神的人。

尽管每个人都承担了不确定性，从这个意义上说，他们都是企业家，但每个人对于不确定性的态度是有很大差别的。有的人厌恶不确定性，他们只是被动地承担了不确定性；而有的人把不确定性视为机会，主动拥抱不确定性。为了获得利润，有的人大胆地预期并且利用不确定性，积极主动地根据变化做出各方面的调整，具有这种偏好和能力的人更应该被冠以"企业家"之名。米塞斯把那些更有原创力、更有冒险精神、更有敏锐眼光，也就是那些更敢于也更善于承担较高程度不确定性的人称为"促进者"，他们是市场发展的驱动者、经济进步的开拓者，这种人在任何社会中都是少数。

当一个人不需要承担不确定性时，也就意味着他失去了企业家的功能。例如：某些企业家脱离企业，进入官僚部门工作，变成按部就班的行政人员，那么他也就不再是企业家了。同样是在行政部门，勇于改革的人又比那些安于现状的人更有企业家精神。

正是不确定性的存在，才产生了"决策"的需要，准确的决策需要拥有判断力、想象力、创造力、领导力或是其他相关要素，这些要素构成了企业家才能的具体内容。如果没有不确定性，那么就不需要企业家对未来进行判断，企业家也就可以被计算机代替了。人工智能不能代替人类的根本原因就在于人工智能不能扮演企业家的角色，它们既不能像人一样承担不确定性，也不能像人一样能够对未来进行判断。

在不确定性的条件下，企业家要解决生产什么产品、使用什么要素、怎么组合要素、卖给谁等一系列问题。这里特别值得一提的是"资产组合"，企业家是根据自己看到的利润机会、自己判断的市场趋势去组合要素的。不同的组合就意味着生产不同的产品，企业管理就是关于要素"组合的"，组合的成败包含着不确定性。

企业家如果想在激烈的竞争中生存下来，还必须具备警觉性、顽强的毅力、对主见的坚持，以及不惧怕失败的精神，这些都是企业家需要具备的素质。一个典型的例子是马斯克，他的可回收火箭发射试验失败了多次，但他没有退缩，最终取得了成功。

承担不确定性也意味着企业家要把自己的资产押上去，即企业家是用他可转移的资产承担不确定性的。例如：某人虽然具有企业家精神，但不名一文，他找到资本家给他投资，所以这位给他投资的资本家才是真正的企业家。在资本家投资之后，比如共同成立了企业，之前的"穷小子"占有了一定的股份，拥有了可以承担不确定性的资产，这时他才成了真正意义上的企业家。在企业中，那些拿非固定奖金且拥有期权的员工，都在一定程度上承担了不确定性，也是广义的企业家。

企业家活动的目的是获得利润，而不是赚取工资，工资收入相对固定，而利润是不确定的。坎蒂隆，作为第一位系统分析企业家的经济学家，把一个国家的居民分成了两个阶层：企业家和雇佣工人。他把那些获取确定性工资和津贴的将军、朝臣以及家佣都归为后一个阶层，而把其他人都归为企业家，包括上面提到的乞丐。

💰 思　考

1. 如何从不确定性的角度理解企业家与企业家精神？
2. 人工智能可以扮演企业家的角色吗？为什么？

💰 资　料

理查德·坎蒂隆. 商业性质概论. 余永定，徐寿冠，译. 北京：商务印书馆，1986.

课时 65

利润的来源

朱海就

本课要点

1. 利润是企业家所做贡献的度量吗?

2. 为什么说创新意味着判断?

3. 承担不确定性会产生利润吗?

关于利润，我们首先要区分主观利润与货币利润。每一个行动都包含着主观利润，如某个行动实现了某个目标、消除了某种不适，也就意味着获得了主观利润，这种原始的或心理意义上的利润是无法计量的。

我们通常说的利润是指货币利润，它是指有了货币之后，以货币衡量的收入与支出的差额。利润首先是一个主观概念，存在于企业家的头脑中。没有利润，企业家就无法进行经济计算，也就无法进行投资决策，所以利润是企业家进行经济计算时必不可少的因素。企业家的投资有可能获得利润，也有可能亏损，这时的利润是一个"会计"概念。如果企业家确实获得了利润，那么就说明企业家对社会合作所做的贡献得到了社会成员的积极评价，利润越高，说明评价就越高。

企业家承担了不确定性，但承担不确定性而使用生产手段所获得的回报只是租金或利息，而不是利润。企业家可能同时拥有技术能力和企业家才能，但企业家的技术能力所对应的是工资，而非利润。这两种能力也经常被分开，由不同的人承担。发挥企业家才能的人一般也称为"开创者"，他们的代理人称为经理，而后者具有的是技术能力，获得的是工资性质的回报。

没有不确定性，就没有利润，不确定性是利润得以存在的前提条件，但承担不确定性本身并不产生利润。利润源于企业家承担不确定性之外的功能。米塞斯认为，利润源于企业家比别人更能准确地预测消费者未来的需求，也就是准确的判断能力。这里所说的"准确"不仅体现在企业家能够预测消费者的需求，还体现在企业家能够预测消费者急于购买企业家提供的限量产品，并愿意支付更高的价格。假如企业家仅仅只是做到满足消费者的需求，那并不能带来利润。与米塞斯强调判断的准确性相比，柯兹纳认为利润源于企业家对利润机会的警觉，这种利润被他称为"纯企业家利润"。但福斯与克莱因等奥地利学派学者认为，机会不是事先就已经存在且等着被企业家去发掘的；相反，机会是企业家在判断的过程中创造出来的，只有实现了利润，才可以说它是一个"机会"。

与上述奥地利学派学者相比，熊彼特认为利润源于企业家能够打破既有的均衡，也就是创新。熊彼特所说的创新指的是生产要素的新组合。当新组合完成以后，生产就变成了重复性的活动，或者当更多的企业跟进而分享利润机会时，利润就消失了。对于重复性的活动来说，只需要经理和监工，而不需要企业家。利润消失的过程，也是新产品的价值转移到生产手段中去的过程，即生产手段的价格会随着利润的逐步消失而提高。这意味着那些拥有生产手段的人，如工人和资本家将从企业家的创新中获益。就如米塞斯所说的，企业家与工人、资本家一起分享着来自经济进步的利益。

"利润"和"租"在性质上是不同的，利润是企业家创新的回报，而租是生产要素带来的回报。有的剩余其实不是利润，而是租。如果企业家不再从事新的组合，只是重复原来的组合时，还有剩余出现，那么这种剩余不是利润，而是租，也就是生产要素的回报。例如：国企的"利润"其实很大一部分是"租金"，即由廉价土地和生产资金所带来的回报。

熊彼特还区分了利润和垄断收入。作为新组合的结果，新产品在一定时期内具有垄断性质，会带来垄断收入，这种收入就是前面说的利润。它不同于依靠排他性的权力、社会关系等的垄断所带来的收入，熊彼特称后者为"来自垄断条件的收入"，这种收入与创新无关。

由于利润是企业家才能的回报，而非要素的回报，所以"利润的平均化"是一个错误的概念，这种说法是把利息和利润混为一谈。利息是使用资本的回报，源于时间偏好，但利润不是。在这点上，熊彼特和米塞斯是一致的，都认为利润与企业家运用的资本量没有关系，利润也不是靠资本的运用才获得的，故成本规律和边际生产力规律都不适用于利润。

在静态经济中没有利润，利润是经济发展才有的现象，利润、发展与财富积累是三位一体的。企业家在追求利润的过程中创造了大量财富，但企业家创造的财富不是企业家独享的。事实上，大部分财富为其他社会成员所分享，企业家获得的利润只是他创造的财富的一部分。一个鼓励发挥企业家才能的社会，才有可能发展，才有可能富裕。

💰 思　考

1. 利润说明了什么，有什么作用？
2. 说明利润与企业家才能的关系。
3. 说明利润和租金的区别。

💰 资　料

1. 路德维希·冯·米塞斯. 人的行为. 夏道平，译. 上海：上海社会科学院出版社，2015.

2. 约瑟夫·熊彼特. 经济发展理论. 叶华，译. 北京：九州出版社，2007.

3. 黄春兴. 当代政治经济学. 杭州：浙江大学出版社，2015.

课时 66

区域文化如何助力经济发展

冯兴元

本课要点

---

1. 阐述文化的含义和成因。

2. 不同文化的相互融合有什么意义？

　　文化令人着迷，但文化又像个谜。人们很难对文化做出一个严格和精确的定义。据称，有关文化的各种不同定义至少有200多种。我们可以把一个群体中的个体表现出的某种较高频度的行为视为一种文化。例如：一个小镇有数千人聚居，一到晚上大概有近千人在家里打麻将；浙江农村的很多妇女，一天到晚忙着做家务或者干农活。

　　一个地方之所以出现某种文化，有其特定的成因，而且往往是多种成因共同发挥作用的结果。地理气候环境是一个重要的影响因素，但也不一定就是决定因素。一般来说，高纬度地区冬天冰天雪地的环境总体上不容易造成一种浓郁的商业文化和企业家精神。但是这也不一定，瑞典在北欧，属于高纬度地区，但是瑞典人的商业文化和企业家精神总体上仍较为活跃。这说明其他因素在促成某地的文化中也发挥了作用。

　　《史记·货殖列传》中写了许多关于哪个地方有什么样的经济形态和习俗。文中这样描述：邹鲁这个地方民俗节俭乃至近于吝啬，曹邴氏尤为突出，他以冶铁起家，财富多达几万钱。然而，他家的父兄子孙都遵守一种家规：低头抬头都要有所得，一举一动都不要忘利。他家的租赁、放债、做买卖等生意遍及各地。邹鲁地区有很多人丢弃儒学而追求财富，就是受曹邴氏的影响。

　　文化不能说明一切社会经济现象，但很多社会经济现象确实与文化有关。地方文化与地方经济发展的关系多种多样，有些地方文化有利于地方经济发展，地方政府应该珍惜；有些地方文化不利于地方经济发展，地方政府应该重视。我们可以以吴文化、越文化与粤文化（也就是广东文化）为例，看看它们是如何助力经济发展的。在这三个区域，文化和经济发展的关系基本上是循环累积因果关系：相辅相成，互为因果，相互强化。当然，纯粹的文化决定论是有问题的，所以这里讲的因和果仍然是部分的因和果，只不过影响力较大而已。

吴文化从苏南一直延伸到与钱塘江交界的地方，钱塘江以南是越，以北是吴。苏南都是吴，按照新望的观点，吴文化有四个特点：勤劳、精巧、阴柔、秩序。苏州这一带，是长江大金三角里面的小金三角，是历史上全国最富的地方。在古代，政府对这个地方严加控制，因此，此地人形成的习惯就是讲秩序、听话。那里的税收尽管比别的地方高一点，但是产出也高，所以人们生活得还是很好。吴人讲秩序，讲顺从，如果真是要做什么事情，政府安排下去，当地人就会按部就班地去做，并且会做得井井有条。

钱塘江以南的越文化的特点是自主、竞争、冒险、功利。总体来看，秦汉以前，绍兴一带称于越，温州一带叫瓯越，福建叫闽越，岭南一带叫南越。可见，"越"指的是"过"和"远"，过了帝王控制的中心范围。其实越文化中也包含勤劳的要素，古时候这对很多家庭来说是生存的需要。早在越王勾践时期，绍兴一带的官民就因为勾践"卧薪尝胆"的带头作用，受到了严格的勤俭朴素的训练。

温州一带的瓯越文化也属于越文化。温州地处东海之滨，古代称为瓯越，辖内多山，人多地少，耕地资源稀缺。很早以前，温州人靠海为生。为了减少交易成本，防范各种风险，温州人需要依赖自身的社会网络——温州人带温州人，温州人帮温州人。海洋生活赋予了温州人独特的性格：不依赖、勇于竞争、敢于冒险、追求功利。瓯越文化也是一种海洋文化。这种海洋文化与当地的资源禀赋和自然条件有关，它是一种重商文化，对当地经济的持续发展大有好处。

粤文化，即广东文化的特点是：多元、兼容、开放、自主。秦汉之后，岭南有"百越"之称，是因为那里散落着很多叫"越"的民族。那里靠近海洋，是个华夏民族与南方少数民族相互融合的地方。百姓跟海外人做生意，需要发挥开放、冒险的精神。岭南离古代帝王的权力中心最远。与此相应，百姓的自主性强、有平等观，是一个反特权的地方。此外，广东与香港接壤，使其成为全国最开放的地方。

钱塘以南的越文化与广东的粤文化相比，前者更容易激发企业家精神。对于中国市场经济的发展来说，能将吴越粤三地文化融合起来是最好的。浙江人和广东人的自主精神和冒险精神较强，可以调配些许苏州人所具有的秩序精神（比如在集资方面）。吴文化里面可以增加一点点自主性、创新性和冒险精神，而不是像以前那样只讲秩序和顺从。越文化和吴文化可以更多地融入广东粤文化中的开放、多元的因素。这三种文化融合在一起，在中国将形成最好的文化。当然，文化融合基本上是不可能的，也是没必要的，即便这样的融合最适于市场经济的发展，但是文化多样性本身就有其不可替代的价值。

💰 思　考

1. 什么叫文化?

2. 吴文化、越文化和粤文化各有什么特点? 其对地方经济发展有何影响?

💰 资　料

1. 汤姆·伯恩斯. 结构主义的视野: 经济与社会的变迁. 周长城, 译.
   北京: 社会科学文献出版社, 2000.

2. 冯兴元. 地方政府竞争. 北京: 译林出版社, 2010.

"东北振兴"如何才能取得效果

朱海就

本课要点

---

1. 东北振兴战略为什么没有取得预期的效果？

2. 怎样才能使经济具有活力？

　　"东北振兴"战略出台已经有 10 多年了，但东北经济未见好转，这一振兴战略似乎没有取得预期的成功，这背后的原因是什么？当时的决策者把"振兴"理解为"扶持"，"东北振兴"政策的一项重要内容是"做强传统优势产业，加快培育新兴产业"。在这一政策的支持下，那些没有竞争力的企业继续被做大做强，这样就人为地维持了低效率的企业现状，从而阻碍了经济结构的调整。

　　类似的现象不仅出现在中国东北，在其他国家也有。比如 20世纪 80 年代，由于政府的"父爱主义"，日本也出现了结构调整缓慢的问题。从经济学的角度看，振兴战略的背后是谬误的宏观经济学思维，这种思维的一个主要问题是没有看到资本的异质性。

　　主流的宏观经济学错在从"总量"角度考察宏观经济，而没有意识到宏观经济是"一张由互相有着复杂关系的资本构成的网络"。对于构成这一网络的资本，企业家对其属性有各自不同的认识，也就是说资本是异质的。在真实的世界中，企业家不断地根据他们对消费者未来需求的"判断"，对资本进行组合。这意味着资本是变动的，所以资本不能被简化为与"总投资"相关的数据。

　　构成宏观经济活动的是无数个体企业家的行为，在没有政府干预的情况下，企业家的判断决定着宏观经济的走向，而这一重要的微观视角却为宏观经济学所忽视。换句话说，主流的宏观经济学变成了与"微观"割裂的所谓"科学"。忽视个体层面的活动之后，现代宏观经济学关注的是总量的最优，而这个"最优"也是经济学家虚构出来的。所以，主流的宏观经济学变成了服务宏观经济学家自己或政府的目标的"科学"，而不是无数人互动构成的那个总体，不是一个真正意义上的宏观的科学。由于主流的宏观经济学忽视了最基本的事实，与现实脱节，因此它也是与个体的生活无涉的，是飘浮在空中的。

在经济低迷时，应该怎么办呢？根据这种错误的宏观经济学，就应该改善经济总量，振兴也就是恢复经济总量的增长，对应的具体政策是政府对陷入困境的企业进行救助，为这些企业输血。假如企业资不抵债，那么政府就促使银行免除其债务，继续为其提供贷款。如此这般，这些劣质企业就像一个黑洞一样，吞噬着社会资源。政府的扶持和救助政策不仅没有使这些企业得到恢复，反而影响了其他企业的正常经营，因为最终提供救助资金的是正常经营的企业。俗话说"拆东墙补西墙"，但在"振兴东北"这个例子中，是拆了东墙，也没有把西墙补上。

要让经济复苏，必须遵循市场法则，对这些企业的不良资产进行处置，让市场决定这些资产的处置价格，并且由市场决定这些资产可以转到何种更有价值的用途上。当然，我们不知道谁是能够使之重新发挥作用的企业家，政府当然也不知道。这时，我们需要一个能够让资本的需求者和供给者都能够有机会发现对方的资本市场，这个市场应该具有促进资本充分流动、曝光不良资产，并进行快速重组的功能。

遗憾的是，目前相关政府部门在处理经济危机的相关问题时，受主流宏观经济学的影响，没有看到企业家、资源、企业和产业之间的异质性，以及重新处理资产的重要性。因此，相关政府部门在政策措施上都是集中于改善总量指标。然而，这些总量指标会掩盖关键问题，如"资源如何在各部门之间、企业之间和个人之间分配，不良投资是否被清算等"。例如：目前的去杠杆政策也是着眼于总体债务率的下降，但这并不意味着风险的降低，因为从微观层面来看，不良资产可能并没有得到处理。因此，经济复苏应从微观层面入手，通过要素市场，尤其是资本市场的完善实现企业资产的流动以及价值的再发现和再利用。概而言之，宏观层面的改善在于微观层面，微观层面的改善在于市场。

"东北振兴"战略没有取得预期的成功，这和当年美国"罗斯福新政"的失败类似。罗斯福采取了诸如大规模公共工程，工资和价格管制，强迫实施的卡特尔以及高关税等政策，不仅没有减轻大萧条，反而使得一个原本虽然猛烈但期限较短的经济紧缩变成了美国历史上最严重的、持续时间最长的经济危机。

错误的政策背后往往有错误的思想支撑，而支撑经济刺激政策的便是主流的宏观经济学。如果我们还不能认识到该学说的谬误，那么错误的政策今后还会不断出台，从而造成更多的危害。另外，我们还要警惕各种打着创新或其他名义的扶持政策。经济振兴在于维护和完善市场，尤其是促进资本市场的法治化，让资本市场去决定企业资产该如何被重新组合。

💰 思　考

1."东北振兴"战略的背后是什么经济学思维？这种思维错在哪里？

2. 为什么说宏观层面的改善在于微观层面，而微观层面的改善在于市场层面？

💰 资　料

N.福斯，P.克莱因. 组织企业判断. 剑桥：剑桥大学出版社，2012.

货币、资本与利息

货币的本质与职能

冯兴元

本课要点

1. 货币唯一的、基本的职能就是充当交换媒介。

2. 货币的其他职能，都派生自货币的基本职能。

3. 货币在严格意义上为什么不能充当价值尺度？

　　经济学家米塞斯认为，货币基本的、也是唯一的职能就是充当交换媒介。人们之所以想要得到货币，是因为人们想在今后的交换中使用它。只要一个物品有交换媒介的功能，就可以说它是某种程度上的货币，只不过我们还要区分它是不是大家普遍使用的交换媒介，唯有普遍使用的交换媒介才是完全意义上的货币。

　　有些学者认为，货币的本质是信用，这个观点似是而非。货币当然需要有信用，但是要求有信用的不仅仅是货币。人作为人而生存，要有信用；商业也要有信用，商业中的欺诈行为其实也是偷窃，只不过它借助了"商业"的幌子；金融也要有信用，否则也就是偷窃。所以不能说货币的本质就是信用。

　　米塞斯的上述论断非常正确。货币的本质是普遍使用的交换媒介，而且，正着说、反着说均成立：货币是普遍使用的交换媒介；普遍使用的交换媒介是货币。

　　米塞斯指出，在交换媒介这一基本职能之外，货币还有其他的职能，但无论其他职能是什么，都派生自货币的基本职能。标准教科书认为货币存在四项职能，并将其总结为：交换媒介、支付手段、价值尺度和价值储藏。有些货币因为在全世界范围内被普遍接受，也被称为世界货币，比如美元。这是美元所承担的特殊货币职能，而并非所有货币均有此项职能。无论如何，上述交换媒介之外的货币职能均无一例外地派生自货币作为交换媒介之基本职能。只不过，其他职能并非全部成立，在米塞斯锐利的眼光之下，其理论缺陷仍然露出了一点马脚。

米塞斯认为，货币不能成为价值尺度。他批评道："把货币作为价值或价格的尺度是完全错误的，不能用货币度量价值。"其原因是，货币本身是变动的，整个经济也是变动的，经济的变动会影响到货币的变动，货币的变动也会影响到经济的变动，两者相互影响。米塞斯坚持认为，正因为经济和货币均是变动的，所以货币不能拿来作为价值尺度。

其实，我们可以沟通米塞斯的货币"非价值尺度论"与主流经济学的货币"价值尺度论"。

每个人对每一事物都有着自己的主观评价，对货币和一般财货也一样。货币的变动体现在每个人对其价值的主观评估在变动。货币的价值来自一个人所感知的，可以作为一般财货（如贵金属）的使用价值，以及它作为一般交换媒介的交换价值。

确实，在严格意义上，我们不能拿变动的货币去度量各种变动着的财货的价值。"价值尺度"这一用语中的"尺度"，隐含了固定不变的度量衡的意思。那么，怎么来具体沟通米塞斯主张的货币的"非价值尺度论"与主流经济学所讲的货币的"价值尺度论"呢？我们可以变通处理，在一定程度上允许货币作为价值尺度用起来。这是因为在现实世界中，大家都已经被动接受了将货币作为价值尺度。人们对货币作为价值尺度已经存在某种需要，尽管大家都知道，我们手头的纸币，无一例外都在贬值。每个人对货币价值的主观评价应该有大致的范围，其依据仍是上面所述的货币本身作为一般财货的使用价值（如黄金作为一般财货使用），以及货币作为一般交换媒介的交换价值。为什么在个人的感知中会出现一定的价值范围呢？这是因为个人可以拿一定的货币去对照一定数量的其他货币、一般财货或二者的组合。比如说 100 元人民币能换多少美元、多少土豆、几张电影票或土豆和电影票的组合，通过比较个人才会大致形成对 100 元人民币的主观评价范围。这个价值范围仍然是主观的（仍然是你认为划算的交换），但是已经纳入了一定的客观内容。你这么做，别人也这么做，很多人也这么做，对于这"很多人"，其主观评价范围有很大一部分是重合的，这个重合的范围便给予人们对货币的价值和其所代表的财货的一种比较稳定的预期。很多人会接受这个范围，只要有很多人接受，就可以用货币来大致衡量其他货币和一般财货的价值，使其勉强充当价值尺度。有这样一种勉强的价值尺度总比没有好，这里面就考虑了沟通不同主体之间的主观评价。

认识了变动的货币作为价值尺度的变通处理，也就理解了变动的货币可以勉强作为价值储藏手段。货币代表购买力，当你持有货币的时候，就持有了以后换取其他货币或某些一般财货的能力。

💰 思　考

1. 货币的本质是什么？
2. 货币最基本的职能是什么？它还有什么其他职能？
3. 货币能够充当价值尺度吗？为什么？

资　料

路德维希·冯·米塞斯. 人的行为. 夏道平，译. 上海：上海社会科学院出版社，2015.

米塞斯论货币与信用

朱海就

本课要点

1. 货币证券和信用媒介分别指什么？

2. 为什么说绝大多数经济学家在银行问题的处理上犯了大错？

货币可以分为商品货币和信用货币，商品货币通常指的是黄金，而信用货币是货币的要求权，源于"货币替代品"的使用。有的信用货币没有要求权，但仍然可以作为交换媒介，如法币就是一种不兑现货币。

货币的价值与交易媒介有关，如果它不能作为交易媒介使用，那它的交换价值就大大跌落了。相反，当一种商品可以作为交易媒介使用时，它就获得了一种额外的价值。例如：比特币的价值在很大程度上源于它可以作为交换媒介，黄金更是如此。茅台酒和稀缺的住房都因为有类似的媒介功能而提升了其价值。

如上所述，信用货币源于货币替代品，但货币替代品本身不是货币，而是一种货币要求权，它包括：银行钞票、活期存款、低值铸币、法币和存款通货等。这些货币替代品都可以作为交换媒介使用，其中存款是指用存款支付的支票或其他信用工具。米塞斯指出，并不是所有的钞票都是货币替代品，钞票成为货币替代品是有条件的，这个条件就是人们对发行钞票的银行的兑现能力和意愿没有怀疑。钞票发多了，银行的这种能力和意愿会下降，这样就抑制了钞票的发行，没人愿意持有这种银行的钞票。

米塞斯进一步把货币替代品分为货币证券和信用媒介。两者的区别在于对其所发行的货币替代品是否保有等于其总额的现金（本位币）准备：与足额准备对应的那部分货币替代品叫"货币证券"；超出准备发行的那部分货币替代品叫"信用媒介"。也就是说，两者以百分之百准备金为分界线。米塞斯指出，货币证券发行数量的多少对市场是没有影响的，但信用媒介的发行数量会影响货币购买力、物价，并暂时影响利率。

货币证券与信用媒介对应两种不同的信用。一种是商品信用，是指不发行信用媒介的银行可以贷出的信用。在这种情况下，银行只贷出它自己的资金和它的顾客们信托给它的金额。另一种是流通信用，是指由于银行因发行信用媒介而可以贷出的信用。这时，银行贷出的资金超过它的自有资金和顾客信托给它的金额，相当于无中生有地创造了信用。简而言之，商品信用对应于货币证券，流通信用对应于信用媒介。

米塞斯指出，信用扩张只能是流通信用的扩张，商品信用是不能扩张的。但流通信用的授予并不总是代表着信用扩张，如原来发行的信用媒介在市场上所产生的影响都已经被消化掉，或者说物价、工资和利率等都已经适应了新增加的信用媒介而调整到位，这时不增加新的信用媒介，就不会引起信用扩张。换句话说，信用扩张只发生于新增发信用媒介的时候，如不增加新的信用媒介，只是把原来收回的信用媒介重新发行，那就不是信用扩张。

米塞斯认为在自由银行体制下不会出现信用扩张。那么，什么是自由银行？米塞斯说，自由银行是遵循一般性法则的银行。米塞斯强调银行业务应该受一般商事法规和民法的管制，而不该受政府颁布的特殊法令的管制，也就是说，银行必须履行一般义务，比如兑换现金。在自由银行体制下，假如银行发行信用媒介，那么它便总是处于不稳定的地位。这种不稳定性源于银行的声誉很容易受损，而银行最珍贵的资产就是自己的信誉。米塞斯认为，银行的钞票一般难以取得人们的信任，所以银行更不敢过分发行信用媒介，因为那样就增加了兑现它的货币替代品的需求。这使银行不得不紧缩发行量，所以银行是很难做到信用扩张的。

换句话说，在自由银行体制下，有自动的机制制约银行信用扩张，使银行不敢滥发信用媒介。所以，如果政府从未对银行业加以干涉，大规模的信用扩张就不会发生。银行如果是受政府特殊法令管制的，那么就不再是自由银行。当银行成为政府达成财政目的的工具时，信用扩张就容易发生，因为人们对政府的财政部门和它所控制的机构发行的货币总是"信任"的，这是一种只有政府才能引发的"迷信"。

米塞斯认为，绝大多数经济学家在银行问题的处理上犯了大错，即他们放弃了自由企业的原则，这相当于纵容了银行业的信用扩张。信用扩张的危害包括过度消费与错误投资，这使得生产调整和资源重新配置变得困难，以及造成不公正的财富再分配等。如果政府不断运用通货膨胀政策，那么可能会使货币制度崩溃。

思　考

1 货币替代品都有哪些？

2 怎么区分货币证券和信用媒介？

3 为什么说在自由银行体制下没有通货膨胀？

🪙 资　料

路德维希·冯·米塞斯. 人的行为. 夏道平，译. 上海：上海社会科学院出版社，2015.

课时 70

流动资本与投资

黄春兴

本课要点

1.投资者必须知道自己能动用的资本。

2.投资者必须掌握未来资金的周转。

3.没有可动用的流动资本就无法展现企业家才能。

　　印度很早以前就开始推动工业建设，当时的经济学家都认为重工业是所有工业之母，只要重工业发展了，就可以自己生产出各种轻工业所需要的机器。他们的另一个理由是：印度当时严重缺乏外汇，无法向国外购买各种轻工业所需的机器，因而必须先发展自己的重工业。

　　当时，这是发展经济学很流行的论点。但那时还在北京大学任教的蒋硕杰教授则在《清华学报》上发表了一篇经济学论文加以驳斥。文章的大意是：只要存在自由贸易，就应该将有限的资本投资到资金周转较快的轻工业上，而不应该投资到回收期甚长的重工业上。事实证明，印度的工业发展的确因路线错误，至少延误了半个世纪。

　　蒋硕杰在文中所称的外汇、资本或资金，指的是同一件事——投资者可以动用的货币。有限的资本是说当时印度拥有的外汇（尤其是美元）并不多，资金周转则是指投资资金在工厂生产之后就能开始回收。

　　我们以假设的数字进行说明。假设印度拥有 10 亿美元的外汇，可以自美国购入一家炼钢厂和一家机械厂，预估 10 年后可开始生产轻工业需要的机器。但是，如果拿这些外汇去购买轻工业需要的机器，则可以购置 10 家不同产业的工厂，并且 3 年后即可开始生产。这些轻工业工厂可以用 7 年时间输出产品以赚取外汇，10 年后，印度不仅可以赚回 10 亿美元，也有了自己的轻工业。所以，到那时再发展重工业也不迟。

这 10 亿美元是在投资前需要准备的资金，也称"资本"。有些名词请读者稍加注意：资本并非机器，而是货币，其正式名称是"流动资本"。至于机器则属于"资本财"，又称为"固定资本"。我们这一讲讨论的重点是流动资本。

投资者必须明确知道自己能动用的资本，以及未来资金的周转状态。如果投资者拥有足够的声誉与信用，那么就能够在投资前从金融机构借到足够的投资资本，否则，他就只能从自己或亲朋好友的储蓄中去筹钱，而这些钱都是亲朋好友省吃俭用攒下的。他们存这些钱，可能只是想要在未来消费，现在，这些钱却成了投资者的投资资本。

为什么投资前必须要先准备这些投资资金？这个问题虽简单，却非常重要。第一，投资者从筹备投资开始就无法再去赚取生活费，而所有的筹备工作也都需要费用。第二，他得购买土地、兴建厂房、购置机器。第三，他必须雇用各类员工，并且按月付酬。第四，他还得在产品推出之前打广告和寻找经销商。由于这些经费都在资金回收前就得支付，因此，他需要一笔投资资金。

米塞斯特别提醒我们注意第三点。他说，虽然生产活动常被说成是企业家与劳动者的合作，但企业家却必须在尚未赚到钱之前就得先支付劳动者的薪资报酬。不论是因生产拖延或销售不好而出现的经营风险，还是因突发的政策性风险而导致亏损，企业家都要独自承担。因此，企业家所能支用的流动资本越多，其所能承受的风险规模就越大。这里的意思是：他可以实施规模较大或投资期与生产期较长的投资项目；但是，如果可支用的流动资本很少，他就只能实施规模较小或投资期与生产期较短的投资项目；如果他没有可支用的流动资本，他就无法进行投资，也就无法展现他的企业家才能。

　　资金不足的国家若贸然展开重工业建设，无疑将长期冻结所有流动资金的运用，让许多企业家的企业家才能无法展现。反之，如果将流动资金分散给众多的轻工业企业，不仅可以让较多企业家的企业家才能有发挥的机会，也能很快地让市场去评价其成败，然后再进行新一轮的投资。蒋硕杰强调的是流动资本的善加利用，而不是以低利率政策去提高流动资金的规模。更多的流动资金可以让更多企业家的企业家才能得以展现，问题在于，政策性压低的利率会让他们低估资金的利用成本，从而选择了错误的投资对象。投资期和生产期较长的产业，因投资资金无法再周转，通常会期待较低的利率环境。所以，蒋硕杰担心国内的投资者会被误导，重蹈当年印度的覆辙。

💰 思　考

1. 印度当时严重缺乏外汇，无法向国外购买各种轻工业所需的机器，因而必须先发展自己的重工业。为何蒋硕杰认为这种见解是错误的？
2. 请区分这几项经济术语：资本、流动资本、资本财和固定资本。

💰 资　料

1. 路德维希·冯·米塞斯. 人的行为. 夏道平，译. 上海：上海社会科学院出版社，2015.

2. 吴惠林，彭慧明. 蒋硕杰传. 台北：台北天下远见出版股份有限公司，2012.

课时 71

资本品贵在内嵌知识而非劳动

黄春兴

本课要点

1. 资本是一种存量。

2. 知识或经验都符合存量的定义。

3. 淘汰知识的主要力量来自市场。

"资本"一词在日常用法中共有三种意义。第一种指流动资本——筹备企业所需的资金，如"开一家瑜伽馆至少需投入多少资本"中的资本。第二种指固定资本——就是那些被称为资本品的机器设备和车辆等。第三种是经济理论提到的生产因素中的资本——为生产而购置的资本品所提供的服务。不论是哪一种意义，资本都是谈论生产时的用语。这一课要谈的是生产过程中的资本品。

用于生产的机器或汽车等被称为资本品，这没什么争议，但熟悉的例子概念化之后，常会出现新奇的问题。让我们从两个例子说起。

假设在市中心有一块可以停20辆车的土地，而这块土地是一家停车场为提供服务而需要投入的生产要素。随着都市的发展，该停车场决定在该土地上盖一座五层楼的立体停车场，不算车道，一个楼层大约可停14辆车。那么，这座立体停车场要算作土地经过改良后的厂房，还是被摆设在土地上的资本品？答案有些模糊。假若立体停车场不是采用常规车位，而是采用经由数字计算机去控制升降的机械式停车塔，那么毫无疑问，它绝对会被视为机器。在这里，数字控制模糊了土地和资本品的界线。

数字控制的升降机械是业者从一家自动化机械制造厂购买的。这里的劳工的知识水平远高于传统产业的工人，因此彼得·德鲁克改称他们为"知识（型）劳工"。不同于德鲁克把关注点放在劳工拥有的知识上，经济学家加里·贝克尔则相对重视劳工的工作经验。他认为熟练劳工的产出之所以高过普通劳工，是因为他们拥有丰富的现场工作经验，他称此为"人力资本"。那么，人力资本要算作劳动力的延伸，还是要算作劳工背在身上的资本品？是什么因素模糊了劳动力和资本品的界线？

虽然劳动力、土地、资本是企业家精神之外的三项独立的生产要素，但我们在改良劳动力或土地之后，却发现它们很难再和资本品有所区别。贝克尔或许就是因此才想到要在"人力"之后附加"资本"。但自从人力资本的概念出现后，社会科学中就连续出现了许多嵌入于"资本"的新合成概念，如制度资本、组织资本、社会资本等。

这些新概念是否与"资本"这个概念相通？若是，资本的概念又是什么？现在，我们就以铸剑为例进行说明。

假设剑的材料是由几种金属合成的，而将几种金属合成为剑的材料，必须经过千锤百炼。"一炼一锤"就是一个回合的冶炼，每增加一个回合的冶炼，剑的锋利度就会增强几分。每一把剑，我们都可以从它的锋利度去了解其冶炼的回合数。锋利度就是一种"存量"，是经过一个又一个回合的冶炼累积而成的东西；"存"就是累积的意思，累积的回合数越多，存量就越大。

"存"的另一个意思是储藏，这意味着累积的东西也可能会减少。剑用多了，锋利度自然会削弱，如果动不动就用青冥宝剑去削铁砍铜，其锋利度会折损得更快。在经济学上，我们称每一个回合的冶炼为"投资"，而每一次的折损为"折旧"。于是，青冥宝剑锋利度的存量，就是它曾累积的投资，扣除它所发生过的折旧。

存量是作为资本的前提，不具备存量的东西是无法作为资本的。就人力资本而言，被视为资本的内容不是劳工的年龄，那不符合存量的定义。人力资本的存量，在德鲁克看来是知识，而在贝克尔看来则是经验。知识或经验都符合存量的定义：能投资，也会折旧。知识或经验属于投资都很容易理解，而其折旧就是淡忘。社会学家林南在定义社会资本时指出，社会资本的存量是指个人累积的人际关系，故其投资就是一个又一个回合的人际交往，而一次巨大的折旧可能来自一次严重的误会。

属于存量的东西，还要再加上一个生产方面的条件才能被称为资本。这个条件是：该存量的增加不仅能提升该生产要素的产出，也有助于提升其他生产要素的边际产出。譬如机器之所以被视为资本，是因为更精良的机器能带给劳动者更高的边际产出。就社会资本而言，更好的人际关系可以提升个人努力的成绩。

最后要提醒大家的是，存量的内容对生产的贡献并不稳定。就以一位大学毕业生为例，如果他长期未能学以致用，那么 5 年后，他毕业时所累积的知识存量将会折旧过半，因为 5 年前的知识已半数遭到市场淘汰。淘汰知识的主要力量来自市场，而不是个人的记忆。

💰 思 考

1. 请先陈述存量与资本的定义，然后再讨论"爱情"和"仇恨"是否也都算是存量或资本？
2. 请进一步说明：淘汰知识的主要力量来自市场，而不是个人的记忆。

资　料

1. 路德维希·冯·米塞斯. 人的行为. 夏道平，译. 上海：上海社会科学院出版社，2015.

2. 黄春兴. 当代政治经济学. 杭州：浙江大学出版社，2015.

3. 加里·贝克尔. 人力资本理论. 郭虹，译. 北京：中信出版社，2007.

课时 72

企业家与资本异质性

朱海就

本课要点

---

1. 哈耶克为什么说"凯恩斯没有资本理论"？

2. 资本的属性是由什么决定的？

为了说明资本的异质性，我们以水为例。水的化学分子式都是 H_2O，但在资本的层面上，水是异质的。就好像水库里的水，虽然物理形态相同，但因其被用于生产或消费的不同阶段，比如被用于发电、养殖、灌溉、观光和饮用等，从而具有了不同的资本特征。这个例子说明，资本的异质性是显而易见的。但新古典经济学却对资本作同质化处理，它假设资本品都有相同的属性，把资本看成是"总量"概念，把资本理论变成了"数量"理论。

凯恩斯也继承了新古典经济学的资本理论，他关注的是资本总量水平。对此，哈耶克说，"凯恩斯没有资本理论"。相比之下，奥地利学派坚持了资本的异质性。对资本是同质还是异质的不同认识是这两大学派的重要差异。奥地利学派的资本异质理论和企业家理论是联系在一起的。下面我们将从企业家角度说明资本具有异质性的两大原因：企业家对资本属性的不同认识和企业家对资本的不同组合方式。

资本具有异质性的第一个原因是企业家对资本属性的不同认识。奥地利学派从主观的角度看待资本属性，因而认为不同的企业家会看到不同的资本属性。如果同样的资本进入了不同的企业家的计划，被用于满足不同的目的，那么其属性也是不同的。例如：开馒头店的老板发现，做蛋糕比做馒头更赚钱，就用原来做馒头的面粉制作蛋糕，这样面粉作为资本，其属性已经发生了变化。

同样，在生产过程的不同阶段，资本的属性也是不一样的。

比如在制作蛋糕的过程中，作为原料的纯面粉与加了水、糖和其他添加剂后变成蛋糕的一部分的面粉，属性是不同的。纯面粉还可以有其他用途，而变成蛋糕的一部分之后，面粉就不能另作他用了。

资本的属性与产品的属性相关，产品的属性取决于企业家的判断。例如：企业家认为某产品未来会价格大涨，那么他就会去购买生产该产品的设备和原料，这些设备和原料也就具有了资本的属性；相反，假如他认为产品没有销路，那么在他眼中，生产该产品的设备和原料也会部分或全部失去资本的属性。由于资本的属性取决于企业家的判断，这也意味着资本的属性是个体的、主观的。

对于企业家来说，资本的属性不是客观存在的，也不是事先给定的，而是企业家不断创造和发现的。企业家通过创新，会不断地开辟资本的新属性，这也表明资本的属性是不断变化的。比如某企业家经营矿泉水生意，他花钱购买了部分千岛湖湖水的使用权。当他将水库里的水装入塑料瓶，变成一瓶瓶的矿泉水，再拿到市场上销售时，水的附加值就会大大提升。这时，作为瓶装矿泉水的水和千岛湖水库中的水，资本的属性已经大不相同。

资本具有异质性的第二个原因是企业家对资本的不同组合。资本是一个"结构"或"集合"概念，资本只有聚合在一起才会产生效率，孤立的资本是没有效率的。现实中，资本也总是组合在一起的，而最典型的资本组合就是"企业"。进入不同组合的资本，其性质也是不同的。如前面提到的，在"馒头"这一组合中的面粉与在"蛋糕"这一组合中的面粉具有不同的性质。当然，面粉还可以进入饺子、面条等组合中。同样，钢铁也可以进入住房、汽车和轮船等不同的组合中。类似于面粉和钢铁这样的原材料，在进入各种不同的组合之前具有通用性；而一旦被投入到生产中，变成了中间品之后，就具有了专用性，难以另作他用。

就如前面提到的馒头和蛋糕，现实中的任何一种资本都是某种组合的产物。同样的原料，经过不同的组合，其产生的效果也大不相同。这就如同墨水或其他颜料，究竟是变成涂鸦之作，还是变成精美的绘画作品，取决于画家对它们的组合。决定资本的不同组合，进而决定资本性质的，最终还是企业家的计划。在资本异质的真实世界里，企业家的主要功能就是组合土地、劳动力和包括机器在内的不同资本来实现自己的计划。企业家在组合资本的过程中，还要与供应商、销售商协调计划，这意味着资本组合问题是各种计划的协调问题。资本的性质不仅与单个的企业家的计划有关，还与其他企业家的计划相关。

如果资本是同质的，那就不需要企业家对资本进行不同的组合，这时企业家的作用不再重要。反过来，如果企业家不再重要，那么也就不需要组合资本，也就没有资本异质性的问题。这时，企业也可以简化为一个生产函数，变成一个"黑箱"，这就是为什么新古典经济学没有企业家理论，也没有企业理论的原因。企业家对资本性质认识的变化、对资本组合的变化，是市场存在不确定性的重要原因。凯恩斯强调不确定性，但又认为资本是同质的，这便无法自圆其说。

💰 思　考

1. 资本具有异质性的原因是什么？

2. 为什么说没有资本异质问题，就没有企业问题？

💰 资　料

N. 福斯，P. 克莱因. 组织企业判断. 剑桥：剑桥大学出版社，2012.

带有浓浓"人味"的资本品

黄春兴

本课要点

---

1. 资本品掺杂着劳动力的"人味"和创业家的"人味"。

2. 资本的"人味"是浓于劳动力的"人味"的。

　　在日常语词中，"服务"常被视为个人施予他人的善意行动，如理发、餐饮、中介等。服务也需要资本品的配合，但核心仍在于真实的个人。也因此，我们能很自然地接受"劳动力是劳动者所提供之服务"的定义，但对于类似的"资本是资本品所提供之服务"的说法，就觉得好像欠缺"人味"。这其实是一种误解，劳动力和资本品其实均带有浓浓的"人味"。

　　罗斯巴德在《人，经济与国家》中指出了这一误解的一个源头。在这里，我用一个具体的例子来说明。

　　假设面包店今年卖出了100万元的面包，但买面粉需要支付25万元，店铺租金15万元，机器贷款利息20万元，员工薪资30万元，剩下的10万元是支付给自己的薪资。这里，扣除薪资40万元以后，剩下的60万元分别被支付给面粉、店铺、机器提供者：面粉购自面粉厂，店铺租自某家建设公司，机器则来自机器厂。这些上游厂商也需要雇用员工和经理人，使用原材料和其他生产要素，如店铺、机器等。

　　继续往上游追溯，在扣除每一生产阶段所投入的劳动力后，最上游的起点必然是开垦荒地的劳动力和最初盖厂房的劳动力。于是，所谓原材料、土地、资本品等，其实都是每个生产阶段所投入之劳动力的累积。以资本品为例，它因累积了每个生产过程之劳动力而成为存量，同时，也因这些过往劳动力协助了当下劳动力的边际产出而成为资本存量。从劳动力之累积角度而言，资本是一种资本存量，土地也是一种资本存量。

资本品因累积了过往的劳动力，其服务也就带有"人味"。而且，罗斯巴德认为资本品所带的"人味"，远比上述所指称的劳动力的"人味"更为浓厚。如果资本品都是同质的，也就意味着，今日打造的资本品只不过是昨日之资本品的复制或是数量的增加，而今日的资本品的确只是过往劳动力的累积。

然而，昨日传递过来的资本品是否适用于今日？折旧的经济学含义不是物理上的磨损，而是市场价值的丧失。当市场出现新的消费品后，生产旧消费品的大部分机器——属于特殊用途的机器，也就跟着被淘汰了。企业家为了生存和发展，必须发现和创造新消费品，并为新消费品打造出新的资本品。资本品和消费品一样，跟随着市场的演化而翻新。所以，新资本品不是以新换旧，而是改造旧资本品，以促进企业家今日的发现与创新。于是，资本品携带着更浓的"人味"，不仅掺杂着劳动者累积的劳动力的"人味"，更重要的是，也掺杂着企业家累积的发现与创新的"人味"。

消费品和资本品双双围绕着创新，演化出形形色色的内容。而消费品、异质化的资本品既会出现在不同产业间，也会出现在相同的产业里。当消费者以不同的消费品去满足他们对汽车的需要时，生产者必须采用不同的资本品去生产不同性能和规格的汽车：从小排量汽车到超级跑车，也从一般房车到休闲旅行车。这些资本品之所以呈现异质，是因为它们必须相应于企业家为解决市场的不同需要而进行的创新。

的确，任何的汽车以及生产该汽车的资本品都是人类辛勤劳动的成果。出自劳动力的成果可表现在量与质的提升上，而出自发现与创新的成果则往往令人惊讶称奇。创新和劳动力都有着"人味"，但对消费品的沿革与发展稍加关注，我们就能明了创新的"人味"远大于劳动力的"人味"。

创新和劳动力并不属于相同的范畴。劳动力的贡献在于，它熟悉昨日的生产蓝图，并能够遵照蓝图，顺利地生产与昨日相同的产品。当资本品所累积的只是劳动力时，明日的消费品将会与昨日一样。至于创新，往往也是现有蓝图下的边际创新。今日的创新无法来自资本品的过去的创新，却能让明日的消费品不同于昨日。当然，这并没有将彻底摆脱蓝图的创新算在内。

总之，当我们关注生产要素的"人味"时，资本的"人味"是浓于劳动力的"人味"的。

💰 思　考

1. 请分别举个说明"资本"与"资本家"被视为负面词语的例子。
2. 为何资本的"人味"是浓于劳动力的"人味"的？

💰 资　料

1. 路德维希·冯·米塞斯. 人的行为. 夏道平，译. 上海：上海社会科学院出版社，2015.
2. 穆雷·N. 罗斯巴德. 人，经济与国家. 董子云，李松，杨震，译. 杭州：浙江大学出版社，2015.

课时 74

资本品的密码

黄春兴

本课要点

1. 内嵌知识不同，创造出的资本品也就不同。

2. 使用资本品就是再利用其内嵌知识。

回想一下，我们在年少时是怎么学会骑单车的？还记得当时紧抓着后座跟着车子跑的是谁吗？父亲还是哥哥？还记得自己总共摔了几次，才能够歪歪斜斜地独自骑上几米远吗？我们最终能学会骑单车，是不是因为看过那骑着单车的帅气身影，于是下定决心，一定要学会？

把回忆换成想象，来个穿越情节。假如单车突然出现在宋朝，宋人是否也能够想象出骑着单车的帅气身影？他们要学多久才能让单车上路？如果随车附有一本使用手册，结果是否会不一样？

单车是资本品，可以帮我们大幅缩短从甲地到乙地的时间，但让它发挥生产力的前提是我们要能操控它。操控的意义包括：知道它有哪些功能、掌握它的基本操作技巧、控制它去实现个人目的以及充分发挥它的神韵。前两项可以在使用手册中找到，后两项则必须实地操作。若没有使用手册，宋人看着单车也会有一些联想，却未必能真正明白它的设计用途。

资本品并非大自然的直接产物，因此都有创造者最初给予的设计用途。那么，第一部单车是因何而发明的？试用之后，原初的设计是如何被修改的？设计修改后的资本品，又是如何被用以实现其他目的的？大家可以上网找找单车演变的数据，也可以查找资料看莱特兄弟是怎么制造出第一架飞机的，因为资本品的演化过程都相当类似。

轮子的发明可以从圆木的滚动去联想。手推车的发明，从轮子去联想并不难，但在市场还不是很发达的时代，这得靠强烈的需求去推动。最初，发明推车很可能是为了运送大型猎物。推车出现之后，靠着构想和手艺，人们将木材变成了推车。

有人说，树木因添加了劳动力而转变成木材，所以木材内嵌着劳动力。这个论点不是那么重要，因为从木材到推车，想象力和手艺才是绝对重要的内嵌内容。手艺包括切割、磨平、接榫等技巧，也包括安排工序的知识以及一些口传的秘诀。这些都是知识的内容，也是木材转变成推车的密码。人类把知识内嵌到木材中，让它以特定的形状和结构转变成推车。

资本品内嵌着知识，这并不是比喻的说法。譬如：有一种称为"逆向工程"的研发工艺，就是把一件先进的资本品拆开，然后模仿其零件的形状和彼此之间的结构，再试图重建出仿制品。所以，只有直接从自然界取得的资本品，才会把劳动力看成是主要的内嵌内容。但在所有人类创造出来的资本品中，从推车、单车、糖醋鱼、房屋、手机、高铁列车到宇宙飞船等，内嵌内容几乎全都是知识，劳动力仅占微不足道的比例。

个人将知识内嵌到资本品的过程，即"资本品的创造过程"。内嵌的知识不同，创造出来的资本品也就不同。利用不同的资本品所制造出来的手机，其功能也不同。

知识必须内嵌到资本品中，如单车，才能具体实现个人目标。个人既然能利用该资本品去提升自己的效用，他人亦能利用它去实现类似的目标。虽然知识是主观的，但内嵌到资本品后，知识就脱离了个人主体，因而能客观地提供给他人使用，这就是"知识利用的扩散过程"。

知识利用的扩散途径有很多，教育人们学习、利用媒体倡导等都是，但最有效和最直接的方式，就是将知识内嵌到资本品中，然后附上一本有清楚说明的使用手册。于是，人们能从使用手册中学会资本品的操作，就等于能成功地再利用其内嵌知识。内嵌知识被再利用的次数越多，它对社会福祉的贡献就越大。

使用手册是资本品的翻译密码。即使那穿越时空的单车不附带使用手册，我们仍不能排除宋人终会在摸索中弄明白单车的功能和使用方法。但对于较复杂的资本品，譬如失坠的宇宙飞船，可就不容易解码了。因此，若要扩大内嵌知识的再利用次数，使用手册越简单越好，最好能简化到"芝麻开门"四个字。

"芝麻开门"已经不再是童话了。现在的手机不断地在增加新功能，但谁买了新手机还会去阅读使用手册呢？厂商早就不印使用手册了，这并不是因为我们可以从网上下载电子版，而是手机已进化到用手指滑滑就可操作了。其实，乔布斯在去世前还是很不满意用手指操控手机的模式，他认为手机至少应该做到完全的语音操控。

思　考

1. 为何在知识利用的扩散过程中，将知识内嵌到资本品的方式比教育人们学习或利用媒体倡导等更为有效？
2. 请简单描述：输入方式从计算机到手机的演变过程。

资　料

1. 沃尔特·艾萨克森. 史蒂夫·乔布斯传. 管延圻，魏群，余倩，等译. 北京：中信出版社，2011.

2. 黄春兴. 当代政治经济学. 杭州：浙江大学出版社，2015.

課时 75

资本是异质抑或同质

黄春兴

本课要点

---

1. 劳动力正从纯体力转变为人力资本。

2. 企业家投入不同的实体资本、人力资本及相应的生产技术。

3. 企业家有不同的利润计算方法。

资本是异质抑或同质？这是常有人提及的问题，原因是资本只是一个简称，其概念有时指流动资本，有时指固定资本，有时又指资本财所提供的服务，而这些概念的差异性又很大。

先说流动资本，也就是准备用于投资的资金。既然是资金，其组成就可能会是现金、股票、债券、外币等。这些不同形式的金融资产都可以换算或折算成本国货币，而换算成本国货币之后，也就同质了。所以说，资本可以是同质的。

当资本以货币单位表示时，下期的资本也就等于这期的资本加上这期的投资，因为投资也是以货币为单位来计算的。譬如 1 000 万元的资本，再加上 500 万元的新投资，则总资本就是 1 500 万元。在这种算法下，资本的意义和基金或储蓄等没什么差别。然而，既然称之为资本，就必须表现出它对劳动边际产出的贡献。不少学者利用生产函数来表示这项贡献，将资本和劳动力视为可以互补和互助的两项生产要素。

然而，劳动力对生产的贡献正逐渐从不带知识的纯体力，转变为以内嵌知识为主的人力资本。人力资本也是一种存量，故下期的人力资本也等于这期的人力资本加上这期的人力投资。人力投资的内容可以是教育，也可以是劳动经验，这两者在衡量时大都以时间为单位。所以，生产函数内的生产要素都是资本，也就是以货币单位表示的实体资本和以时间单位表示的人力资本。

不论是以货币还是以时间为单位，都能顺利地将不同厂商所投入的实体资本和人力资本，总合出总实体资本和总人力资本，或简称为总资本和总劳动力；接着，再根据这两个总合变量对生产的贡献，构建出宏观经济学上的总生产函数。总合过程包括同质化与加总两个步骤，同质化是以共同单位去衡量不同的东西使之数字化，加总就是将这些数字相加得出一个总数。同质化需要借用不同的折扣去衡量略有不同的东西，譬如以"接受教育的年数"去衡量个人的受教育程度。

总量指标也是一种统计量，但其统计过程不考虑新投资和既有资本存量能否配合的问题，因而导致实质资本和人力资本的总量都会被过度高估。再者，加总过程也不考虑政治体制、经济制度和组织等对效率的影响，因此总生产函数在定义上严格地指向"生产要素的最大可能之潜在产出"，而非其实质产出。潜在产出和实质产出之间的差距，取决于政治体制、经济制度和组织等对效率的影响，因此这种差距换成数值远远不止3%～10%，而是可能大到100%～200%。

以农业总产出为例，喜爱看总量的学者会认为，生产大米、玉米或青稞等农作物所投入的实体资本和人力资本的差异性不大，只要采用的折扣适当，就能利用货币或时间单位对其进行同质化。同质化过程因不考虑体制、制度与组织对生产效率的影响，常会高估生产因素的产出效果。

当加总的对象从农业推进到工业后，上述"高估问题"会累积出严重的错误。这并不是说农业问题就不严重，但工业问题会更明显。以汽车工业为例，用于生产卡车、大巴车、休闲旅行车、超级跑车、私家小汽车等的实体资本和人力资本都有很大的差异，再加上不同的厂商还会采用不同的生产技术，也使得这种差异越来越大。在无人驾驶汽车即将来临的时代，汽车生产技术的巨大异质性更难以忽视。

总之，企业家有不同的利润计算方法，所以他会选用不同的实体资本、人力资本及相应的生产技术。在农业或家庭手工业时代，同质化产生的统计误差或许还可容忍，但到了商品多元化的工业时代，商品之间的差异性巨大，企业家所采用的生产要素和生产技术的差异性也更大。如果要减少异质化导致的错误，商品的种类以及可以使用的生产技术种类必须进行严格限制，最好要求相同。

或许不只是巧合，计划经济就曾要求减少商品种类并统一相同商品的生产技术。

思　考

1. 总生产函数在定义上为何严格地指向"生产要素的最大可能之潜在产出"？
2. 计划经济为何要求减少商品种类并统一相同商品的生产技术？

资　料

1. 路德维希·拉赫曼. 资本及其结构. 刘纽，译. 上海：上海财经大学出版社，2015.
2. 路德维希·冯·米塞斯. 人的行为. 夏道平，译. 上海：上海社会科学院出版社，2015.

资本品的分工与合作

黄春兴

本课要点

---

1. 社会文明建立在知识分工的基础上。

2. 知识要如何才能产生具体的贡献？

3. 异质资本能实现同质资本无法实现的目标。

人们利用累积的经验和知识（下面为了简化文字，仅以"知识"代表经验与知识）将树木砍成木块，再锯成各种形状的木材，然后再以自己的构想搭盖一栋小木屋。同样，人们也可以利用知识，先将各种原材料进行加工，再用以打造一辆汽车或一台机器。若没有累积相关的知识，人们便无法将树木转变成小木屋，也无法将原材料转变成机器。小木屋和机器因内嵌着知识，所以能帮助利用它们做工的劳动力，提高其边际产出。这就是"资本品"。

资本品若原为有形的物质，如木头或金属等，就被称为"实体资本品"；若原为人体自身，则被称为"人力资本品"；若原为组织，则被称为"组织资本品"；若原为社会上的人际关系，则被称为"社会资本品"。为了阅读简单，我们将其分别简称为"实体资本""人力资本""组织资本""社会资本"等。

以金属质地的实体资本来说，内嵌知识不相同时打造出来的资本品的种类与功能亦不相同。其在种类上的差异可大到如飞机与潜水艇的不同，在功能上的差异可小到铁钉同螺丝钉的差别。若浏览美国应用材料公司（世界最大半导体设备制造商）的网页，我们会看到该公司所生产的种类甚多的精密仪器，其中的半导体部分就有运用 ALD、CMP、CVD、ECD、PVD、ION 等技术生产的产品。这些技术分别在半导体生产的不同阶段扮演重要角色，不仅大幅提高了参与生产的劳动力的边际产出，更使半导体的制造成为可能。

人力资本是指知识直接内嵌在人体内的资本品，因而更凸显出知识与同样内嵌在人体内的劳动力之间的关系。人力资本可分成医师、会计师、工程师、文学家、运动员、艺术家等类别，其中的医师可分成神经科、内科、外科、妇科等专业。仅是外科还可进一步细分为骨外科、胸外科、血管外科等。当一个人罹患单一疾病时，他需要的仅是一位相关的专业医师。但是，由于人体各器官的彼此依赖关系，较大的手术往往需要跨科医师的联合会诊，甚至是联合手术。

社会文明建立在知识分工的基础上，但知识必须要在内嵌到资本品后才能产生具体的贡献，以医生为例的人力资本就是很好的例子。当资本品所内嵌的知识不相同时，它是异质资本；若内嵌知识相同，则是同质资本。同质医生一起工作会产生规模经济，就如同两个牧民合作赶羊的数目会多于俩人独自赶羊的数目之和。但联合会诊和联合手术聚集的是不同科的专业医师，是异质的人力资本。异质资本发挥的效果不是产生规模经济，而在于实现同质资本无法实现的目标。异质资本能不断地带给社会新的事物，这是同质资本无法实现的。因此，当经济学家关心社会的进步与文明时，其关心的议题应在于异质资本品的演化和利用，而不在于同质资本品数量的增加。

联合手术是一种合作"生产"，由参与"生产"的医师聚在一起协力完成。"聚在一起"和"协力完成"是两个独立的概念。协力完成是对结果的陈述，说明他们合作完成了一项"生产"任务，但未必要求他们得聚在一起"生产"。譬如半导体的制造，当前对半导体的保存技术已能将一个生产阶段产出的中间品在发生质变之前，运送到下一个生产阶段去继续生产，因而根本不需要分工的专业项目聚在同一工厂内生产。这些不同生产阶段的厂商，可以在不同的地点利用异质资本品共同制造出半导体。

类似的，20 世纪前半叶的通信发展技术已能够让各科专业医师通过网络——而不是聚在一起——商议病患病情，完成联合会诊的任务。21 世纪人工智能的快速发展，已能让各科专业医师不必聚在一起，就可以完成联合手术的任务。尤其是近十几年来推出的达芬奇外科手术系统，已经能通过机器人手臂完成各种微创手术。当前兴起的 AI 机器人热潮再度提醒我们：劳动力在复杂生产中的贡献是微乎其微的，真正投入生产的是内嵌的知识。

既然知识才是内嵌于资本品的绝对内容，一旦它可以完全脱离人体，在生产上就不必再仰赖劳动者——即使他也拥有相同的知识。此时，劳动者将直接面对 AI 机器人的市场竞争。

💰 思　考

1. 请以一个具体的例子说明：异质资本发挥的效果不是产生规模经济，而在于实现同质资本无法实现的目标。

2. 当知识可以完全脱离人体后，劳动者必须直接面对 AI 机器人的市场竞争。此时，劳动者如何赢过 AI 机器人？他在哪方面更有优势？

💰 资　料

1. 路德维希·冯·米塞斯. 人的行为. 夏道平，译. 上海：上海社会科学院出版社，2015.
2. 拉赫曼. 论奥地利学派的资本理论.

要谨防货币幻觉

冯兴元

本课要点

1. 中央银行如何制造"货币幻觉"？

2. 如何理解凯恩斯主义经济学主张的推行通货膨胀政策往往是利用了"货币幻觉"？

生活当中存在各种"货币幻觉"。"货币幻觉"一词是美国经济学家欧文·费雪于 1928 年提出来的，它讲的是通货膨胀给人们所带来的心理错觉效应，是指人们只对货币的名义价值做出反应，而忽视其实际购买力变化的一种心理错觉。

我们工薪人员一般只喜欢看到自己工资单上的工资，即名义工资能够增加，而不大清楚自己的实际工资水平。这既是"货币幻觉"带来的结果，也是继续制造"货币幻觉"的基础。

通货膨胀的时候，我们一不注意，就会为我们偶然提升一次的名义工资的金额数字所骗。纸币属于"致幻剂"，工资单上的工资就是名义工资，是用纸币金额标示的。而这一工资能够实实在在买到多少产品与服务，则代表这一名义工资的实际价值。按照一般经济学理论，一年下来，如果消费物价普遍上升 5%，名义工资上升 2%，那么实际工资就下降了 3%。如果领工资者没有意识到这一点，他就遭遇了"货币幻觉"。经济学家做上述这种计算有一定的必要性，他们总是需要找个工具以精确化计算或者大致衡量物价的上涨或者下降。不过，消费物价普遍上升，也往往不是各种产品价格程度一致的上升。一般的经济学家会说"价格水平"提高了多少，比如 5%。米塞斯则指出"价格水平"这个不恰当的概念，隐含了这样一层意思：如果其他条件不变，所有产品的价格会同等程度地上升或者下降。但这显然是不可能实现的。他的大致意思是：中央银行发行的货币经过了多个环节，在每个环节中，其保值和可资利用的程度是不一样的，越是在前面的环节，其保值程度就越高，就越能尽早利用这些钱赚钱；到了后面的环节，也就是到了工薪阶层和消费者的手里，这些钱的贬值程度最大，持有者也最吃亏。

名义工资到底值多少，可以拿柴鸡蛋的价格与1元人民币购买柴鸡蛋的购买力来说明。1978年，在浙东的冯家村，一个柴鸡蛋的价格大概是5分钱。到了2018年，京东网上的某种柴鸡蛋是一盒30只，合计56元，约1.9元/个。不计京东邮费，2018年一个柴鸡蛋的价格是1978年的38倍！以柴鸡蛋的实际数量来衡量，1978年的1元名义工资，可以交换到冯家村20个柴鸡蛋；而2018年的1元名义工资，差不多可以交换到京东网上约半个柴鸡蛋。

中央银行掌管货币发行大权，发行的纸币也称为法币，属于不可兑现的货币——也就是说，政府不承诺你可以将纸币按照原先的约定兑换成贵金属，比如黄金或白银，这为政府推行通货膨胀政策奠定了基础。而且制造通货膨胀等于是向老百姓征税，这种税叫"通货膨胀税"。为了解决通货膨胀，诺贝尔经济学奖得主布坎南提出，政府制造多大程度的通货膨胀，就应该在同等程度上向百姓退税。

鼓励政府推行通货膨胀政策的精神教父可以说就是凯恩斯爵士。凯恩斯的出发点大致是：现代国家的劳动力市场僵化，工资刚性严重，也就是难以降低名义工资，反而还存在增加名义工资的种种压力。通货膨胀时期，更难降低名义工资，而且作为物价上涨的结果，反而需要提高工人的名义工资。凯恩斯的大致对策思路是：由于名义工资存在刚性，应当以扩张的货币政策，也就是用进一步的通货膨胀政策来刺激经济增长，以此刺激就业增加，同时抑制甚至降低实际工资，冲淡实际工资的上升压力和实际工资上升对产出的负面影响。显然，推行通货膨胀政策比降低工资的做法更为隐秘，也更容易被接受。可以说，凯恩斯是力主通货膨胀政策以制造"货币幻觉"的旗手。推行这种政策的结果是，政府不断给经济系统注入货币，其行为无异于不断给经济注射强心剂。这属于"饮鸩止渴"，只是在推后而非消除经济系统的危机爆发点，而越是推后，累积的潜在危机程度就越高，危机爆发后的危害程度也就越大。一旦投资者对消费前景失去信心，就会对自己的投资前景也失去信心，就会引发经济衰退或萧条。2008 年全球金融危机就是这种情况。

很多国家的货币管理当局确实是在采取这种为货币"灌水"、制造"货币幻觉"的办法。它们不断启动印钞机，开印纸钞。在这方面，津巴布韦可以说是最"奇葩"的国家。据报道，2008 年 6 月末，津巴布韦货币的汇率已跌至 1 美元兑 1 000 亿津巴布韦元，而这些钱只能买到一个面包。

总体看来，在中央银行发行货币的体制下，会不断制造出"货币幻觉"。虽然政府知道要谨防"货币幻觉"，有效管理自己的货币资产和实物资产，但是在这种体制下，老百姓对"货币幻觉"防不胜防，而政府唯一的出路是走出这种货币发行体制。备选的体制可能是金本位、商品本位货币、商品准备货币自由银行体制（即私人货币竞争体制），或者一种纳入比特币等基于区块链技术的数字货币等更为广义的私人货币竞争体制。这些体制均能有效避免"货币幻觉"，因而值得我们进一步关注和讨论。

🛍 思　考

1. 什么叫"货币幻觉"?

2. 简述名义工资与实际工资的差别和联系。

3. 为什么"价格水平"属于伪概念?

4. 如何防范"货币幻觉"?

🛍 资　料

路德维希·冯·米塞斯. 人的行为. 夏道平，译. 上海：上海社会科学院出版社，2015.

利息是怎么来的

冯兴元

本课要点

---

1. 为什么说货币存在时间价值?

2. 什么叫"原始利息"?

3. 实际生活中可观察到的利息至少包括三个部分。

有关利息的来源，不同经济学家会有不同的解释。奥地利学派经济学家庞巴维克对利息的来源提供了原创性的解释，对利息理论做出了原创性的贡献。

这里需要回答一个问题：为什么资金富余者愿意融出富余资金以获得利息回报呢？庞巴维克的解释是：这是因为个人对货币存在时差偏好，而货币存在时间价值。根据他提出的货币时差偏好理论，相对于在一年之后拥有 100 元的货币，一个人更偏好拥有当前的 100 元货币。这样，一个人对 100 元货币的现在价值会做出更高的主观评价，而对同样的 100 元货币的未来价值会做出更低的主观评价。也就是说，对于一个人来说，当前拥有的 100 元金额的货币比未来收到的 100 元金额的货币具有更大的价值。与此相应，货币的时间价值就来自个人主观评价的货币现值与未来值之间的差别，来自相较于未来，个人更偏好当前拥有的同等金额的货币。这就是庞巴维克提出的货币时间价值理论。

货币的时间价值可以被视为货币价值的时间贴水。资金富余者融出资金，收取利息，其最初的、最纯粹的目的就是收取货币价值的时间贴水，也就是对货币时间价值差额的补偿。

根据米塞斯的观点，我们可以把资金融出方收取的纯粹货币时间价值差额补偿称为"原始利息"。可以说，如果人类没有上述这种货币时差偏好，原始利息就不会出现，实际生活中可观察到的利息现象也不会出现。

实际生活中可观察到的利息至少包括三个部分：原始利息部

分、企业家部分和价格溢价部分。其中，企业家部分反映了融出方对还款不确定性的主观评估，是融出方作为企业家来承担这种不确定性而要求的补偿；而价格溢价部分反映了融出方对用来偿还债务的货币或者其他财货的未来预期价值的评估，这里包括融出方对通货膨胀问题导致的单位货币的购买力损失提出的溢价补偿。由于政府往往会增发法定货币，从而导致较严重的通货膨胀，因而融出方提出补偿要求也是正常现象。

在实际生活中可观察到的利息，其实不一定只包括上述三个利息部分。如果金融市场是卖方市场，比如在农村地区，一些贫困者或者资金链紧张的小微企业已经山穷水尽，借不到急需的资金。这时，如果资金融出方是一个民间放贷人，他可能会以高出上述三个利息因素所决定的利息水平放出资金。在这种情形下，资金融出方的时间偏好是稳定的，他发放资金给所有人或者企业的资金时间偏好是一样的，而贫困者或者资金链紧张的小微企业作为资金融入方的时间偏好非常高。所以资金融出方可以利用资金融入方的时间偏好较高这一窘境提高利息。当然，如果利息水平较高，便容易被指责为发放高利贷，但高利贷也是一种"有比无好"的金融服务。如果一个贫困家庭的子女得了急病需自费就医，借到高利贷也比借不到钱要好。引入了农村合作医疗以后，贫困家庭子女看病需要借高利贷的情况就可大大减少。这也是我们现在看到的中国农村的现状。

思　考

1. 简述货币时间价值理论的内容。

2. 为什么说货币的时间价值可以说是货币的原始利息来源？

3. 实际生活中，利息的来源和组成有哪些？

资　料

1. 路德维希·冯·米塞斯. 人的行为. 夏道平，译. 上海：上海社会科学院出版社，2015.

2. 欧根·冯·庞巴维克. 资本与利息. 何崑曾，高德超，译. 北京：商务印书馆，2010.

负利率不可取

冯兴元

本课要点

---

1. 负利率是指把钱放在央行的银行将被央行收费。

2. 发达国家为什么实行负利率?

3. 实际利率应该为正的好处。

为了刺激经济，一些发达国家实行负利率。负利率是指把钱放在央行的银行将被央行收费。央行借助负利率鼓励银行借贷放款，从而向实体经济注入更多资金，以期达到刺激经济活动的目的。例如：2014 年 6 月，欧洲中央银行成为第一家宣布对商业银行计征负利率的央行，其后数家欧洲国家央行也相继效仿。而日本银行作为中央银行，于 2016 年 1 月 29 日也宣布降息至负 0.1%，也就是对商业银行在央行的部分存款每年征收 0.1% 的手续费。宣布负利率之前，日本银行一直把关键利率压在接近零的水平，这就是日本首相安倍晋三所谓"安倍经济学"的关键武器之一。安倍政府寄希望于借助低利率甚至负利率来降低企业和家庭的储蓄意愿，以增加消费、贷款或投资意愿。其结果据说是一方面大范围拉低了房贷和企业贷款利率，另一方面导致了银行业绩下滑。

这些由央行直接规定负利率的国家，出现经济不景气的现象，在很大程度上是其税负高、劳动力市场刚性化、福利国家化严重的结果。这些问题影响了企业家的信心和投资积极性，这种政策实际上是在鼓励养懒人，怂恿人们依赖再分配生活，容易导致个人的责任心丧失和人格完整性受损，最终也导致了经济不景气。这种办法连"治标不治本"都算不上，甚至连"头痛医头，脚痛医脚"也算不上，差不多属于"头痛医脚，脚痛医头"。当然，日本的福利国家化并不是安倍晋三的问题，他的政策是为了严格限制福利国家的进一步膨胀。

　　还有一种负利率则是政府推行通货膨胀政策造成的。当通货膨胀率高于存款利率时，储户所享受的利率实际上为负，他们实际上是在为其存款付费，只不过不是支付给银行，而是以"通货膨胀税"的形式支付给了政府，这是另外一种意义上的负利率。我国 2016 年一年期存款基准利率为 1.5%，通货膨胀率大约为 1.8%，此时储户的存款利率实际上就是负利率。如果政府蓄意通过推行通货膨胀政策来推行负利率，那也是错误的。

　　储户应该为其储蓄享受正的或至少为零的实际利率。储户在银行储蓄，银行将储蓄转化为投资，两者均能为经济增长做出贡献。银行为储户的储蓄支付一定的利息，又从向实体经济提供的贷款中获得更高的利息回报，这样就维持了金融市场各个环节的正向激励。最优的情形是：存款利率和贷款利率均通过自由竞争的金融市场来确定。在这种情况下，金融市场过程没有被扭曲，金融资源倾向于朝着回报率最高的方向配置。

　　负利率论者是错误的凯恩斯主义"消费不足"理论的俘虏。诺贝尔经济学奖得主、"知识贵族"哈耶克认为，"消费不足"理论错误地认为支出者要比积累者对社会共同体的繁荣做出了更大的贡献。哈耶克指出，事实上放弃一种可能的当前消费是一切资本形成的前提，而且不消费所获得的收入并不意味着人们根本就不会支出这些收入；而是意味着，人们将为生产性目的而支出这些收入。哈耶克支持在没有政府过度征税或者通货膨胀的情况下所发生的"自愿性储蓄"，他认为政府应该做些必要的事情使这些储蓄真正转变为生产性投资。他反对政府过度征税或者通货膨胀政策所实施的"强制性储蓄"。政府利用"强制性储蓄"进行投资，实际上可能只是用于非生产性支出，并不直接导致消费品生产的增长。哈耶克批评了凯恩斯著名的"花钱挖坑"的例子：先挖坑，再填坑。而投资在这一意义上根本与生产性支出和资本形成无关。

总之，在金融市场，自发形成的市场利率最为重要，任何人为扭曲都不可取。不维护这种利率机制的中央银行，就是最为失灵的中央银行。

思　考

1.什么是负利率？为什么负利率是有害的？

2.为什么自发形成的市场利率最重要？

资　料

1. 弗里德里希·冯·哈耶克. 哈耶克文选. 冯克利，译. 南京：江苏人民出版社，2007.

2. 罗纳德·I. 麦金农. 经济自由化的顺序：向市场经济过渡中的金融控制. 李若谷，吴红卫，译. 北京：中国金融出版社，1993.

3. 爱德华·肖. 经济发展中的金融深化. 邵伏军，许晓明，宋先平，译. 上海：上海三联书店，1988.

投机不是罪

朱海就

本课要点

1. 为什么说人的行为总是包含投机性因素？

2. 投机可以分为哪两种？

"投机"在很多人的心目中都是一个贬义词，很多人都认为投机不仅不创造财富，而且还会破坏市场秩序。在计划经济时代甚至还有"投机倒把罪"，直到1997年才把它从《刑法》中删除，后来作为条例，它一直"存活"到了2008年。"投机倒把罪"是荒谬时代的荒谬产物。投机是人的本性，也是形成市场的条件，没有投机就没有市场。在计划经济时代，投机之所以成为"罪"，是因为投机破坏了计划者的意图，是因为他们不能容忍市场的出现。

人的每个行为都是投机的，只是程度不同而已。例如：外出买一个面包是投机性行为，因为你能否买到面包是不确定的，要想买到面包需要满足买面包的人不要被车撞、面包店没有停业等条件。在市场上高买低卖、买空卖空、囤积居奇等的投机性当然更强。可见，不让人投机，实际上就是不让人行动。

人的行为的投机性源于不确定性，而不确定性源于变化，在市场中，它源于消费者需求的不确定性和竞争对手行为的不确定性。在存在不确定性的情况下，就需要预测，所以投机和预测总是联系在一起。预测未来价格，就是预测什么东西才能更好地满足消费者的需求。

在市场中，我们正是通过投机，才获知什么产品更容易被消费者接受。投机可以分为两种，一是套利意义上的投机，这种投机也是常被人诟病的一种投机，但这种投机是有重要意义的。

套利意义上的投机是资本市场中一个典型的投机方式。在资本市场中，时时刻刻都在发生这种投机。投机推动资产价格的变化与资本价值的变化趋向一致，从而使得更能满足消费者需求的资产在价格上得到体现。反对投机的人士没能理解资产价格变化的意义，他们认为投机只是"利用价格波动套利"而已，而没有认识到价格波动背后的经济学含义。

第二种投机是创新意义上的投机。在这种投机中，企业家投入要素生产产品或提供服务，去满足消费者的需求。这种投机也需要判断资产价格变化和消费者需求的变化。成功的投机需要企业家的能力，这一能力体现在企业家对利润机会的警觉上，也就是对消费者需求的警觉上。企业家的投机正是服务消费者的手段，投机获得了利润，也意味着资本更好地服务了消费者。

投机是对市场变动趋势的判断，从这个意义上来说，企业家都是善于投机的人。例如：巴菲特很早就购买了可口可乐的股票，可口可乐后来风靡全球，证明了巴菲特当初买入的明智；马云在互联网时代刚开启时就判断人们会习惯使用网络来购物，然后他投资电商，建立了淘宝和天猫，如今阿里巴巴的成功证明了当初马云做出了正确的决策；乔布斯开发智能手机更是典型的例子。当然，成功的投机除了要看到商机，还需要其他因素的作用，如组合要素的能力、决心和意志等，因为缺乏这些因素会导致投机失败。一些公司做电商比阿里巴巴起步更早，但后来失败了就是这个原因。

这两种投机的关系密不可分，第一种投机是第二种投机的基础。这是因为正是资本市场上的价格变化为企业家在何种方向上进行投资提供了依据，而资本市场上形成的价格也是企业家经济计算的基础。所以，一般说来，投机和投资是很难区分的，任何投资都可以说是投机，而投机也可以说是投资。成功的投机在获得利润的同时，也推动了社会财富的增长。无论是巴菲特、马云还是乔布斯，他们的行为都推动了更能满足消费者需求的产品的出现。

另外，我们还要区分投机和赌博。赌博，比如六合彩，靠的是运气，赌徒对于出现什么结果是无能为力的；投机虽然也包含对结果的预测，但投机者可以通过增加对未来的了解，调整自己的行为来决定自己的成败。投机和寻租也是不同的，市场中的投机最终是迎合消费者之所好，而寻租是迎合权利之所好，并以此寻求换取自己的好处，所以后者是破坏性的。

也经常会有人问"炒房算不算投机？"我们说，前面是在理想市场状态下讨论投机，而买房是在具体制度，比如法币制度下的投机，我们要区分这两种不同的情境。炒房者通过购房获得的利益，虽然也有企业家的发现、判断和运气的因素在里面，但很大程度上也是一种"财富的转移"，是获取了法币体系的"制度红利"，与纯粹的、创造财富意义上的投机是不同的，所以这种投机即便不是罪，也不值得赞扬。

💰 思　考

1. 为什么说人的行为总是投机的？

2. 投机主要有哪两种形式？

资　料

路德维希·冯·米瑟斯[1]. 社会主义：经济与社会学的分析. 王建民，冯克利，崔树义，译. 北京：中国社会科学出版社，2008.

---

[1]　米瑟斯即米塞斯，此处按照中国社会科学出版社的译名如实录入，后同。

多级控股能够制造什么奇观或怪胎

冯兴元

本课要点

---

1. 公司应该追求长期回报最大化。

2. 公司应该是有共同利益的合伙人的结合。

3. 对多级持股者的投票权应该加以限制。

　　中国银保监会的郭树清主席曾透露，有的股东甚至把银行当作自己的提款机，肆意进行不正当关联交易和利益输送。他还指出，少数不法分子通过复杂架构、虚假出资、循环注资等违规手段构建庞大的金融集团。他认为，深化银行业改革的重点是完善公司治理结构。

　　我们在此没有必要猜测郭主席到底是指哪几家企业。通过关联交易和复杂架构成为经济或金融帝国的事例中外皆有，在中国，马云掌控的阿里巴巴集团和蚂蚁金服集团就是如此。但此二者应该没有在郭主席的名单上，其关联交易和复杂架构也没有复杂到令人感到不可把握的地步。

　　如果说阿里和蚂蚁金融还可称为奇观，郭主席所批评的金融集团可谓"怪胎"。因为它们背后均存在着多级持股，而每级持股均可放大控股人所控资本额"大盘"的倍数，而有限责任规定则会使得倍数的放大如虎添翼，即控股人的权和利大于责，责权利不对称。可见，借助多级控股，既可能制造"奇观"，也可能制造"怪胎"。而"怪胎"之所以出现，可能离不开虚假出资和循环注资。否则，无论企业集团最后的架构如何复杂，如何庞大，都不能被称为"怪胎"。

　　诺贝尔经济学奖得主、经济学家哈耶克对多级持股或控股问题曾撰有专文。该文发表于 1960 年，题为《民主社会中的公司：它应为谁的利益而运行？》。在文中，他警告公司应该追求长期回报最大化，这与管理学中强调公司股东应该追求长期价值最大化目标的要求一致。在公司中，董事会不仅仅代表自己所持有的股份，而是更需要着眼于全体公司股东的长远利益。哈耶克指出，公司的唯一任务就是将其资产用在最有利可图的事情上，它无权让它的资源服务于别人的价值（不利于公司本身）。他担心的是，公司管理者应当抱有能够追求自己认为重要的价值的愿望，但恰恰在这一点上却存在着一种使他们可以得到实实在在的、无法控制的权利的危险。他认为，如果企业管理者只把权利用于实现公司长期回报最大化目标，并且无权将它用于别人的目标（无论这些目标本身多么可取），那么即便他们掌握着最为巨大的潜在权利、资源存量，这种权利也是相对无害的。他强调，公司管理者只是股东的受托人，公司的任何活动是否被用来服务于更高的价值，要留给每个股东去决定，这样便可以防止公司管理人得到专断而有害的权利。

哈耶克对允许一些公司对它们持有股份的另一些公司享有投票权这种通行做法提出了质疑。这里就涉及多级持股背后的投票权问题，他认为，这种投票权不是在充分了解采用它的后果的情况下取得的，它是由下述观点造成的结果：既然公司被授予了法人资格，那么自然也应该被授予自然人所拥有的所有权。但是哈耶克认为，这并不是一个自然的或显而易见的结论；相反，它把产权制度变成了一种与人们通常的想法十分不同的东西，这样一来，公司不再是有共同利益的合伙人的结合，而是变成了一些有可能存在着严重利益冲突的团体的结合。这句话道出了要害之所在。

哈耶克对以下可能性表示了担忧：一个拥有资产只占该公司资产一小部分的团体，可以通过累积持股，对数倍于它自己拥有的资产的资产获得控制权，而这家公司又对另一家公司拥有控股权，某个人或团体只要拥有相对较少的资本份额就能够控制非常巨大的资本。这种情况，恰与造成上述"奇观"类或"怪胎"类巨无霸公司的股份增持行为类似。

哈耶克认为，一家公司拥有另一家公司的股份，这种股份就不应该再拥有投票权。但从技术上来说，只能通过长期把股份中的某一部分列为无投票权的股票，并只允许另一些公司持有这些股票，才能有效地实施这种办法。他提醒大家注意：一家公司受另一家公司控制的可能性，也使得某些只拥有其中一点份额的人，可以对巨大的资源进行彻底地、完全合法地控制，他还可能只为了自己的利益而操纵这种控制权。对公司股份的这种间接的、连环套式的占有，很可能会加快所有权和控制权分离，并给予管理者（即少数几个人）一种权利，这种权利已大大超出了他们个人拥有的财产所能给予他们的权利范围（在这里，管理者是潜在管理者）。在哈耶克看来，这种做法不但不是私有财产制度赖以建立的观念的必然结果，甚至是与它相悖的。把所有权和控制权人为地分开，实际上是给予个人"为所欲为"的权利，因为他可能会将资本用于与公司利益相悖的事务中，并且你根本搞不清楚谁在事实上拥有多数投票权。

哈耶克的结论是：若同意把一家公司的投票权授予持有该公司股票的公司，将使得"公司应当由那些与个人股东有相同利益的人来管理"这个普遍的假设也不再成立。

总之，我们需要正视哈耶克的警示。多级持股背后存在一系列责权利不对称的问题，故资金来源的多级结构需要披露，投票权也需要调整，公司作为有共同利益的合伙人的结合这一性质则需要保持，公司形式不应该被滥用。

💰 思　考

1. 多级持股或多级控股会带来什么问题？
2. "奇观"式企业或者"怪胎"式企业是怎么形成的？

💰 资　料

弗里德里希·冯·哈耶克. 哈耶克文选. 冯克利，译. 南京：江苏人民出版社，2007.

加快走出低资本化陷阱

冯兴元

本课要点

1.资本化涉及将资产变成可借以生财的资本。

2.资产没有被激活，只是被配置到回报率较低的地方，这种情况就是资产的低资本化。

3.资本化可以使"死资产"变成"活资本"。

凡是可以用来生财的资产，均可以视为资本。《史记·货殖列传》就是专门记载一些企业家如何本着企业家精神利用资产实现"货殖"，也就是"财货增殖"，或者说"生财"。住宅如果能够用来贷款抵押，那么住宅所有人就能够获得信贷资金用于投资，于是住宅就成了资本。如果住宅只是用来居住（消费品），那么就不是资本。

奥地利学派经济学的资本理论与时俱进，它认为：资产只有被纳入生产经营计划当中，才能算作资本；如果资产未被纳入生产经营计划，而是被闲置不用，就不能算作资本。此外，资本存在异质性，同样一种资产，不同的人会将其用于不同的用途，就像上述的住宅——有人将其用作资本，有人只将其用来居住。这说明，同样一种资产，比如住宅，不同的人对其是否能够作为资本的主观看法可能不一样。即便将同一种资产视为资本，不同的人心目中的资本的用途也不一样。有人将住宅作为贷款抵押品；有人将其出租；有人把它装修后用于商用，如开店；还有人将其作为"逆按揭"抵押品。"逆按揭"在西方国家比较流行，应特别关注。例如：一位老人可以将其住宅抵押给银行，银行每月按约支付给老人一定的生活费，比如8 000元，一直到老人寿终。老人寿终之后，银行变卖房产，扣下约定的银行本息总额，余额按约转给老人指定的继承人，而不足部分则从某种参与运作按揭的中介公司获得补足。在中国香港，按揭证券公司就是此类中介公司。

　　在上述一些例子中，我们看到资产可以变成借以生财的资本，这种情况叫资本化，住宅用于出租，就是这种情况。资本化这个概念非常重要，我们还要区分四个相关概念：资本化、非资本化、低资本化以及去资本化。资产本来可以变成资本，但是政府不允许它变成资本，这种情况就是资产的非资本化。比如农宅不允许出售给城里人，在这个意义上就是资产的非资本化。资产本来可以被配置到能获得最高回报的地方，现在却只被配置到回报较低或没有回报的地方，这种情况就是资产的低资本化。比如农宅只能在集体成员内部转让，但不能转让给城里人，这在某种意义上就是低资本化。资产本来已经被配置到最高回报的地方，后来却被配置到回报较低或者没有回报的地方，这种情况就是资产的去资本化。在民国时期，农地可以自由转让，但现在则有很多限制，这在某种意义上就是资产的去资本化。在这里，我们可以看到，非资本化、低资本化和去资本化的概念有交错的地方，这与我们观察的视角有关。

　　很显然，非资本化、低资本化和去资本化均减少了老百姓借助资产的资本化实现自身利益的机会，同时也减少了增进社会福祉的机会。资本化是盘活资产的过程，著名的经济学家赫尔南多·德·索托在其著名的作品《资本的秘密》中就说过，很多发展中国家存在着大量的资产，只是这些资产没有成为"活资本"。他的言外之意就是，这些资产属于"死资本"，或者"半死不活的资本"。所谓"活资本"，是指能够朝着回报率最高方向进行自由配置的资产。在一个成熟的经济体中，资本化最为充分的当数股市，而股市上股票总市值的英文表述翻译成中文就叫"市场资本化"，它是流通的股价格与其数量相乘之积。例如：阿里巴巴的股票于 2018 年 3 月 9 日收盘时，股价高达每股 190.55 美元，总市值达 4 896.14 亿美元。阿里巴巴的股票总市值基本上反映了股民对未来来自该公司的所有可能的预期回报的折现。

　　一个国家的经济越是发达，老百姓对处置其私有财产的选择空间一般也越大，其资产的用途也越多，资本化程度也越高，则老百姓借此生财、增进自身利益的机会就越多。老百姓利用其资产增进其自身利益的过程中，同时也需要为他人创造价值，即需要通过为他人创造价值来增进自身的利益。资产的资本化背后也是交换过程，而交换总是基于产权和合约，使得交换双方共同受益。因此，个人借助资产追逐自身利益，也在无形当中增进了社会福祉。这就是市场作为斯密所说的"看不见的手"的魅力之所在。

　　无论是在我国城市，还是农村，都存在大量的非资本化、去资本化或低资本化问题。笼统地说，这些都是低资本化问题。例如：农宅和农村宅基地的使用权大多没有权证化，不能用来抵押，不能用来生财，因而不能提高农户收入。我国的住房"逆按揭"市场的发展还远远滞后，存在着很多法规政策障碍。部分原因是房产的土地使用权年限最长为 70 年，金融机构和有意购房者对土地使用权年限到期后如何续期会有所顾虑。目前政府正在推行一些农宅和农地改革试点，开始着手解决这些问题。国土部也在 2016 年年底承诺对房产土地使用权续期推行"两不一正常"的过渡办法，即不需提出续期申请，不收取费用，正常办理交易和登记手续。

总而言之，我国需要更多地关注城乡个人资产的低资本化问题，加快走出低资本化陷阱。

💰 思　考

1. 举例说明什么叫资产的资本化、非资本化、低资本化和去资本化。
2. 什么叫"活资本"？
3. 资产的资本化有何重要意义？

💰 资　料

1. 赫尔南多·德·索托. 资本的秘密. 于海生，译. 北京：华夏出版社，2007.
2. 路德维希·拉赫曼. 资本及其结构. 刘纽，译. 上海：上海财经大学出版社，2015.

课时 83

明天会更好

黄春兴

本课要点

---

1. 消费资源与产出被保留到明天就等于是货币。

2. 生产技术与知识也被转移到明天，以获得更高效能的产出。

3. 我们靠着资本和资本财的生产与保留让明天更加美好。

　　如果相信明天还可以看到太阳升起，我们对生活的期待就不会只局限在今日。对于今天的愉快，我们也期待能延续到明天；对于今天的满足，我们也希望能在明天继续。明天和今天一样都是真实的生活，也一样都是昨天的延续。明天的行动，不能只剩下呆坐在柳树下的回忆。

　　今天捕捉的大鱼，只要不腐败，我会留一点到明天享用。因为边际效用会递减，今天费劲地吃光整条鱼的效用，不如将大鱼分两天来好好享用的效用多。经济学称此行动为"资源的跨时配置"。"跨时"就是同时顾及今天和明天，个人能同时顾及今天和明天的偏好被称为"跨时偏好"，而"跨时配置"就是将资源依照个人的跨时偏好配置到今天和明天。

　　由于还有明天，个人会期待"明天依然美丽"，或者盼望"明天会更好"，于是，他就不会在今天过度消费资源，而是愿意保留一些资源到明天享用。跨时配置可以提升个人的跨时效用，实现更高的跨时偏好。不在今天过度消费资源的行动被称为"节俭"；若想加点告诫意义的话，就可将其称为"节制"。在资源固定的经济社会里，节俭因能够提升跨时效用，而被视为一种美德。

　　我们不必太计较《说文解字》是怎么定义美德的，如果一种行为不能提高个人的效用，又如何能说服人们毫无抱怨地遵循该美德？经济学能真实地反映个人内心的期待，而不会太过于功利。

资源固定是指个人可支配的资源总量是固定的，所以，今天用多了，明天能用的就少了。最好的例子就是靠储蓄度过晚年的退休老人。在利率接近于零的年代，今天多用了钱，明天能用的就少了。如果他明确地知道自己还能活几年，就会详细地把储蓄配置到未来各期；如果他不知道自己还能活多久，唯一的做法就是遵循另一种美德：能省则省。

一个人只要还拥有哪怕一部分生产能力，就不会想"退休"。毕竟生命的长短无法预知，没有人愿意变成只能在冬天受冻的蚱蜢。种水稻的老农依然会早起去巡视水田，看看禾苗是否缺水；打竹笋的老农也依然会早起去巡视竹林，寻找出土的初笋。当然，前提是个人能够参与生产的世界，是生生不息的世界，而不是资源固定的世界。这时，个人有机会摆脱资源固定下的生活限制，如果他不愿意继续过着"能省则省"的生活，就必须接受新的美德：勤劳。勤劳是生生不息之世界的美德，要求我们要以确实的行动去配合大自然的繁衍能力。若人们无法及时配合大自然的繁衍能力，就会辜负大自然给我们美好生活的恩赐。

勤劳可以累积出丰富的工作经验，有些人能从经验中发现更为精巧的生产程序。换言之，个人让明天更加美好的行动是逐渐地从节俭到勤劳，再到新的美德——发现。节俭，让个人将今日的消费资源保留到明天；勤劳，让个人将今日利用时间所生产的产出保留到明天；发现，让个人将他在消费与生产中所累积的经验转换成知识和技术，然后将知识与技术保留到明天去生产。

为了更美好的明天，我们深入丛林、登上高山、潜入深海，去寻找还未发现的矿产和物种，这种美德称之为"冒险"。还有另外一种冒险，并不是发现人类未知的事物，而是在市场中推出人类未曾有的商品，这种美德便是创新。发现、冒险、创新等新美德能把今天的知识和技术传递到明天，让明天的生活更加丰富美好。

当我们发现明天后，便想把今天的种种都转移过去，于是，消费资源与产出被保留到明天。这些被保留到明天的资源与财货，如果不被直接消费，就等于是货币，可用于满足对明天的消费的需要。如果货币已经出现，也会被保留，以用于满足明天的需要。这些货币就是明天的生活资本，被称为"资本"或"流动资本"。

另外，生产技术和知识也被转移到明天，使得明天的劳动力能有更高的效能产出，而这些产出又构成明天的供给。由于生产技术和知识可提升劳动力的生产效能，故承载它们的东西就被视为一种被称为"资本财"的生产要素。

简单地说，我们靠着资本和资本财的生产与保留，让明天更加美好。

💰 思　考

1. 资本和资本财有何不同？

2. 请你简述一下：个人和人类社会如何创造更美好的明天？

💰 资　料

1. 路德维希·冯·米塞斯. 人的行为. 夏道平，译. 上海：上海社会科学院出版社，2015.

2. 穆雷·N. 罗斯巴德. 人，经济与国家. 董子云，李松，杨震，译. 杭州：浙江大学出版社，2015.

Section 8

财政与税收

从美国沃特敦镇的自主治理看基层治理

冯兴元

本课要点

1. 美国市镇的"理事会–经理制"下，没有市长和镇长，只有市经理和镇经理。

2. 市（镇）经理作为代理人必须执行委托人理事会的决定。

3. 中国的村庄和乡镇治理完全可以引入"理事会–经理制"。

　　在我国城乡基层社区治理当中往往会遇到委托-代理问题，比如城市社区业主委员会与物业公司之间就容易发生这类问题。这两者之间往往信息不对称，作为代理人的物业公司往往比作为委托人的业主有着更多的信息优势。当前者为了自身利益而违背后者的意旨和委托滥用这种信息优势时，就出现了代理人败德的问题。村民会议和村民委员会之间也常常会出现这类问题。村民委员会主任是村子里的行政"执行总裁"，而村民会议则属于"决策者"和"股东"，村民代表则属于经过村民会议授权的"决策者代表""股东代表"或者"董事"。但村民委员会主任往往越俎代庖，取后者而代之，擅自做出本来属于后者权限范围内的决策。村民委员会未经村民会议或者村民代表同意即转卖集体土地使用权，就属于此类情况。委托-代理问题也同样出现在许多城市和乡镇的治理中。地方基层治理过程中的这类问题，实际上类似于企业管理中因经理层架空董事会或者股东而造成的"内部人控制"问题。

　　我国地方基层治理需要制度创新，可以借鉴各种经验，引入制度竞争，这就是所谓"他山之石，可以攻玉"。例如：美国主要推行三类市镇治理模式，其中包括"委员会制""市（镇）长-理事会制"和"理事会-经理制"。此外，在美国的新英格兰地区，还实行镇会议制。在美国的市镇治理模式中，最令我着迷的是"理事会-经理制"，因为这一治理模式能够克服我国地方基层治理中的委托-代理问题。

美国"理事会-经理制"的运作特点是：在一个城市或者一个镇，民众选举出一个小型市或镇理事会，由后者负责对每年的预算收支以及其他重大事务作出决策；同时由后者雇用一位市（镇）经理来负责执行这些决策，并管理市（镇）事务。市（镇）经理负责筹划预算，监督大部分下属部门。一般来说市（镇）经理没有任期限制，属于合同制中的"最高级打工仔"，只要理事会对其工作满意，他就可以一直干下去。"理事会-经理制"也会出现委托-代理问题，如市（镇）经理"内部人控制"问题。但是，在这种情况下，理事会可以解聘市（镇）经理，这也与公司治理中董事会或者股东，按照一定程序解聘经理的情况一致。

2007 年 5 月，我在耶鲁大学法学院中国研究中心做访问学者时，访问过美国马萨诸塞州沃特敦镇[1]，并参加了一次镇理事会会议，这次会议是 2007—2008 年度理事会预算审核会议。在会上，我发现作为代理人的镇经理先生对作为决策者和直接委托人的镇理事会，尤其是对理事会主席，始终保持十分谦恭的态度。他在作报告时，每讲几句话就会带上一句"主席先生"，以示谦恭。

我到马萨诸塞州沃特敦镇是为了调查那里的"理事会-经理制"运作情况。沃特敦镇离马萨诸塞州首府波士顿只有 10 公里路程，因著名的查理河流经该镇而得名，当时共有 3.3 万人口。

---

[1] 沃特敦镇的英文是"Town of Watertown"，直译就是"水镇"。其实全世界关注时事的人都应该听说过沃特敦镇。2013 年波士顿爆炸案的两名罪犯就是跑到了沃特敦镇才被发现，最后，一个被击毙，另一个被抓获。美国电影《恐袭波士顿》演绎的就是这个故事。

沃特敦镇其实就是一座城市，但是当地人习惯了镇的称呼，不愿意通过特定的程序改镇为市。而且，在美国，镇与市本来就是平级，改称市不会带来什么特别的好处。沃特敦镇理事会共有 9 名理事（town councilors），每两年改选一次，并由镇理事会聘用镇经理。沃特敦镇的相关自治章程是理事会和镇经理所应尊奉的"圣经"。按照镇经理的看法，在美国，市（镇）经理聘任制较之于民选市（镇）长制的优点是，民选的市（镇）长不一定有专业管理能力来处理市（镇）中复杂多样的问题，而雇用的"市（镇）经理"则必定有专业管理能力，否则必然会被经理市场淘汰。

如果把"理事会-经理制"用到我国，那么在村庄层级，相当于村民代表会议常设化，村民委员会主任则通过聘用产生，他没有决策权，只有执行权。而在乡（镇）一级，人民代表大会发挥决策作用，乡（镇）长则可改为乡（镇）经理，通过聘用产生。这类地方基层治理制度创新会给我国的基层治理带来新的面貌。我国的地方基层治理要借鉴上述"理事会-经理制"和其他更多的自主治理经验，同时要吸取教训，兼容并蓄、胸怀广阔，要古为今用、洋为中用。只有这样，基层官员才能更好地面向百姓，提供相应的基层公共产品与服务。

🎒 思　考

1. 美国有哪些地方自主治理模式？

2. "理事会-经理制"有何特点？

3. 中国基层治理能否引入"理事会—经理制"？为什么？

💰 资　料

柯武刚，史漫飞. 制度经济学——社会秩序与公共政策. 韩朝华，译.
北京：商务印书馆，2000.

房产税与多中心

冯兴元

本课要点

1. 多中心格局是如何形成的？

2. 为什么引入房产税，就要减少其他相关税费？

　　我国有房的普通老百姓，无论是"房奴"还是"非房奴"，多数对征收房产税有些抵触。因为据说，房子价格的50%—60%要被收税收走，其中包括国有土地转让费用和各种税费。按道理，如果要征收房产税，最好先压低当前对住房或相应用地征收的国有土地转让费用或者税费，否则，收走的部分似乎显得很大。

　　中国的经济增速，虽然仍然为人们所关注，但人们越来越关注的是经济增长的质量。财政支出刚性仍然存在，支出规模难以压缩，所以财政扩张成为维持增长的重要宏观政策工具。这就要求政府增加税收或者负债来平衡收支，很显然，增加税收的压力和势头是存在的。房产税已经日益摆在立法日程的最前端。

　　发达国家也不是每个国家都对住房征收房产税。比如德国曾经针对房产征收过财产税，但后来取消了。美国的财产税包括对住房和宅基地的征税。美国市（镇）自治管理部门的收入主要是财产税收入，不足部分主要用发行市政债券弥补。美国的住宅用地实行私人所有，住房财产包含了房产和地产，属于房地产。

　　美国的市（镇）征收房产税，需要遵循民主的公共选择程序。也就是说，房产税每年征收多少，是需要当地民众直接同意的，或者经过民众选出的代表间接同意。美国的市（镇）是自主治理的，都有一个自主治理的章程，市（镇）管理部门需要按章程行事。市（镇）议事机构，比如马萨诸塞州沃特敦镇的理事会，就需要对镇管理部门提出的年度预算进行表决。镇管理部门首先要确立一个预算计划，提出本年度要做什么事情，需要多少开支，需要筹措多少收入。这里存在着这样一套透明程序：先界定政府事权；再确定政府要做些什么；然后是为了做什么而需要支出多少；最后再以收定支，确定如何取得收入。镇管理部门聘有专门的房地产价值评估人员，负责评估每处房地产的市值，镇管理部门则在此基础上计算出总共需要征收多少房产税，税率是多少，收支差额是多大，需要发行多少市政债券才能弥补收支缺口，并以此确立一个支出计划，然后经过镇议事机构讨论通过。

我国有很多税种没有经过立法，主要是依据法规级次较低的行政规定征收，这不符合立法惯例。现在房产税的征收将通过立法确定，这是一种进步。不过正如前文所述，最好先降低目前从房地产征收的各种费用和税费，再行房产税。

如果能够先降低政府来自房地产的收入和税费，再征收房产税，并把税率事先限制在一个区间，每年具体由各地议事机构自行在区间内确定一个加征率，那么，即可在全国促成多中心格局的形成。多中心可以体现在教育、文化、医疗、经济以及金融等方面。全国可以出现多个教育、文化、医疗、经济以及金融中心，包括多个地方性政治中心，而每个中心对周边没有压倒性的影响，一些名校甚至会出现在小城镇。例如：美国哈佛大学就位于马萨诸塞州的剑桥市，属于中小城市，它与旁边的大城市波士顿市在行政级别上是同级的，两者均实现了地方自主治理。

房产税一般应该作为地方主体税种之一，只不过各地实际加征力度会有差别。很多居民在选择住房和居住地时，会看一个地方的总体税负水平和公共服务水平的组合，这里的总体税负水平自然也包含了房产税因素。总体来说，有四种总体税负水平和公共服务水平的组合：高税负＋优服务；高税负＋劣服务；低税负＋优服务；低税负＋劣服务。每位居民对税负的高低和服务的优劣有着不同的主观评价，但是总体上会有某种相对集中的看法。只要有可能买房迁徙，而且迁徙的交通成本和制度成本足够低，就会出现经济学家蒂伯特所展示的"以足投票"现象，也就是用脚来"投票"的现象：对于"税负＋服务"组合有着相同偏好的人，会倾向于用脚来"投票"，以搬迁到自己所偏好的"税负＋服务"组合的社区。这种"以足投票"现象其实发生在很多城市，很多人买房，在感受乔迁之喜的同时，其实也选择了某种"物业费＋服务水平"的组合。这种对"费＋服务"组合的选择与对"税＋服务"组合的选择是类似的。当很多中产阶层人士甚至富人都选择搬到一个新的社区时，一般这个社区就会出现优质的学校和医院。为了吸引这些人士，地方政府也会考虑在周边建设这类社会基础设施，房地产商和居民也会愿意促成这些事情。这些有关未来公共服务的前景也会资本化到当地的房产价格中，由此抬高那里的房产价格。如果一部分人"以足投票"，而其他人在原地停留，那么慢慢就会演化成一种多中心的格局。如果当地的社区能够学习美国市（镇）的做法实行自主治理，那么新出现的多中心格局会更为名副其实、更为精彩。

总之，房产税不一定是坏事，关键在于是否基于同意的程序以及到底如何征收。搞好了，总体税负水平不会比现在高，但却会与地方上的收支对应程度高、联系紧密，从而有助于增进地方居民的福祉，同时也可促进多中心格局，自然也能缓解单中心体制下人人想到大城市居住以享受较好的公共服务的冲动。

💰 思　考

1. 什么叫多中心格局？

2. 怎么才能让房产税不仅无害，反而有利，甚至促成多中心格局？

💰 资　料

路德维希·冯·米塞斯. 人的行为. 夏道平，译. 上海：上海社会科学院出版社，2015.

哈耶克为何倾向于支持比例税制

黄春兴

本课要点

---

1. 讨论哈耶克的税制观点。

2. 哈耶克为何允许政府提供公共品？

3. 为何普遍性原则要求等比例税率？

　　政府的适当规模一直都是经济学者争议不休的议题，即使主张市场经济的经济学者之间亦存在着不同的主张。譬如在古典自由主义经济学家当中，哈耶克对政府规模的宽容程度就仅次于布坎南和弗里德曼。然而，他的宽容并非出于随意或个案式的判定，而是有一定的原则可依循。这些原则至少包括以下四点：一、政府的规模是由人们同意的政府提供公共品的规模所决定的；二、政府的作为必须具备一视同仁的普遍性；三、政府在提供公共品时必须允许市场竞争；四、政府不能将服务性职能转变成强制性管理。

　　依据这四点原则，哈耶克推论出决定政府规模的三点因素：人们的财富与收入水平、政府提供公共品的效率、法制对政府行为的约束力。简单地说，当人们相信政府不会将服务性职能转变成强制性管理，而服务又具有效率，并能一视同仁地提供服务时，则其让政府提供公共品的意愿会随着收入的增加而增强。

　　同样在这四点原则下，哈耶克也推导出如何将政府提供公共品所需的财政支出转变成人们的租税负担，其中也掺入了一些他的建议。

　　政府不能将服务性职能转变成强制性管理的原则，便排除了凯恩斯式的赤字预算。于是，当人们同意由政府提供的公共品的规模时，就决定了当期（或下期）的政府预算支出的规模，也就是预算支出规模必须等于政府的预算收入规模。假设该国仅实行个人所得税，那么预算收入总额将完全分配到税基上去，也就是分配给所有个人所得税的义务纳税人。

在普遍性原则下，由于所得税税基是收入，因此所有的收入都必须缴纳相同的税率，这种税率就叫比例税率。哈耶克认为，比例税率是唯一不会在人民之间造成歧视与相对剥削的税制，而且这种税率也不会受到任何的政治操控。只要将政府收入预算总额除以税基总额，就能得出每一元税基所需缴纳的税率。假设计算出来的税率是 10%，那么年收入为 1 000 万元的净收入者得缴纳 100 万元税款，而年收入为 100 万元的净收入者得缴纳 10 万元税款。

需要注意的是，哈耶克所关注的比例税率是他论述政府规模过程的一个环节，不宜单独抽出来讨论。比例税率并不需要政治上的表决或协商，而是在人们同意政府的支出规模时就已然决定的。由于他对比例税率的要求也是出于普遍性原则，因此，当政府课税的税基不只是工资收入，譬如也加上增值税时，比例税的对象就变成"工资收入"和"商品和服务的增值"两种税基。增值税以交易增值为税基的税率时也属于比例税率，若改成个人工资收入为税基时，增值税就变成了累退税，因为个人对现有商品与服务的交易额会随工资收入略为递减。因此为了维护总体税收的比例税率原则，他认为工资收入税得采取缓和的累进税税率。当税基种类繁杂时，要落实总体税收的比例税率并非一项简单的任务。但如果政府能遵循哈耶克提出的四点原则，不实行赤字预算，租税结构应该都会接近比例税率原则，而在工资收入方面则呈缓和的累进税率。

我们知道，苏联解体后的东欧国家大都在所得税上采纳比例税率，而西欧和中欧国家大都采纳累进税率。如果这些国家都没有实行赤字财政计划的话，对这项观察的解释可能是：西欧和中欧可能存在较大的贫富差距，导致政府必须在所得税上采取累进税率去缓和增值税等商品税中所存在的严重的累退性现象。此外，这些国家的竞选体制容易造成各党派为了赢得选票而倾向于承诺不断提高转移支付规模，同时强调更大的所谓"结果公平"。而刚转型的东欧国家的贫富差距还不太大，福利国家情结较轻，因而采纳了比例税率。当然，我的解释属于猜测的成分居多，因为这些国家都存在巨额的政府负债和财政赤字。

最后值得一提的是，哈耶克认为，欧美体制下的比例税率还具有一项优点：当税率可以不必由政治过程去决定时，人们对于私有品和公共品的配置就不会受到政府的干扰。他相信，如果税制采取累进税率，为了议决出累进税率，来自政府的干扰就会相当严重。

💰 思　考

1. 请从政府规模的视角重述哈耶克对比例税率的观点。

2. 本文最后指出："如果税制采取累进税率，为了议决出累进税率，来自政府的干扰会相当严重。"请详细说明。

💰 资　料

1. N.格里高利·曼昆. 经济学原理. 北京：清华大学出版社，2009.

2. 弗里德利希·冯·哈耶克. 自由秩序原理. 邓正来，译. 北京：生活·读书·新知三联书店，1997.

课时 87

累进税并非来自经济学理论

黄春兴

本课要点

---

1. 为何牺牲原则只适用于非市场经济的社会？

2. 为何说累进税并不是来自经济学的理论？

　　有位学生问我："为何苏联解体后的东欧国家转型为市场经济后，在个人所得税税制上并没有实行西欧国家普遍使用的累进税，而是纷纷采用比例税？"这是一个很好的问题，但我只能回答一半。这里的累进税是指个人所得越高，税率也越高的税制；而比例税是指采取单一比例税率的个人所得税税制（针对个人和企业所得的比例税制也称"单一税"或者"平税"）。

　　先说我无法回答的另一半，那就是我对这些国家的转型过程并不太清楚。但在转型后，互联网上的数据是这样的：俄罗斯实行的比例税是 13%，罗马尼亚是 16%，匈牙利是 15%，蒙古和土库曼斯坦都是 10%。此外，乌克兰也曾实行 13% 的比例税率，但在 2011 年将高所得之税率改为 17%，而到了 2016 年，其比例税率与高所得之税率分别提高至 18% 和 20%，这也暗示着乌克兰是为了获得更多的税收才实行累进税。就全世界而言，包括中东欧国家在内，共有约 40 个国家实行比例税率，这个数字并不算低。此外，美国的联邦所得税虽然实行累进税率，但在州所得税上，仍有 10 个州实行比例税率，如马萨诸塞州为 5.1%，北卡罗来纳州为 5.5%。

　　至于我能回答的另一半则是：累进税并不是来自经济学的理论。

　　首先要请大家注意，在比例税率下，高所得者仍然要缴纳较高的税款。譬如在 10% 的税率下，所得为 1 000 万元者得缴纳 100 万元的税款，而所得为 100 万元者仅需缴纳 10 万元的税款。

累进税的支持者要求所得为 1 000 万元之高所得者必须缴纳远高于 100 万元的税款，譬如 300 万元。这样的要求在经济学理论上是否站得住脚？

经济学是以两条基本原则去评估税制的公平性的。"水平公平原则"要求所得相同的人应该承担相同的税负，而"垂直公平原则"要求所得不相同的人应该承担不相同的税负。累进税率固然符合这两条原则，但单一税率也同样符合这两条原则，所以，这两条原则并不否定单一税率的公平性。

于是，累进税的支持者进一步主张税制的公平性应该考虑个人所享受到的公共福利。若借用上述两条基本原则的表述方式，该主张就是：享受相同公共福利的人应该承担相同的税负，而享受不同公共福利的人应该承担不同的税负。当公平性原则的内容由"所得"改成"福利"之后，问题的麻烦度马上升高，因为我们无法找到能够客观衡量福利的标准，也不知道该如何去衡量一个人所享受到的公共福利。

为解决这个难题，有人就认为公共品的提供是一视同仁的，在分析上可以假设效用函数相同，即假设每个人消费相同的公共品会带来相同的效用，也就是满意程度。但这个主张依旧会带来麻烦，一方面，我们无法论证高所得者会使用较多数量的公共品；另一方面，即使他们真的使用了数量较多的公共品，但随着边际效用，即增量消费满意程度的递减，其必须缴纳的税款反而远低于比例税率下的数额。

面对这种困境，累进税率的支持者只得放弃"福利"的论述，改为以个人因缴纳税款而减少私人消费的"牺牲"去论述：公平的税收原则就应该要求每个人所承受的牺牲都相同。于是，在相同的效用函数假设下，根据边际效用递减原则，所得 100 万元者为缴纳 10 万元之税款所牺牲的私人消费的效用，应等同于所得 1 000 万元者为缴纳远大于 100 万元之税款所牺牲的私人消费的效用。这样，在相同的效用函数假设下，就可以推导出累进税率。不过，这种论述是错误的，因为他们完全误解了效用的含义。

效用理论谈论的对象是可直接消费的实物财货，如苹果或面包等消费品。因为是实物财货，故存在边际效用递减的性质。但是前面的论述却是偷偷地将实物财货转换为代表所得的货币。

货币也是可以视为实物财货的，但这样的话其消费方式就如同守财奴看到钞票就开心，或如同用钞票引火点燃香烟。我们称这类以实物方式消费所产生的效用为货币的"直接效用"，而属于直接效用的边际效用是会递减的。但在真实世界，只有极少数人会以直接效用的方式去消费货币。

个人持有货币所带来的效用，主要还是来自用这些货币去购买实物而产生的消费效用，这被称为货币的"间接效用"。因此，货币的间接效用也就取决于个人使用货币所能购买到的消费品。如果市场只提供种类极为有限的商品，那么随着收入所得的提升，个人消费这些商品的边际效用迟早也是会递减的。在这种情况下，间接效用也会递减。所以，在消费品种类极为有限的非市场经济中，利用牺牲原则是可以推导出累进税率来的。然而，市场的本质是多元而开放的，各种崭新的消费品会不断涌现，随着所得的增加，个人会不断地变更他所购买的商品种类，并期待未来能拥有更好的音响与跑车。在这样的市场机制下，货币的间接效用并不存在边际效用递减的性质。

总体来说，利用牺牲原则去论述累进税率的有效性只存在于非市场经济下的社会，譬如苏联解体前的中东欧国家。一旦社会转型到多元化的市场经济，牺牲原则就再也推演不出累进税了。这应该是转型后的中东欧国家普遍实行比例税的原因。

思 考

1. 请举例说明并区别个人利用货币可以获得的直接效用和间接效用。
2. 经济学在评估税制的公平性时依赖哪两条基本原则？

资 料

1. N. 格里高利·曼昆. 经济学原理. 北京：清华大学出版社，2009.
2. 弗里德利希·冯·哈耶克. 自由秩序原理. 邓正来，译. 北京：生活·读书·新知三联书店，1997.

从美国税改看税制原则

冯兴元

本课要点

---

1. 税收体制应该遵循平等、确定、便利和最少费用原则。

2. 美国的减税体现了一些保守主义税制原则的回归。

3. 美国减税的背后是走向低税模式，会引发全球税制竞争。

我们从 2018 年的美国税改，可以感受到一些保守主义税制原则。那么，到底可以感受到哪些保守主义税制原则呢？在讨论这一点之前，我们先看看美国的税改情况。

美国时间 2017 年 12 月 2 日，参众两院最终通过了特朗普税改法案，这也是自 1986 年以来美国最大规模的税改法案。该法案正式文本于美国时间 12 月 22 日由特朗普总统签署生效，并于 2018 年 1 月开始实施。

美国的税改法案体现了特朗普倡导的简化税制、降低税率、创造公平市场条件、诱使美国公司海外资产回流的税改四原则。该税改方案将美国企业所得税税率从 35% 降至 20%；对美国企业留存海外的利润进行一次性征税，其中现金利润的税率为 10%；随后则推行彻底的属地制征税原则。按此，未来美国企业的海外利润将只需在利润产生的国家交纳企业所得税，而无需向美国政府交纳。这样一来，美国企业所得税税率将比中国 25% 的企业所得税税率低 4%！

在个人所得税方面，美国维持目前分为 7 档的联邦个人所得税税率不变，但大部分税率有所下降，其中最高收入档次的最高税率从 39.6% 降至 37%。此外，个人所得税标准抵扣额翻倍，但对地方税和州税等税收抵扣设定上限。为鼓励企业长期投资，企业所得税税改内容永久有效，但个人所得税变动的有效期仅到 2025 年底。这样一来，美国个人所得税的最高所得档次对应的最高税率比我国的 45% 要低 8%！

美国的制造业企业只需要缴纳企业所得税，由于企业所得税是对企业利润的征税，这意味着，亏损企业不纳税！我国的企业所得税是 25%，这仅仅是对企业利润部分的征税，而在此征税环节之前，企业还要缴纳最高 17% 的增值税，还有各种附加税和费。这意味着，无论企业是否赢利，都会有某种程度的税收负担。

很显然，美国在走向低税模式，其税改政策会给很多高税国家的政府形成巨大的税制竞争压力。

更重要的是，美国的税改也体现了一些保守主义税制原则的回归。经济学之父亚当·斯密在《国富论》中提出了著名的税收四原则：平等、确定、便利和最少费用。这也是保守主义的税制原则。斯密所谓"保守"是指符合人的本性的"自然自由"状态。

平等原则强调所有公民应平等纳税，反对存在免税特权，反对按身份定税以及富者轻税而平民重税的不公平情况，当然，同时也反对富者重税而平民轻税的情况。税收应均衡地分担到地租、利润和工资上，不应仅由其中一种收入负担，而应该按照自然形成的社会财富分配情况，按单一的比例税率征税。用斯密的话来讲就是，"任何一个国家的国民应该尽可能地依照各自力量的大小，也就是说，按他在国家保护下所得到的收入的比例，对维持政府所做出的贡献大小来纳税"。降低对富人的"畸高"个人所得税率和对公司的"畸高"企业所得税率，就是在靠近平等原则。

确定原则要求公民应缴纳的税收，应该是明确规定的，不得随意变更。用斯密的话来讲就是，"缴纳的时间、缴纳的方式、应该缴纳的数额，对任何一个纳税人都应该是清清楚楚的"。这一原则是为了杜绝征税人任意专横征税和滥增税负。在税改前，美国的纳税手续虽然规定得"清清楚楚"，但因为税制规定非常复杂，一般纳税人难以理解，也难以自理纳税手续，往往需要付费求助于税务咨询中介，也就是说其税制规定不是真正的"清清楚楚"。美国之前有 60 000 页的税收相关判例，240 万字的联邦税法典，770 万字的税收条例，每年全体美国人总计要花费 89 亿小时的时间用于履行纳税手续。税改之后则大大简化了税制，减少和简化了这些规定，真正让纳税人感到清清楚楚，感到"确定"。便利原则也得到了真正地体现。

斯密认为："每一种税都应该在纳税者最方便缴纳的时间和用他们最方便缴纳的方式去征收。"也就是说，纳税应遵从最为便利原则。在美国，按照 2016 版美国个人所得税法申报个人所得税需要填的 1040 表格中，仅收入、扣除、减免三项合计就有 50 项内容，而众议院表决通过的新税改法案中的纳税表格合计仅含 15 项内容，收入、扣除、减免项内容大为减少。于是，美国个人和家庭很容易做到纳税自理。

美国税改也在朝着最小费用原则趋近。用斯密的话来讲就是，"每种税都应该这样来设计：让从人民口袋中取出的钱或者说没能让人民得到的钱，与将它送入国库中的钱的数额之差尽可能地小"。他认为，应该让税务人员的征税花费最少，扰民最少。美国税改由于大大简化了税制，也将大大减少税务人员的征税花费和扰民情况，因此有助于其税制朝着最小费用原则趋近。

💰 **思　考**

1. 简述斯密税收四原则的基本内容。

2. 为什么说美国税改在朝着斯密税收四原则趋近?

3. 美国税改会对各国税制产生什么样的影响?

4. 你认为低税模式好还是重税模式好?

💰 **资　料**

亚当·斯密. 国富论. 郭大力，王亚南，译. 北京：商务印书馆，2015.

新经济、新货币与新金融

从消费者主权看淘宝购物

黄春兴

本课要点

1. 讨论淘宝购物的微观活动。

2. 为何忠诚会成为网购的重要因素？

3. 消费者主权如何将个人的差异化体现在商品结构上？

关于消费者主权，我们已经提到过，市场在汇聚消费者对商品买或不买的选择后，将决定哪些商品该下架，哪些商品可继续存在。由消费者的偏好所决定的消费者主权，是最终决定产业发展以及我们未来生活的力量。在这一讲，我们将以淘宝购物为例，讨论消费者主权的微观运作过程。

由于淘宝卖家甚多，任一商品都存在许多同质的提供者，因此在"货比三家不吃亏"的大原则下，淘宝买家喜欢先比较多家商品的质量，再挑选价格便宜的进行购买。

卖家的生存原则是获取正的净利润，但市场竞争的法则要求更高，也就是说追求最大利润的企业方能继续生存。只提供同质商品的卖家不会有超额利润，还将面临竞争的淘汰威胁。因此，卖家们除千方百计地提供买家偏爱的商品外，也会设法创造买家的新需要，而其中最基本的做法就是提升同类商品的质量。市场竞争不会考虑个别企业的动机和处境，只要有别的卖家优先推出质量更好、价格更优惠的同类商品，买家会毫不犹豫地放弃原来习惯购买的卖家的商品。

以唇膏为例。有一段时间，不少买家喜欢韩剧里女明星涂的唇膏，这让 YSL 的 42 号唇膏卖到断货，于是，其他牌子纷纷推出颜色相近的唇膏。但是，也有买家觉得 YSL 42 号唇膏的颜色不适合自己的肤色，改而选择电影导演、设计师汤姆·福特（Tom Ford）推出的一款唇膏。YSL 是知名老品牌，汤姆·福特是打着"奢尚无需等待"的时尚新品牌，他们都有自己的营销策略：最好能创造买家的新欲望，否则，也要推出能满足买家现有欲望的新商品。

在大品牌的竞争夹缝中，也存在着较便宜的品牌。它们以"颜色无差但价格仅有四分之一"为营销卖点，以"大众精品"吸引年轻的小资买家。这些不同价位的异质唇膏，一支支地被加入购物车，或仅仅在浏览阶段就被略过。这些个体买家的购买与否，决定了商品的市场占有率，也决定了卖家的生死存亡。哪怕是存活下来的卖家，也无不应验商场那句老话：同行不同利。同样是化妆品的卖家，有的因利润微薄而挣扎在生死边缘，有的则轻轻松松日进斗金。这差异，乃是消费者主权作用的结果。

消费者主权并不偏袒特定卖家，无论是挣扎在生死边缘，还是轻轻松松坐地赚钱，卖家都同样面临着不确定的未来。他们都不知道消费者下一次选择的是否还是他的商品。这种不确定性有时来自买家偏好的改变，更常见的是有别的卖家推出新商品或新价格，于是，现有价格在瞬间即成为历史。

当然，也有些卖家会以信誉去博取买家更忠诚的信任。有许多不同的心理因素（大都可以从经济行为去分析），如节省时间、懒于比较价格或者希望变成更好的自己等，都会让买家从众多卖家中挑选出最爱。在淘宝购物一段时间后，买家会逐渐挑选出相对信任的私房卖家。对于收藏的店铺，买家有时也喜欢从里头去寻找新商品，而这时她对价格也不会很计较。

买家收藏店铺的另一个原因是惧怕买到假货。买家不希望买到假货，并不等于他们不会去购买假货。假货有两种，一种是完全抄袭的A货，也就是仿货；另一种则是接近于完全替代品的山寨品。

A 货属于侵权，不是我们要讨论的。我们要谈的是还不算侵权的山寨品，主要是它们的质量与品牌精品的差异很大。

与大品牌精品比较，大众精品是"质量差不多而价格差很大"，山寨品则是"质量差很多而价格差更大"。的确，淘宝网上有许多卖山寨品的卖家，它们的买家有些是消费能力不高的族群，但也有不少是对价格的敏感度高于对品质追求的族群。这些买家的选择也就决定了山寨品的存在。

所以，消费者主权不仅仅是宏观的概念。在淘宝购物的微观活动上，我们看到的是：消费者主权将个人间的差异也体现在商品结构上，尤其是看似同质而实则存在质量差异的商品的质量结构上。这里涉及的便是大品牌精品、大众精品和山寨品。

💰 思　考

1. 请讨论大品牌精品、大众精品和山寨品之买家群在所得与偏好上可能存在的差异。
2. 如果把 A 货视为是第四种质量类型的商品，请讨论它的买家群在所得与偏好上的特征。

💰 资　料

1. 张维迎. 经济学原理. 西安：西北大学出版社，2015.
2. 路德维希·冯·米塞斯. 人的行为. 夏道平，译. 上海：上海社会科学院出版社，2015.

人工智能并不能直接取代人的工作

朱海就

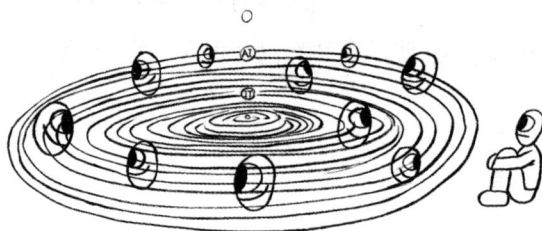

本课要点

1. 是什么导致了就业结构的变化？

2. 为什么说机器的作用不是节省劳动，而是提高劳动生产率？

前段时间有报道说人工智能正在代替金融行业的交易员，高盛位于纽约的股票现金交易部门曾经有 600 个交易员，如今只剩下 2 个。对此，世界经济论坛人工智能委员会主席、卡内基·梅隆大学计算机学院副院长贾斯汀·卡塞尔也预测，在未来 15 年，随着自动驾驶，超人类视觉、听觉，智能工作流程等技术的发展，专业司机、保安、放射科医生、行政助理、税务员、家政服务员、记者、翻译员等都将可能被人工智能所取代。

卡塞尔的观点很容易被人接受，但严格地说它并不成立。人工智能并不能直接"取代"人的工作，或者说，这些人员不是因为"被取代"而消失的。劳动力之所以会从使用人工智能的行业中转出，是因为该部门使用人工智能之后，生产效率会大大地提高。比如开发了可以替代司机的人工智能技术之后，驾驶技术会被合成在一块芯片上。因其制造成本非常低，所以租车服务的供给增加，但是增加一单位租车服务的效用对消费者来说将日益下降；而对那些没有使用人工智能的行业，比如海鲜生产，增加一单位海鲜生产的效用对消费者来说则相对提高了。这就意味着随着海鲜价格的上涨，生产海鲜可以获得更多利润，所以企业家会增加对海鲜的投资，海鲜部门将需要更多的劳动力。这样，原先的驾驶员或本来有可能成为驾驶员的劳动力就会进入到海鲜生产的各个环节。

正是这种新增的需求，把劳动力从人工智能部门转移到了其他部门。设想一下，假如其他部门对劳动力没有需求，那么这些劳动力还是会停留在人工智能部门，只是他们的工资会下调，他们也不得不接受老板的降薪，直到他们的工资降到生存线上，甚至被解雇。但现在有了新增的需求，他们便可以转移到其他部门，不仅不会失业，工资甚至还会比在之前的部门更高。

认为人工智能"直接取代"了某种人的工作，这是在把一个"经济学"问题理解成一个"技术"问题。"人的工作"的消失或产生，都是人的"选择"的结果，人们之所以做出那种选择，是因为他们认为那样做比之前更有利。如米塞斯所指出的，假如孤立地从单个部门来看，似乎是机器替代了劳动力，但从消费者和全社会的角度看，机器的作用不是为服务业节省劳动力，而是用来提高劳动生产率。

以上的分析假设是基于只出现人工智能，其他条件不变，所以这是一个静态分析。从动态角度来看，人工智能的使用提高了劳动生产率，导致整个社会的实际工资水平提高，人们有能力去满足之前没有满足的需求。这样不仅促进了消费，也激发了创新，一些新的行业会涌现出来，而这些行业必然又需要新的劳动力，这意味着人工智能间接地创造出了新的就业机会。

实际上，人工智能本身就是一个需要大量劳动力的新行业，尤其是相关硬件设备的生产一定需要大量劳动力，而且这些劳动力不一定需要很懂技术。这样，那些因为使用了人工智能而转移出来的劳动力可以进入到生产人工智能的行业中去。不难发现，这时的就业结构就变得更加"迂回了"，或者说更加"纵向化"了，换句话说，虽然从横向上看就业减少了，但从纵向上看就业反而增加了。

　　人工智能等新技术的应用不仅会催生出新行业，而且对既有的行业也会有积极影响。当人工智能提高了生产率，提升了人们的实际工资水平之后，人们就有能力去消费更为精致的产品，比如吃更美味的海鲜。这样就促进了海鲜的消费，并将推动相关的养殖、保鲜和烹饪技术的进步，从而使这些行业的工资水平得到提升。可见，技术进步相当于给社会这个"池塘"投了一块石头，它给社会带来的变化就像涟漪一样逐步地扩散出去。人工智能和互联网相当于一块"大石头"，当然也有很多的"小石头"，它们带给社会的变化往往是人们不能马上觉察到的。

　　还有，人工智能替代的是重复性的工作，那些需要创意和想象的工作无论如何也不会被人工智能取代，一个明显的例子是人工智能无论如何也不能代替创造人工智能的人类。人工智能再怎么先进，也只是人设计出来、构建出来的工具，它的进步需要人去推动。

　　最后，奥地利学派认为，劳动力是所有生产要素中最稀缺的要素，人工智能的出现并不会改变这一事实。假如没有人为的因素，失业只有一种，那就是自愿失业。也就是说，失业不是因为找不到工作，而是因为不愿意接受某个工资水平或工作条件，也可能是他认为闲暇的效用比工作更高。

　　假如一个人因为没能找到自己满意的工作，就把责任推卸给人工智能，这是荒谬的，他更应该从自己身上找原因。例如：由于他没有改善自己的知识结构，导致自己的技能没有市场。技术进步总体上是人类的福音，但可以肯定的是，我们不能保证每个人都能平等地从中获益，那些更善于学习、更善于把握技术进步带来的变化的人才是更大的赢家。

💰 思　考

1. 为什么贾斯汀·卡塞尔的观点严格地说并不成立？
2. 举例说明技术进步对就业结构的影响？

💰 资　料

路德维希·冯·米塞斯. 人的行为. 夏道平，译. 上海：上海社会科学院出版社，2015.

比特币是什么

冯兴元　肖永泉

本课要点

1. 比特币的特点是什么？

2. 如何判断比特币是否为货币？

3. 比特币为什么还不是一般交换媒介？

　　比特币是一种数字货币，基于点对点的网络，具有去中心化、加密、匿名的特点。它需要依据特定的算法通过大量的计算产生，其产生过程也被称为"虚拟挖矿"，类似于开挖黄金。按照其创始人中本聪的算法设计，比特币的总量是确定的，总共2 100万个，因此越挖越少。

　　比特币根据特定的算法，通过网上大量"虚拟挖矿"而产生，其发行不依赖于某个特定的机构。这一点就决定了其产生机制与大多数货币不一样，大多数货币的发行依赖于特定的机构。比特币的流通依托一种去中心化的"账本系统"，只要把属于自己的比特币转给别人，账本上就会记录该比特币过去所有的交易以及最新的交易，尤其是包括你原有比特币所占区块地址和其他相应信息，以及新的所有人所占区块地址和其他相应信息。账本以去中心化、分布式的方式保存在比特币网络上的各个节点，而且是匿名的，也就是没有新、老所有人的名字记录。这种加密程序又保证了比特币流通各个环节的安全性，因为没有人可以操纵与控制它。比特币总量有限，且网上"挖矿"有奖励，这就鼓励了人们以后继续挖矿，并参与维护整个比特币网络。

　　我们现在看看比特币的性质，看看它是否属于真正的货币。货币的基本职能就是充当一般交换媒介，其他职能都派生自这一职能，比如一般教科书上说的支付手段、价值尺度、价值储藏手段以及充当世界货币。当然，任何货币都不能充当理想的价值尺度。正如米塞斯所说，各种货币其实都在变动，经济也在变动，每个人对货币和经济的主观评价也在变动。在这种情况下，米塞斯认为，货币不能充当价值尺度，他是从严格意义上这么说的。

首先我们需要问，比特币是不是贵金属？是，它属于虚拟黄金。将它挖出来的原理跟现实世界里的淘金原理是一样的，只不过它是虚拟挖掘，而黄金是实体挖掘。它是不是商品货币？是，这不在于它具有商品的使用价值，而在于它作为虚拟黄金的巨大交换价值。

比特币是一般交换媒介吗？在很大程度上是。比特币的数量有限，但 2015 年就已经有 10 万多家商家接受其作为交换媒介和支付工具。它作为交换媒介的普遍使用度已经很高，而且在某些场合（比如逃避外汇管制和资本流动限制），它是最好的交换媒介和支付手段。如果各国不对其进行打压，其普遍使用程度会更高，所以它应该算是货币。比特币是支付手段吗？是，它被很多商家用作支付工具。比特币是价值尺度吗？是，即使它在二级市场上的报价波动很大，每个人仍可以拿它去衡量其他货币或者商品的价值，其他数字货币也已经将比特币作为货币标准。比特币是价值储藏手段吗？是，它有交换价值，值得储藏它以换取其他货币或者商品。比特币是世界货币吗？是，它的使用者遍布全球，在一些群体中，比特币是最受追捧的一种世界货币。

比特币还是什么？第一，一些市场派人士会说，它是自由的、无主权的货币，任何国家对它其实都没有管辖权，比特币使得货币发行权回归市场。第二，它是可保值、增值的货币。其实我们对货币的要求首先是保值，增值则往往是奢望，但是比特币居然能让人实现这种奢望。第三，它仍然是稳健的货币。这体现在它的产生机制和一级市场的基础超级稳健。我们要区分比特币的一级市场和二级市场，一级市场超级稳健，二级市场在比价高位上波动，其实仍然体现为稳健。2017年初，国内一个比特币的价格不到7 000元人民币；12月16日，美国的比特币比价站上2万美元关口；12月22日跌至低谷13 000美元左右；12月28日，一家美国主要交易平台的比特币最低报价为14 000美元。二级市场除了现货买卖之外，还有芝加哥期权交易所和芝加哥期货交易所两家比特币期货交易所。在二级市场，一些交易场所还不乏设置自动量化交易程序，自买自卖，保持市场热度，推动比特币市价上行。这当然属于不正当竞争。但是，只要大家都知道这件事情，这一因素就会被市场消化掉，并体现在新的比特币价格当中，总体上体现了一个愿买，一个愿卖。第四，比特币打破了各国中央银行对货币的垄断，体现并实现了哈耶克所推行的货币竞争与自由银行业的理念。第五，比特币可用于规避对资本流动的严格控制。很多类似数字货币的出现都参照或者借鉴了比特币背后的思想和技术机制，并且产生了像以太币、莱特币等多种新型数字货币，比特币由此展示了朝向多种货币竞争和自由银行体制的发展趋势。

当然，有人也会拿比特币来洗钱。但是，这就像一个杯子，我可以拿它喝水，我也可以拿它毒死人，可这个杯子就是杯子，它不能为人们如何使用它负责。我们不能怪比特币充当了洗钱的工具，我们要惩罚的应是洗钱者本身。

💰 **思　考**

1. 比特币作为一般交换媒介的功能到底有多强？

2. 比特币有哪些货币功能？

3. 比特币在重新建构国际货币秩序方面可以发挥什么样的作用？

💰 **资　料**

李钧，长铗，等. 比特币：一个虚幻而真实的金融世界. 北京：中信出版社，2014.

比特币的思想源流

冯兴元

本课要点

1.比特币创始人中本聪有没有读过哈耶克的《货币的非国家化》?

2.为什么哈耶克的《货币的非国家化》可以视为数字货币的思想源流?

3.哈耶克之前,其老师米塞斯早就认同货币的非国家化。

2008 年出现了全球金融危机，有人化名中本聪，在同年年底发表了比特币白皮书，题为《比特币：一个点对点的电子现金系统》。2009 年 1 月 3 日，中本聪发明了比特币，设计和推出了比特币的发行和交易系统。与此同时，比特币上的第一个区块，也是全球区块链的第一个区块随之诞生，这个区块也叫"创世区块"。对照一下《圣经》，我们就知道，《旧约》的第一段标题就叫"创世"。

中本聪发行比特币也与他对全球金融危机的厌恶有关。他在创始区块留了一句不可更改的话："2009 年 1 月 3 日，英国财政大臣正处于实施第二轮银行紧急援助的边缘。"他之所以写这句话，就是因为厌恶全球金融危机，他之所以创设比特币，就是因为对银行体制作为第三方中介的交易模式不信任。

这里我们不需要具体介绍比特币的技术解决方案，就像我们不需要了解电视机里面的零部件和电路构成一样。重要的是，这种对比特币共识机制的信任，超越了过去对人与人之间基于银行作为中间人而达成交易的信任。这就类似于"凤凰涅槃"，所谓"凤凰涅槃"就是指凤凰在烈火中再生。比特币也一样，它要求我们先去信任，然后重建信任。去信任是指放弃依赖人与人之间那不总是可靠的信任，重建信任是指代之以对区块链共识机制的信任。

鉴于 1974 年诺贝尔经济学奖得主哈耶克的理论影响巨大，

他被公认为基于区块链技术的数字货币比特币的精神教父。[1] 哈耶克在他的《货币的非国家化》中第一次系统地论证了为什么要由私人银行来发行货币。鉴于现在的比特币是私人发行而不仅仅是哈耶克书中强调的私人银行发行，中本聪比特币的发明和由此引入的私人货币竞争，比哈耶克这本书里面探讨的私人银行货币竞争更进了一步。哈耶克讲货币的非国家化指的是，引入私人货币，以及引入私人货币竞争。所谓"私人货币竞争体制"，其实就是自由银行体制，指由私人银行竞争发行货币。哈耶克在这本书里提出了私人银行货币竞争的理念、构想和实施方式。他的中心思想就是，既然在一般产品与服务市场上自由竞争最有效率，那为什么不能在货币上也实行自由竞争？

哈耶克的中心论点为：只有废除各国政府对其货币创造的垄断才能实现价格水平的稳定。他的颠覆性建议是：废除中央银行制度，允许私人发行货币，并由其展开自由竞争，而这个竞争过程将是发现最佳货币的程序。从这个观点我们可以推导出，竞争也可以作为发现更好的货币制度、更好的货币的程序。哈耶克认为，在货币竞争格局下，每一家发行私人货币的商业银行都会珍惜自己的声誉，都负有对自己发行的私人货币的保值义务，都要限制自己的货币发行量，否则自己的货币会被市场抛弃。哈耶克通过论证和推导，作出了两大论断：如果政府控制货币是不可避免的，搞金本位就是最好的；如果可以打破政府的货币垄断，那

---

[1] 我和秋风先生共同出版过一套"奥地利学派译丛"。其中有一本就是他翻译的《货币的非国家化》，我是那套丛书的主编，其实主编应该是我们两个人。

么金本位就不需要了，让竞争性的私人货币发行即可。

这样，很多人就认定哈耶克是最早提出货币竞争思想的人，但实际上并非如此。哈耶克最早系统地论证了私人货币竞争的构想，但比他更早提出货币竞争思想的是他的老师米塞斯以及奥地利学派第四代代表人物罗斯巴德。米塞斯在 1953 年的英文版《货币与信用理论》一书中就提出，自由银行体制本来可以为这个世界减少很多经济危机和灾难。该书的德文版早在 1912 年就已经问世，因此提出货币竞争思想的时间可以说还要更早。此外，米塞斯在 1949 年出版的鸿篇巨制《人的行为》的英文版中也讲到，他赞成自由银行体制。罗斯巴德也是米塞斯的弟子，他于 1962 年出版了英文版巨著《人，经济与国家》，因此也可以说罗斯巴德先于哈耶克提出了货币竞争理论。罗斯巴德在《人，经济与国家》中支持竞争银行体制，强调由私人银行发行货币，但与哈耶克的方案不同，他提出私人发行货币要有百分之百的准备。在经济学中，这种准备可以是美元准备金、黄金或者一揽子的商品等。

很多币圈人士一般都知道或者读过哈耶克的《货币的非国家化》，但米塞斯或者罗斯巴德的货币竞争观，一般很少有人关注。中本聪是不是事先了解了哈耶克的观点呢？没有人知道，这个已经不重要了。事实上，我们有合理的推断，中本聪必然了解哈耶克的货币竞争思想，因为凡是搞比特币或者其他数字货币的，都会把哈耶克视为数字货币的精神教父。

哈耶克和中本聪的缘分之一是，哈耶克是全球数字货币竞争的精神教父，而中本聪是发明数字货币、推动私人货币竞争的头号推手。哈耶克和中本聪之间还有一种缘分：哈耶克提出，政府滥发廉价货币最终将导致经济危机，而 1929 年的大萧条和 2008 年的经济危机就是例证；中本聪则在创世区块中刻入了对英国中央银行及中央银行货币的蔑视，体现了他对经济危机的厌恶。

　　未来是数字货币的世界，但政府应该成为配角，这是因为如果由政府来发行数字货币，社会各界都会感到不安，很多人宁可选择现金也不愿到处使用政府发行的数字货币。这样看来，哈耶克和中本聪将在人类货币史中拥有不可撼动的地位。

思 考

1. 为什么哈耶克是比特币的"精神教父"？
2. 哈耶克货币竞争理论的主要内容是什么？

资 料

1. 路德维希·冯·米塞斯. 人的行为. 夏道平，译. 上海：上海社会科学院出版社，2015.

2. 弗里德里希·冯·哈耶克. 货币的非国家化. 姚中秋，译. 北京：新星出版社，2007.

3. 穆雷·N. 罗斯巴德. 人，经济与国家. 董子云，李松，杨震，译. 杭州：浙江大学出版社，2015.

谈谈货币竞争的梦想与现实

冯兴元

本课要点

1.私人货币竞争体制也称自由银行体制，指的是由私人银行竞争性发行货币。

2.货币竞争的真正推动者来自民间，其代表就是数字货币的兴起。

3.未来属于数字货币。

所谓私人货币竞争体制，也称自由银行体制，指的是由私人银行竞争性发行货币。古代最早的货币是私人货币，且古代很多国家都存在私人货币竞争。那时候私人货币竞争是现实，而非梦想。政府垄断货币发行的历史其实并不长，最早的中央银行英格兰银行在 1694 年才成立，它最初的任务也只是充当英格兰政府的银行。目前，政府垄断货币发行却成为绝大多数国家和地区的标配做法，也成为主流经济学的意识形态，但是真理往往掌握在少数人的手中。这些国家的中央银行垄断货币发行，它们不仅不能保持币值的稳定，而且还会通过增发货币引发通货膨胀。人们需要反思中央银行体制和政府垄断货币体制的弊端，并告别货币垄断，走向货币竞争。

1974 年诺贝尔经济学奖得主哈耶克在其 1976 年问世的《货币的非国家化》中提出了这样一个问题：既然在一般产品与服务市场上自由竞争最有效率，那么为什么不能在货币领域引入自由竞争？他的核心论点是：只有废除各国政府对其货币的垄断才能实现价格水平的稳定。他在书中提出并首次系统论证了一个革命性建议：废除中央银行制度，允许私人发行货币，并由其展开自由竞争，而这个竞争过程将是发现最佳货币的程序。在此，哈耶克实际上是运用了他此前提出的"作为发现程序的竞争"。这意味着，竞争是发现更稳健的货币的程序。哈耶克认为，如果政府控制货币是不可避免的，那么金本位制好于任何其他制度；如果打破政府的货币垄断，那么就连黄金也不如竞争性货币那样可以信赖，因为竞争性货币的发行者有着强烈的限制其数量的动机。

哈耶克由此提出和首次系统论证了货币的非国家化方案，为颠覆由国家垄断货币发行的主流货币制度观念做出了一次重大的尝试。值得一提的是，哈耶克的好友，1976 年诺贝尔经济学奖得主弗里德曼在晚年的一篇论文中较为含蓄地表露了他对哈耶克货币竞争理论的认同。这是非常难得的，我们最终看到了"英雄所见略同"。而在此之前，这两位好友对对方的货币理论和周期理论均相互瞧不上眼。

其实，哈耶克的老师米塞斯就支持自由银行体制，他的思想应该对哈耶克最终系统地提出货币竞争理论有很大影响。米塞斯早在 1953 年出版的英文版《货币与信用理论》一书中就提出，自由银行体制本来可以为这个世界减少很多经济危机和灾难"米塞斯在 1949 年出版的《人的行为》中认为，由一些信誉好的银行发行私人货币，但不扩张信用，这种保守做法乃是这种体制下经营银行业务的最高原则。他指出，自由银行体制是防止信用扩张固有危险的唯一有效方法。他强调，只有自由银行体制才会保证市场经济的安全，使国家免于恐慌和萧条。罗斯巴德在其 1962 年出版的《人，经济与国家》一书中也提出支持自由银行体制，并强调应由私人银行发行货币，但与哈耶克后来的系统性方案不同，他提出私人银行发行货币，应该基于 100% 的准备。

现实情况是，到目前为止，没有一个国家的政府会主动去实践货币竞争和私人银行体制。这样，似乎哈耶克的"货币非国家化"方案就此可以被束之高阁，当然其所有的政策效果也无从验证。

不过，货币的非国家化做法或者差不多如此的做法并非不存在。香港的货币体制就是由三家商业银行发行港币的成功体制。香港货币局负责港币的发行规模，但自身不发行港币，而是由三家商业银行基于 100% 的美元准备发行港币。

进入新世纪，货币竞争的真正推动者不是来自政府，而是来自民间。全世界已进入新经济时代，这为各国放弃货币垄断体制，走向货币竞争体制提供了契机。2009 年问世的比特币作为基于区块链技术的、去中心化的、匿名的私人加密货币，就对政府垄断货币发行发起了挑战，成为实践哈耶克"货币非国家化"方案的最成功的推手。鉴于哈耶克的理论影响力巨大，他已成为支持当代以比特币为代表的、基于区块链技术的数字货币的精神教父，也是推行传统私人货币竞争的公认旗手。

现在，世界上已经出现了大量的 ICO 运作（也就是运作数字货币发行上市），这里当然还存在着鱼龙混杂的情况，但是后起之秀也不少，以太币和莱特币就已经被证明是成功的加密数字货币。可以说，目前 ICO 领域的格局是"良币驱逐劣币"和"劣币驱逐良币"两种态势并存。ICO 目前已经是一个新兴行业，它也需要一个能推行业界自治并且有执行力的"仲裁组织"。如果新的 ICO 能够得到来自金融界与实业界大型机构的信用支持，甚至能与一些主要国家的政府形成公私合作伙伴关系，那么基于区块链的分布式加密数字货币的发展较此前会更容易为各国政府所接受，从而迎来发展高潮。而且，这一发展也不会影响未来私人银行按照近似香港的三家发钞商业银行基于 100% 的外汇准备来发行非数字甚至数字货币，参与货币竞争。未来，数字货币替代现金是必然的。数字货币类型也会是多种多样的,既有分布式的,也有中心化的。有些数字货币,比如比特币,属于虚拟黄金,其他数字货币其实也可以基于 100% 的黄金准备发行或者成为其他的商品货币。至于最后的格局究竟如何,我们拭目以待,无须仓促下定论。

💰 思　考

1. 什么叫自由银行体制?
2. 简述哈耶克货币竞争体制的基本内容。
3. 香港货币局制度有什么运作特点?
4. 目前有什么货币竞争的实例?

💰 资　料

1. 路德维希·冯·米塞斯. 人的行为. 夏道平,译. 上海:上海社会科学院出版社,2015.

2. 弗里德里希·冯·哈耶克. 货币的非国家化. 姚中秋,译. 北京:新星出版社,2007.

3. 穆雷·N. 罗斯巴德. 人,经济与国家. 董子云,李松,杨震,译. 杭州:浙江大学出版社,2015.

课时 94

用大数据搞计划经济乃是缘木求鱼

冯兴元

本课要点

---

1. 为什么计划经济不能进行成本收益计算?

2. 互联网平台公司得到的大数据能进行成本收益计算吗?

计划经济是一种"生产资料的国有制＋中央集中经济计划"的经济体制。在计划经济中，每个人都是螺丝钉，计划者把你钉在哪里，你就在哪里。每个人由此成为工具，成为木偶人，不能做出自主选择去追求自身的价值、自身的目标，也就不能称为真正的人、行动着的人。

我国实行改革开放就是要实现经济体制转型，从计划经济朝着市场经济转型，但到目前为止，转型还没有完成。最近"计划经济"论甚嚣尘上。奇怪的是，这种论点不是来自政府，而是来自经济界的少数巨头。有位互联网平台大佬曾经宣称："2030 年计划经济将成为更优越的系统"，"未来 30 年会发生很大的变化，计划经济将会越来越大"，"未来 30 年，市场经济和计划经济将会被重新定义"。从他讲话的字里行间，我们能够理解，他所指的是重新定义的"计划经济"，其实质是依托大数据的、更能精准预测的、更有计划的一种市场体制。但他显然又不愿意把这种市场体制叫"市场经济"，而是更愿意叫"计划经济"。

以这位业界大佬聪明绝顶的脑瓜，他当然不会不知道计划经济的害处，以及计划经济迄今为止的失败教训。正因为明了"计划经济"的问题，无论是原苏东国家，还是我国，都选择利用不同的契机，朝市场经济体制转型。

业界大佬不时展示自己的聪明才智，把玩和翻新一些概念，我们可以理解。但是，很多事物已经有了固定的、约定俗成的概念和定义，再刻意做出改变，用旧瓶装新酒，其实是不妥的。白的就是白的，黑的就是黑的。你可能想重新定义"黑"和"白"，颠倒"黑"与"白"，然后在看到一位穿着黑裙子的白皮肤姑娘时说，这位"黑"皮肤姑娘穿着"白"裙子。而当别人质疑你时，你就辩解说，需要重新定义"黑"和"白"，这样做不足取。

更重要的是，计划经济这个概念已经与人们的很多负面联想和记忆牢牢联系在一起。这些负面联想和记忆使人感到无奈、不快、不幸甚至绝望。过去的计划经济其实是一种"低水平均衡陷阱"。往事如烟，不堪回首，因此，不拿"计划经济"之名去命名某种新的经济业态是正选。

其实，人人离不开计划，但那是个体的计划；家庭离不开计划，但那是家庭的个体计划；企业也离不开计划，但那是企业的个体计划。一个国家的经济，其实是这些个体经济的组合。一个国家无法真正作为一个整合的"个体"，做出一个整体意义上的"个体"计划。将全部生产资料国有化、推行全盘集中的经济计划，实际上难以做到；即使这么做了，整个国家的经济也不会有所发展。这种计划经济必然伴随着"地下经济""影子经济""走私经济""特权经济"。"特权经济"一般体现在计划者享有特权。计划经济也会是"懒汉经济"，因为计划经济解决不了向每个人提供努力工作，尤其是努力创新的正向激励。因此，如果是真的，哪怕是大致出现这样一种"铁板一块"的经济，给被计划者带来的也必然不是"均富"，而是"均贫"。

在市场中，每家掌握大数据的公司，一般都会把大数据作为自己的核心竞争力，而不会对外公布，不会与其他公司共享，也不会使之成为人人皆能利用的全局性知识。因此，大数据其实仍然属于"私人信息"，或者说是为部分人所掌握的"局部知识"，即分散在无数市场主体之中的、涉及特定时间和地点的特殊的知识。实际上，这些公司是在更好地利用市场机制以及这类信息或者知识赚钱，它们应该更多地感谢市场机制，饮水思源，珍惜感恩。

一个国家一般不会只存在一个巨大的互联网平台公司，只要市场准入和退出是自由的，就会有新的市场进入者，至少会有潜在进入者的威胁。此外，互联网平台公司也很难通过控制其所依托的基本资源来间接排除市场准入。要做到直接或者间接排除市场准入，需要政府授予某种特权，如果是这样，就成了行政垄断。总体上来看，一个国家很难变成一家互联网平台公司＋无数家网店的形式。因此，单靠一家互联网平台公司也搞不了整个国家的经济计划。

互联网平台公司所掌握的大数据有利于其更精准地预测消费者需求，更精准地计划其如何配合入驻该平台的众多网店商家的广告投放，指导网店商家的产品生产。但是，利用这些大数据，只能大致了解消费者的需求，还不能完全精准地做到这一点。这是因为很多消费者喜好"新奇"，但这种"新奇"难以纳入大数据，也没法用于计划。很多消费需求甚至是企业家或生产者创造出来的，而非计划出来的。对智能手机的消费需求就是如此，如果没有企业家和生产者起初提供的智能手机，就没有后来消费者对智能手机的消费偏好和需求。因此，互联网平台公司难以做到根据消费者需求来为整个国家的经济组织提出精准的经济计划，尤其是生产计划，它甚至不可能做到为其平台上的所有网商提出精准的经济计划。

在市场经济社会，大数据之所以对互联网平台公司有用，是因为从总体上说，交易数据里包含了巨量的信息，也包括大量消费者所需产品的花色种类和市场价格，以及大量商家的供货情况。最重要的是，这些市场价格是真正的市场价格，基于真正的货币。如果一个国家推行计划经济，货币实际上会退化为一种记账单位，不再是真正的货币，价格也只是一种估计或者模拟数据，不再是真正的市场价格，它们也就不能真正反映市场供求的稀缺性，而只能计算各种已有产品的投入数量和产出数量。没有了真正的货币和真正的市场价格，就不能对具体的生产做真正的经济计算，即真正的成本收益计算。单纯看投入数量和产出数量解决不了经济计算问题，这样也就不能做真正的集中计划，而对于创新，则更无法计划。在这种情况下，基于真正的货币和真正的价格的大数据也就不存在了，更谈不上利用大数据来搞计划经济了。

很明显，计划经济下的大数据不同于市场条件下的大数据，计划者无法拿它们进行成本收益计算，所以计划经济与其所真正需要的大数据水火不容，不可共存。利用大数据搞计划经济，其观念本身就是一个悖论，属于刻舟求剑、缘木求鱼、海底捞月、痴心妄想！

💰 思 考

1. 什么叫计划经济？

2. 为什么不能把非计划经济称为计划经济?

3. 一个企业的经济计算和计划需要依赖什么?

4. 为什么计划经济与大数据水火不容?

资　料

路德维希·冯·米塞斯. 人的行为. 夏道平, 译. 上海：上海社会科学院出版社，2015.

平台经济会不会让"刘易斯拐点"论破产

冯兴元

本课要点

---

1. 什么叫"刘易斯拐点"?

2. 平台经济的作用有哪些?

在推进数字化浪潮中，阿里巴巴集团等巨型平台公司正在营造和引领差异化的电商平台模式，重塑我国乃至全球的劳动分工和知识分工格局。我国国内的这些互联网电子商务平台制造和带动了大量的创业和就业机会，也就是平台带动型创业和就业。平台带动型创业和就业成为与传统创业和就业平行的新的创业和就业路径。

在这一数字化浪潮中，阿里巴巴零售生态，也称"大淘宝"，对创业和就业的贡献尤为明显。根据中国人民大学劳动人事学院课题组 2018 年 3 月发布的《阿里巴巴零售电商平台就业吸纳与带动能力研究报告》，课题组利用投入产出法等对大淘宝的就业带动进行测算，其结果为：2017 年大淘宝总体为我国创造了 3 681 万个就业机会，其中包括 1 405 万个交易型就业机会、2 276 万个带动型就业机会。而带动型就业机会中又包括 543 万个支撑型就业机会和 1 733 万个衍生型就业机会。在这里，支撑型就业涉及电商物流就业人员和电商服务业就业人员，衍生型就业是指中间产业链环节带动的就业。

大淘宝打破了参与者的身份局限和地理局限。无论你是什么身份，也无论远近，均可以在淘宝平台开店入户，都可以直接或者间接参与提供线上产品或服务，组织线下的进货和生产。根据阿里巴巴的统计，2017 年，全国的淘宝村超过 2 100 个，淘宝镇超过 240 个。在这里，淘宝村是指本村电子商务年交易额达到 1 000 万元以上、活跃网店数量达到 100 家以上（或活跃网店数量达到当地家庭户数的 10% 以上）的行政村；淘宝镇则是指淘宝村数量大于或等于 3 个的乡、镇或者街道。淘宝村数量最多的 3 个省是浙江、广东和江苏，合计占比超过 68%，而中西部地区的淘宝村共 68 个。

大淘宝一方面汇聚了大量传统网店，另一方面还整合了新零售、新制造、新物流与新金融，以此带动创业和就业。阿里巴巴的新零售强调利用大数据，营造商业大生态，把平台网店服务与线下零售体验深度结合，将会员、支付、库存、服务等各方面的数据全面打通，真正实现以消费者为中心，促成从价格消费向价值消费的全面转型。例如：阿里巴巴旗下的跨界零售新物种"盒马鲜生"，把一般意义上的生鲜超市转变为移动互联网时代的体验式消费中心。围绕"餐饮体验＋生鲜超市零售＋门店配送"，打造了新零售的样板间。例如：北京十里堡的"盒马鲜生"总共有员工约 400 人，设有店长、厨师及餐饮服务、仓库拣货、柜台服务、配送等岗位。

阿里巴巴天猫平台上的小狗电器正在推行新型制造模式。新型制造模式的要求是，利用电商平台整合大数据，营造工商业大生态，根据客户的需求组织生产，体现智慧化、个性化、定制化。小狗电器企业员工仅有 316 人，但小狗电器带动了上下游 12 家供应商的相关就业岗位 6 026 个。

新金融是指包括传统金融在内的整个金融系统所发生的，整合了互联网金融的新发展，涉及由此形成的基于互联网金融的新的金融机制、新的金融业态、新的金融组织、新的金融工具以及新的金融服务方式。与旧金融的"二八理论"强调服务好 20%

的头部企业就可以获得 80% 的利润不同，新金融必须支持新的"八二理论"，也就是要让占了 80% 的那些没有得到旧金融服务的中小企业、个性化企业得到金融服务。阿里巴巴的关联企业蚂蚁金融集团目前是最为成功的新金融集团，它向参加大淘宝的企业和用户提供精准化的一揽子金融服务，包括芝麻信用、支付宝、余额宝、余利宝、花呗、信贷、信用保障等服务。

与阿里相关联的菜鸟集团与快递公司结盟，基于大数据运作，其快递服务则体现了一种新物流模式——既有多中心储运，又有快递服务。目前大约有 100 万快递员每天在路上负责快递服务。

很显然，随着新零售、新制造、新金融和新物流的深度整合，大淘宝将会实现和带动更多的创业和就业。最近几年，学界一直在热议"刘易斯拐点"。所谓"刘易斯拐点"，是指一国劳动力从过剩走向短缺的转折点，它是指在工业化进程中，随着农村富余劳动力向非农产业的逐步转移，农村富余劳动力逐渐减少，最终达到农村富余劳动力消失的"瓶颈"状态。对此国内存在两种观点：一种认为"刘易斯拐点"已经到来；另一种则认为"刘易斯拐点"即将到来。按照一般的解释，"刘易斯拐点"的到来预示着剩余劳动力无限供给的时代即将结束，"人口红利"将消失。但是，刘易斯模型的基础是城乡二元空间、工业和农业二元经济，以及工业和农业两种就业，而且劳动力于二元之中必取其一。阿里的大淘宝模式实际上打破了这种二元之中必取其一的架构，创业者和就业者在数字化时代，可以在任何地方、任何时候保持数字化生存。其所在之处，可以亦城亦乡；其所处行业，工商业和农业可以兼顾；其所创业或者就业性质，可以是工商业和农业并举。参与大淘宝的农村人口节省了外出打工所需要的交易成本，他们的线上运作的边际成本也就是增量成本为零。大淘宝倾向于对"刘易斯拐点"论提出一种严峻的挑战：大淘宝越是充分发展，"刘易斯拐点"论似乎越是变得不再成立，至少会不断推迟"刘易斯拐点"到来的时间。而即将到来的"人工智能"时代会使传统行业的就业人员严重过剩，这些就业人员的改行压力也会越来越大，这似乎将最终葬送"刘易斯拐点"论。

思 考

1. 为什么"刘易斯拐点"论在平台经济发展大潮下可能会破产？
2. 什么叫新零售、新制造、新金融与新物流？它们对就业有什么影响？

资 料

迈克尔·P.托达罗，斯蒂芬·C.史密斯. 发展经济学. 余向货，陈雪娟，译. 北京：机械工业出版社，2009.

教育与研究

课时 96

推行私立教育加学券制会带来什么效果

冯兴元

本课要点

1. 现在的办学条件可以使政府在教育方面的职能发生什么转变？

2. 政府如何引入私立学校之间的竞争？

　　教育是私人产品，但往往由政府提供。这句话是经济学家斯蒂格利茨在其《经济学》一书中提到的。斯蒂格利茨一语道出了现代社会往往由公立教育主导的现状，因而他的话本身并没有错。但公立教育往往只能提供平均教育产品，与一般的智力水平看齐，结果会出现"劣币驱逐良币"：高素质、高智商的孩子受到不利的对待；即便智力一般的孩子，也只是获得了一种单一的平均教育产品。而这些人如果受到有针对性的教育，往往能开智启慧，从而取得卓越的成就。

　　一个社会在原则上需要对一般智力水平的孩子提供最低必要水平的教育产品，更需要让他们有机会通过接受量身定制的教育脱颖而出，同时让本来就高素质、高智商的孩子也接受对其量身定制的教育而展翅高飞。无论如何，最大程度扩大家长和学生的教育选择权是必需的。如此一来，无论智商高低的学生，都可由自己去选择接受哪种类型、哪种难度和哪种特点的教育。若要实现最大程度的教育选择权，私立教育必然是首选。

　　私立教育由于收与支的对应，倾向于多样化以及便于定制化，这样更能向学生们提供面向不同需求的、量身定制的、差别化的私人教育产品。此外，根据经济学家哈耶克的观点，公立教育容易过度灌输一些不正确的观念，比如过去美国对黑人的歧视，一定程度上与公立教育系统长期灌输这种观念有关。因此，推行全面的私立教育，让政府提供某种辅助性支持，总体上确保人人享有受教育的权利，这可能是一种比现行教育制度更为可行的体制。

我国在历史上曾经长期保持私立教育大国的地位。2 500 多年前，孔夫子就是一位顶天立地的私立教育大家，而他自己就是古代私立教育的一大"产品"。有些国人认为孔夫子开创了中国的私立教育，这倒是有点夸张，也不符合事实。那个时代，既然孔夫子能够发展到"弟子三千，贤人七十二"，那么此前的私立教育必然已经有了广泛的实践和接受度。

我们的私立教育文明已经被整体建构的公立教育毁灭得差不多了。除了少数的精英学校，私立教育目前被严重边缘化。不过，几年前政府已在强调要推动修改现有教育法规，促进"民办教育"的发展。

哈耶克指出，从历史上看，确实是政府首先提供公立学校，才不断增加了人们受教育的机会；后来又实行义务教育，通过义务教育制，教育的普遍化程度大大加快。但是，哈耶克又指出："这并不意味着，义务教育或由政府提供经费的普通教育要求教育机构必须由政府来管理。"显然，这种观点也受到了现代公共经济学的支持。公共经济学区分公共生产与私人生产，公共提供与私人提供。即便教育由公共提供，也并不一定需要公共生产，它完全可以由私立学校承接生产。

哈耶克甚至指出，现在的办学条件已经发展到"已无必要让政府为教育筹措经费，或者让政府提供教育"。他介绍了经济学家米尔顿·弗里德曼的教育券设想，提出了在完全不保留公立学校的条件下，用公共开支支付普通教育费用的学券或教育券的设想："具体方法是发给家长可以抵补一个孩子全部学校费用的学券，而家长可以将这些学券移交给他们自己选择的学校……对绝大多数人而言，这无疑是把教育的组织和管理完全让私人去负责，政府只提供基本的经费和保证所有可以使用政府学券的学校都有最低的标准。"这种计划的好处是，"家长不再面对要么接受政府提供的教育，要么必须为接受一种不同的、略为昂贵的教育而支付全部费用的选择。如果他们要选择一个管理特殊的学校，他们只需支付额外的费用就行了"。哈耶克还认为："由政府直接为少数偏僻的社区提供学校教育仍然是可行的，因为在那些地方，学龄儿童的人数非常少，从而使得教育的平均成本非常高，所以不适合开办私立学校。"

哈耶克的学券制涉及一套完整的教育改革方案，该方案的特点是：由政府为最低必要水平的教育提供经费，但教育"产品"本身完全由私立学校生产和交付。如果能够做到这一步，私立教育的状况必然大为改观。哈耶克的学券制方案比弗里德曼的学券制方案要更为彻底。弗里德曼并没有提出完全推行私立教育，而是提出公立教育和私立教育混合，公立学校和私立学校一并参加竞逐公共经费。学校教育质量越好，竞逐到的学券越多，到教育部门兑换到的教育经费就越多。

哈耶克还认为，对于高等教育，可以考虑对两种学生进行特别考虑。一种学生是学习期间需要支出费用，但以后的职业前景应该足以使其获得高于一般水平的收入，从而可以把入学作为一种回报率很高的投资。对于这部分群体，国家不需要为他们提供经费或补贴，最好的办法是让他们能够借到他们用以进行人力资本投资的资本，并让他们以后用其增加了的收入归还。另一种学生是其以后的职业目标在于为整个社会进一步扩散和增加知识，比如科学家和学者之类的职业。哈耶克认为："社会从他们那里得到的好处不能用这些人出售其特殊服务的价格来衡量，因为他们的贡献很多是免费提供给人类的。"对于这类学生，政府应该出资帮助其完成学业。

总之，哈耶克的教育提供与生产方案，给了我们一种另类的选择思路，值得回味和深思。

💰 思　考

1. 什么是学券制？
2. 弗里德曼和哈耶克的学券制有何异同？
3. 教育是否必须由政府来"生产"？
4. 公立教育和私立教育有什么区别和联系？
5. 公立教育和私立教育有何优缺点？
6. 私立教育加学券制有什么优缺点？

💰 资　料

1. 弗雷德里希·奥古斯特·哈耶克. 自由宪章. 杨玉生，冯兴元，陈茅，等译. 北京：中国社会科学出版社，1999.
2. 米尔顿·弗里德曼，罗斯·弗里德曼. 自由选择：个人声明. 胡骑，席学媛，安强，译. 北京：商务印书馆，1982.

德语国家的私人研讨会：
私人的兴趣，公众的利益

冯兴元

本课要点

1. 德语国家曾有哪些私人研讨会？

3. 私人研讨会可以培养某种学派传统，其具体学术成果则属于全社会。

2. 私人研讨会有什么重要意义？

　　德语国家有着举行私人研讨会的学术传统，这种学术传统影响了著名的奥地利学派的发展，也在某种程度上改变了现代人类史进程。其实，这种学术传统往远处说可以追溯到古希腊，比如苏格拉底经常到一个热闹的地方演讲，这种演讲与其说是演讲，还不如说是私人研讨会。这是因为，在苏格拉底的演讲之后，不仅仅是听众的提问和大师的回答，还可能是大师接着一个听众的话茬紧咬不放地提问、提问、再提问，直到听众的回答不能自圆其说。这就是著名的"苏格拉底式提问"。而这种演讲，后人称之为"苏格拉底式研讨会"。

　　从1918年到20世纪30年代中期，维也纳成为了欧洲的学术中心。那里荟萃了几大著名学派：心理分析学派、纯粹法学理论学派、逻辑实证主义学派以及奥地利经济学派。该时期也是奥地利经济学派第三代代表人物米塞斯在维也纳发挥其重要影响力的时期。他因为在1912年出版了德文版《货币和信贷理论》而崭露头角，又因在20世纪20年代发起计划经济的可计算性辩论而赫赫有名。他和他的学生哈耶克对货币与经济周期的杰出研究使得他们预见到1929年大萧条的发生。米塞斯在维也纳定期举办的私人研讨会也非常有特色，影响了一大批学者。参与者中有经济学家、社会学家和哲学家，其中包括哈耶克、马克卢普、哈伯勒等。甚至连时任伦敦政治经济学院经济系主任的罗宾斯也不远千里飞往维也纳参加会议。

　　有关米塞斯的私人研讨会，哈伯勒曾经写过回忆性的文章。

据此我们了解，研讨会于每星期五晚上 7 点在米塞斯所在的维也纳商会的办公室里召开。米塞斯坐在他的办公桌旁，参加会议的人都围着他。会议先由米塞斯本人或另一位同人就经济理论、社会科学方法或经济政策等问题做一概述，然后展开讨论。比如马克斯·韦伯的社会学理论及其相关问题就属于大家最喜欢的话题。每次会议总是讨论热烈，会议会一直持续到晚上 10 点。然后，大家走到附近一家名为"绿锚"的意大利餐厅就餐。在餐厅里，大家继续讨论本次研讨会主题的细节问题。时间越晚，大家的语调就压得越低。在 11 点半左右，那些还没有尽兴的同道还会转移到维也纳大学对面的艺术家咖啡馆继续讨论。艺术家咖啡馆是当地经济学家最喜欢聚会的场所。米塞斯总是属于移师艺术家咖啡馆的人员当中的一员，他也是最后一个离开咖啡馆回家的人，而且他从来没有在凌晨 1 点前离开过。

1934 年，由于维也纳的时局已经越来越不利于米塞斯这种学者的生存，他离开了维也纳，到了日内瓦高级国际关系学院任教。费利克斯·考夫曼还写了一首歌为米塞斯送行，其中部分歌词内容为：

再见，米塞斯教授，

在未来的岁月，

米塞斯小组将何去何从？

日内瓦遥不可及，

我的手指不会停止敲击。

这个问题永远萦绕我心，

研讨会就是我的全部，

……

来吧，我们欢聚一堂，在这周五，

共度米塞斯私人研讨会的时光。

我定会来，哪怕是在五月，

那是迄今为止最美妙的日子。

哦，花开花落，事理必然，

然而你将发现，真理永不落幕。

真理环绕我们之间，直到最后一刻。

当你开始辩论，

你会发现，很快又到了深夜！

……

确实，米塞斯热衷于寻找和坚持真理。他喜欢在自己的私人研讨会结束时，关掉灯并为与会者点上一支蜡烛照明，"如果你点燃了真理的烛光，追求真理的人就能够发现你"。

米塞斯于 1940 年从日内瓦辗转到达美国，最初他经历了一段阴郁的低潮期。大约从 1943 年开始，他身边又开始重新聚集起一批新的学生、好友和仰慕者，而纽约大学和经济学教育基金会的两份工作也解决了他的生计问题。

纽约大学工商管理研究生院与基金会达成了协议：学院邀请米塞斯开设经济学研讨班，米塞斯的薪水则由私人基金会支付，这一安排定期延续。米塞斯于 1945 年 2 月以"访问教授"的身份开始了他的研讨会，并一直持续到 1969 年 5 月。自此，他将维也纳的私人研讨会传统带到了纽约曼哈顿的一个地下室，将奥地利学派的传统带到了美国，而且开创了以其行动学为中心内容的新奥地利学派传统，其标志就是 1949 年英文版巨著《人的行为》的问世。事实证明他的研讨会取得了巨大的成功。从一开始，参加研讨班的人不仅有纽约大学商学专业的学生，还有来自校外的人员：新闻记者、商人、作家和其他大学的学生。研讨会成了纽约周边对古典自由主义学术研究感兴趣的知识分子的聚集点，同时也吸引了很多国外来访者。米塞斯在纽约大学研讨班的学生会和他们的教授一起去儿童餐厅用餐，再去拉斐特咖啡馆继续探讨课上的话题。研讨班的学生包括伊斯雷尔·柯兹纳、穆雷·N. 罗斯巴德等，他们最终成为了米塞斯新奥地利学派的坚实核心。这些人互相支持，抱团取暖，共同度过了 20 世纪五六十年代的漫长"学术严冬"，促成 70 年代"滞胀"时期自由市场经济学在欧美的回归。其标志是哈耶克 1974 年荣获诺贝尔经济学奖，奥地利学派经济学自此之后为越来越多的人所重视。哈耶克的得奖理由就是其对货币理论和周期理论的贡献。他的得奖也是对其老师米塞斯在这方面的开创性研究贡献的肯定。可惜米塞斯于 1973 年去世，未能见证哈耶克得奖的那一天。奥地利学派的思想也通过哈耶克影响了里根和撒切尔在 20 世纪 80 年代的"保守主义革命"。总之，没有米塞斯，就没有哈耶克，就没有……这个世界就缺了很多，歪了很多，灰了很多。总之，德语国家的这种私人研讨会体现了参与者个人的兴趣，也增进了公众的利益。从经济学角度看，它体现了：私人的成本，公众的受益。

思　考

1. 德语国家私人研讨会的传统可以追溯到什么时候？中国古代有没有私人研讨会？

2. 私人研讨会如何组织才能更好地满足参与者的个人兴趣，同时增进公众的利益？

资　料

1. 约尔格·吉多·许尔斯曼. 米塞斯大传. 黄华侨，等译. 上海：上海社会科学院出版社，2016.

2. 路德维希·冯·米塞斯. 人的行为. 夏道平，译. 上海：上海社会科学院出版社，2015.

Section 11

法律与道德

米塞斯的正义观

朱海就

本课要点

1. 为什么说脱离现有的规则来谈正义是没有意义的？

2. 为什么米塞斯认为类似"天赋人权"这样的自然正义观是空洞的？

　　在《人的行为》第二十七章，米塞斯讨论了"正义"这个问题。这个词对应的英文是"justice"，在夏道平版的《人的行为》中，它被翻译为"公平"，余晖版则改为"正义"，我们认为余晖版是更为恰当的译法。米塞斯对正义的论述贯彻了他的"功利主义"的方法，下面将具体说明。

　　米塞斯首先认为，正义或不正义的概念必须放在社会中才有意义，对孤立的人来说是无效的。社会是由规则构成的，是建立在规则之上的，因此正义的概念也必然是与规则相关的。正义是对现行的规则而言的，脱离现有的规则来谈正义是没有意义的。对于正义与规则的关系，很多人往往是用先验的正义观念去衡量规则的对与错，而米塞斯认为应该倒过来。他说："决定赞成某一社会制度的，并不是正义；相反，决定什么是对、什么是错的，是社会制度。"正是有效的法律决定了某种行为正义或不正义，而不是正义或不正义决定法律是否有效。我们赞成或反对某种行为时，只有从一些有效的法律观点来谈才有意义。比如说：有人会认为财富的平均分配才是正义；但也有人反对财富的平均分配，主张私有产权，那么哪种观点才是正义的呢？显然，是后面这种观点。其原因在于，与私有产权相关的规则是自发形成的，也是有助于个体财富的增长的，这些制度被证明是有效的，因此我们可以用它们来说明这种观点的正当性；相反，财富的平均分配这种正义观是武断的，而且相关的制度都是失败的，因此无法用于说明这种观点是正当的。

　　正义的观念不是虚构的、武断的和绝对的，而是要看所谈正义时所涉及的那个规则的实施效果。米塞斯认为这是功利主义的教义，也是古典经济学的教义，它不涉及自然权利这个教条。米塞斯把民主政府、私有财产权、宽容和自由都视为手段，认为这些手段不是因为有自然的正当性才变得可取，而是因为它们有利才变得可取。当我们说某种法律正义或不正义时，是依据这种法律是否改善了合作，提升了社会福祉。这也体现了"人是有目的的"这一思想。

这种功利主义的正义观是有成例的，其中之一便是社会。例如：为什么促进分工合作的社会才是正义的？这是因为正如李嘉图所揭示的，这种社会不仅对在任何方面都较优越、都较有效率的人是有利的，而且对那些在任何方面都欠缺效率的人也是有利的。

米塞斯认为类似"天赋人权"这样的自然正义观本身是空洞的。我们可以想象，这种正义观假如存在的话，那也一定是某个人或某些人自己眼中的正义。他或他们认为这种正义及其相关的制度是有利于社会成员的，但这显然是理性的狂妄，他们无法得出这样的结论。假如他们的正义观被强加于社会，也一定会破坏因演化而形成的制度，以至于造成灾难，法国大革命的悲剧就是这样造成的。可见，米塞斯的功利主义正义观与哈耶克的演化思想是一致的。所谓天赋的权利观或正义观并不能告诉生活在现实中的人们怎么做才是合适的。相反，社会长期磨合产生的规则所确立的权利包含了有关合作的知识，它比根据天赋的正义观念设计出来的制度更聪明。

未经过"功利主义"审查的"正义观"，与哈耶克所反对的

"社会正义"观念是一丘之貉,它会变成一些人支持政府干预、反对自由市场的一种说辞。他们关心正义,但忽视用合适的方式达成人们的目标,而米塞斯认为"哪一个组织更适合达成人们愿意支付辛劳而去追求的目标"才是重要的问题。正义的问题要让位给"人们的目标如何才能更好地达成"的问题。

米塞斯在《社会主义:经济与社会学的分析》一书中说:"法只能起源于对事物现状的承认,不管这种现状是如何发生的,另起炉灶将引起无休止的争执。"这也是在强调不要用一种想象出来的"理想制度"去取代现有的制度,而是要在现有制度的基础上进行改善。当然,对现状的承认,并不意味着对现状是无能为力的。人们可以通过习得有助于协调的法则来改善既有的制度。例如:认识到关税的危害而降低或消除关税;认识到管制价格的危害而取消价格管制等。人们通过运用经济学知识,事先就可以对制度进行"功利主义"审查,了解它们在实践上是否有利。

功利主义的"正义观"是价值中立的,它要求人们在做出价值判断之前,首先要对自己的价值判断进行经济学分析,防止先入为主。比如劳动法的制定者没有仔细审查劳动法的经济后果,他们理所当然地认为劳动法是"保护工人利益"的,因此劳动法是正义的。他们没有意识到,这一法律并不能达到这一目的,反而会人为地提高雇主的用工成本,给劳动力流动制造障碍,从而损害工人的利益。

💰 思　考

1. 比较天赋正义观和米塞斯的功利主义正义观。
2. 为什么说米塞斯的功利主义和哈耶克的演化思想是相容的?

💰 资　料

1. 路德维希·冯·米塞斯. 人的行为. 夏道平,译. 上海:上海社会科学院出版社,2015.
2. 路德维希·冯·米瑟斯. 社会主义:经济与社会学的分析. 王建民,冯克利,崔树义,译. 北京:中国社会科学出版社,2008.

产权与规则

朱海就

本课要点

1. 与产权相关的规则包括哪两种规则？

2. 为什么说私有应该从"遵循正义的规则"的角度去理解？

产权与规则是联系在一起的，或者说，产权是受规则规范的。下文将把规则分为两个层面，说明产权与这两个层面的规则的关系，并通过举例说明，理解产权与规则的关系可以使我们更好地认识一些基本的理论问题。我们将举两个例子说明其应用：一是如何检验"好政府"与"坏政府"，二是对"私有"概念的理解。

第一个层面的规则是自然法意义上的规则，这种规则被认为是与生俱来的，是人们可以天然地达成"共识"的法则。包括几种情况：一是洛克的产权初始界定原则，也就是他说的"个人只要使任何东西脱离自然提供的状态，他就在那种东西中渗入了他的劳动，从而排除了他人的共同权利"。二是斯密强调的"同情心"（或可译为"通感"），即每个人内心中那位公正的审判官。三是奥地利学派经济学家德·索托总结出来的"非强制"法则，即不对不伤害他人的行为进行制度性强制。

第二个层面的规则是人的行动产生的规则，这些规则是演化的，是人们促进"分工合作"的手段，如这种规则有利于合作，则这些规则将被认为是"良好的"或"正当的"。好的社会就是使有利于分工合作的规则被发现并得以推广的社会；相反，坏的社会则是指这样的规则被压制的社会。在正常社会中，第二个层面的规则应该满足自然法的要求，也就是第一个层面的规则的要求。

社会生活是由这两个层面的规则规范的。这两个层面的规则的特征不同：第一个层面的规则具有恒久性，它是抽象的，因此也具有模糊性；而第二个层面的规则是演变的、具体的，是人们遵循第一个层面规则的产物。也就是说，首先要有自然法层面的规则所保障的个体权利，然后才有个体行动产生的具体规则。可见，第一个层面的规则是第二个层面的规则的前提，而第二个层面的规则是第一个层面的规则的具体体现。

应用一：对"好政府"与"坏政府"的检验

政府与规则问题有关。第一个层面的规则提出的问题是如何保障"好的"规则能够产生并被挑选出来，但要注意的是，这里并没有一位"挑选者"。政府作为实现分工合作的手段，本身也是被挑选的对象，即政府是作为第二个层面的一部分而存在的，是在第一个层面的规则之下的，与其他各种组织一样，政府也要遵从第一个层面的规则。

如果政府也是在第一个层面的规则之下的，那么对于第二个层面的规则，政府便不具有决定什么样的规则是好的或坏的、什么样的规则应该被推广的权力。实际上，政府也没有这样的能力。第一个层面的规则提出的问题是：怎样才能产生"好的政府"。只有到了第二个层面上，才存在政府怎么维护秩序，也就是具体执行第二个层面的规则的问题。

怎样才能使那些有助于增进人类福祉的第二个层面的规则得以出现呢？一个显而易见的要求是政府要遵从第一个层面的规则，这意味着政府要对那些"有利于分工合作的规则"保持开放态度，而不是进行限制。换句话说，只要人们的行为符合第一个层面的规则，政府就不应予以禁止。满足这一要求的政府，我们认为它就是"好"的政府。相反，如果政府只考虑自己的利益，对那些有利于分工合作，但可能损害到自身利益的新事物采取限制的态度，那么这样的政府就是"坏"的政府。

举个例子，假如企业家开发出一种新的服务，这种服务比目前政府提供的同类服务更能有效地满足消费者的需求，这时政府便不应该限制该企业提供这种服务。比如民营快递行业的出现，明显有利于消费者，但可能会损害邮政部门的利益，这时，政府部门没有对其采取禁止的态度，而是允许其运行，这就是值得赞赏的。

应用二：对"私有"概念的理解

对于私有产权的概念，人们经常会有误解。例如：把"私有"理解为"个人"，认为私有产权就是"把公共财产分配到个人"。这是分配意义上的产权观，而不是"生成"意义上的产权观。把"私有产权"与"个体的产权"画等号是对"私有"的误解，"私有"不意味着没有"公共"。

"私有"的含义应该从"规则"的角度去理解，即在第一个层面的自然法和第二个层面的促进合作的具体规则都得到遵循时，我们称在这样的社会中，其产权状态是"私有的"。很多人只是从第二个层面理解私有产权，所以他们把私有产权简单地理解为"产权边界明晰"，这是不确切的。产权的模糊地带不可避免，这是由第一个层面的规则决定的，如果产权都很明晰，人们的所有行为都得到明确的规范，那么就没有企业家创新的空间了。

"私有"与第一个层面的规则关系密切。这一层面的规则所确定的行为边界具有模糊性，而这种"模糊性"对企业家来说是非常有利的，它使企业家具有"合法但又灵活"的行动空间。他们的行动可能还没有对应的第二个层面的规则，但根据第一个层面的规则，又是合法的，这样就为企业家的创新留下了余地。如支付宝、共享单车和滴滴打车等就是这种创新的典型例子。对这些"新事物"，之前没有明确的规则说它是合法的还是不合法的，但可以肯定的是，企业家创新是符合第一个层面的规则的。

企业家正是在模糊的、产权没有明确规定的边界上进行创新的，并在这种"模糊"的地方推出新产品。企业家每推出一款新产品，就意味着建立了新的产权，同时也就建立了新的规则。所以，如果把私有产权概念与企业家联系起来，就会发现私有产权是一个逐步"生成的"的过程，这一过程同时也是社会福祉增进的过程。

💰 思　考

1. 试说明第一个层面的规则和第二个层面的规则之间的关系。
2. 怎么判断一个政府究竟是"好"政府还是"坏"政府？怎么理解私有产权的含义？试举例说明本文观点的其他应用。

💰 资　料

黄春兴. 当代政治经济学. 杭州：浙江大学出版社，2015.

凯恩斯的非道德论倾向及其后果

冯兴元

本课要点

---

1. 凯恩斯年轻时采取的"非道德主义者"的处世方式是怎样的方式?

2. 凯恩斯主义经济学所倡导的宏观经济政策属于一种"理性的僭妄"。

3. 如何保持"理性的谦卑"?

在 20 世纪的经济学家中，最引人瞩目的是凯恩斯和哈耶克。这两位经济学家在学术上是对手，在生活上却是朋友。凯恩斯 1936 年出版的巨著《就业、利息和货币通论》，在某种程度上是对哈耶克此前对其批评的回应。凯恩斯去世于 1946 年，而哈耶克到 1992 年才离世，这给了后者足够漫长的时间反复评述凯恩斯经济学和凯恩斯主义经济学。

哈耶克在巨著《法律、立法与自由》中曾经谈到了凯恩斯，并转引了凯恩斯自己在 1938 年所写的演说辞《我的早期信仰》里面的一段话。凯恩斯说自己年轻时代采取"非道德主义者"的处世方式，即他当时根本就不承认对遵守一般性规则负有个人义务。凯恩斯的那段话是这样的：

"当时，我们根本就不承认我们对遵守一般性规则负有个人义务。我们认为自己有权利根据每一个个别情势本身的是非曲直对它进行评判，并且认为自己具有成功做到这一点所需要的智慧、经验和自制力。这是我们当时的信念中非常重要的一部分。当然，我们持有这种信念的方式是极为粗暴且极富侵略性的，因此对于外部世界来说，这是我们所拥有的最为明显的也是最危险的特征。我们也完全不承认习惯性道德规范、惯例和传统智慧，也就是说，我们是严格意义上的非道德论者……对于那些需要服从或遵守的道德义务和内在约束力，我们也一概不予承认。面对上帝，我们竟宣称我们是裁定自己事务的法官。"

　　这说明，凯恩斯年轻时坚信自己与其他年轻人一样，有能力判断是非曲直，可以相机抉择，做自己喜欢做的事情，可以"完全不承认习惯性道德规范、惯例和传统智慧"。这正是哈耶克所批评的建构论理性主义的行为倾向。建构论理性主义往往无视一般性规则，包括习惯性道德规范、惯例和传统，强调打破这些人类生活中"活"的规则。建构论理性主义者坚信人的理性和智力的伟大，他们提出宏大目标，制订宏大计划，组织强大手段，并着力推行，以求达到自认为的"救世"目标。这样做似乎没有什么不好，最初也往往可以取得一些成就，从而导致建构论理性主义者更加坚信人的理性和智力的伟大，但结果往往使他们走向更加冒进的路线，最后就陷入了"理性的僭妄"这一陷阱。最典型的建构论唯理主义的做法就是全面计划经济的做法。计划经济属于整体建构，不能充分利用社会中不同个体所掌握的各种知识，不能开放试错，其结果基本上是大恶。从个人基本权利保护的角度看，全面计划经济更是大恶。其他建构论理主义者的做法的直接结果也可能很差，即便形势似乎一片大好，但是副作用可能很大。结果往往是虽然解决了其所针对领域的一个特定问题，但是又带来了很多非意图的负面结果，造成更大的问题。所谓"按下葫芦浮起瓢"，就是这个道理。凯恩斯的宏观经济政策是典型的相机抉择方案，属于一种典型的建构论理性主义做法，只保证 GDP 增长率或者就业率等总量目标的实现，而无视由于政策短期多变对不同个体的投资和消费所造成的扭曲和扰动，甚至对私人产权的破坏。宏观经济政策者的做法可以用一种赶车人的比喻来理解：赶车人的目标是让马车跑得快，所以他不断挥动鞭子，至于车上掉下多少人，车前撞死多少人，对他来说都是小事。宏观经济政策论者是结果主义者，只面向某种结果，却无视对一般性规则的践踏，无视对无数个体产权的平等保护，这与赶车人的比喻的道理一样。

与凯恩斯的建构论理性主义相对立的做法是哈耶克的进化论理性主义倾向。进化论理性主义强调遵循现有的、演化而来的一般性规则，包括习惯性道德规范、惯例和传统，但也接受通过开放试错来修正甚至废止原有的特定规则，并发现新的规则，引入新的规则。他们对各种现有的一般性规则抱有一定的警觉，也承认自己对很多规则是无知的，因此一般愿意保持"理性的谦卑"，同时接受以开放试错的态度遵循规则。这种态度并非不好，苏格拉底就说过："承认无知，乃开智启慧之母。"哈耶克作为进化论理性主义者，对市场秩序的态度就是如此。他认为，竞争可以作为一种发现程序。按此，如果我们做进一步的引申，那么对于市场秩序而言，竞争无疑可以作为一种发现更好的规则的开放试错程序。

凯恩斯在同一次演讲中承认："就我本人而言，要改变这种信念，可以说为时已晚。我现在还是，而且也将会是，一个非道德论者。"

这说明，他自己承认"宣称我们是裁定自己事务的法官"这种处世方式是有问题的，他感到后悔，但是他说现在"为时已晚"，所以也就不改变自己了，只好继续充当"一个非道德论者"。

不知道对于上述凯恩斯的故事，大家会怎么想。凯恩斯生于1883年，他说这番话时已是"知天命"的年纪。在今天，我们当然要利用我们的理性，去追求更好的人生目标。但是，我们也要保持"理性的谦卑"，反对"理性的僭妄"，不要做一事一议、只求短期功效的"行为功利主义者"，至少应成为以规则为取向的、前后一致的"规则功利主义者"。让政府更多地去建立和维护一个竞争秩序，使其在法治框架内运行，并让市场自发的秩序发挥更大的作用，而非处处操劳，事事费心。市场秩序的性质像禅语中的"实相无相"，它能促进创新与发展，但又似乎不可捉摸。

这里，有个禅学轶闻最为贴切。一位名叫神秀的僧人写了四句偈语：

身是菩提树，心如明镜台。
时时勤拂拭，莫使惹尘埃。

另外一位叫慧能的僧人则写了截然相反的偈语：

菩提本无树，明镜亦非台。
本来无一物，何处惹尘埃。

不用多说，高下立判。前者就是建构论理性主义，后者则有点进化论理性主义的味道。

思　考

1.什么是"非道德论者"？

2.什么是建构论理性主义？

3.什么是进化论理性主义？

4.建构论理性主义和进化论理性主义各有何优劣之处？

资　料

弗里德利希·冯·哈耶克. 法律、立法与自由. 邓正来，张守东，李静冰，译. 北京：中国大百科全书出版社，2000.